衣食住行 宗教迷信
婚丧嫁娶
时令节气
官场习尚
时令节气
民族文化
祭祀崇拜
社交礼俗
交通与贸易
音乐戏剧
时令节气

徐连达 著

辽金元
社会与民俗文化

上海社会科学院出版社

目录

序　说 / 001

第一章　饮食——由膻肉酪浆到五味八珍 / 009

一、饮食一般 / 009
二、独特的饮食风俗 / 012
三、饮料种种 / 016
四、饮食传播与相互影响 / 024

第二章　衣冠服饰——从辫发左衽到袭汉人衣冠 / 026

一、服饰原料与各族服饰的差异 / 026
二、官民服饰的等级区分 / 036
三、服饰流传与交互影响 / 039

第三章　居住——由穹庐毡帐到宫阙楼观 / 042

一、毡帐与四时捺钵 / 042
二、由不定居到定居的各种居室 / 046
三、都市城镇堡寨与村落的兴起 / 051

第四章　行旅交通与工商贸易 / 055

一、交通概况 / 055
二、海陆运输与驿站 / 058
三、工商贸易 / 062

第五章　家庭与婚姻礼俗 / 074

　　一、家庭的组成及财产继承 / 074
　　二、婚姻礼俗 / 078
　　三、生育与寿诞 / 090
　　四、丧葬 / 096
　　五、妇女在家庭中的地位 / 102

第六章　社会交往 / 107

　　一、社交礼俗 / 107
　　二、士风与官场习尚 / 116
　　三、民族与地域的文化差异 / 128

第七章　宗教信仰与鬼神迷信 / 141

　　一、各种宗教信仰的并行 / 141
　　二、祭祀与鬼神崇拜 / 155

第八章　岁时节令与娱乐活动 / 165

　　一、岁时节令 / 165
　　二、娱乐与竞技 / 173

后　记 / 193

序　说

公元10世纪初到14世纪前期，契丹、女真、蒙古诸族在各自杰出领袖的引领下崛起于中国的北方。他们以强大的军事力量，向南、向西不断推进，先后在中原及大江以南建立起他们对北中国乃至全国的统治。这一时期即历史上所称的辽、金、元时期。

辽代是由契丹族首领耶律阿保机在公元916年所创建的国家。[①]它的前期国号为契丹。建号后的两年，辽建都于上京，时称皇都，其地在今内蒙古巴林左旗南波罗城。经五代时期二十余年的经营，其继承者辽太宗耶律德光从后晋取得了燕云十六州的土地，自此，契丹拥有以临潢府为中心，及其以北、以西，南至今河北、山西北部的广袤地区。至辽太宗大同元年（公元947年），契丹军队攻入后晋首都开封，改称国号为辽，改皇都称上京，其疆域东北到今之日本海黑龙江口，西北到蒙古国中部，南与北宋以白沟河一带为疆界，大体上相当于今天津海河、河北霸州、山西雁门关一带与宋境毗邻相接。

此后，辽与北宋王朝对立并峙。澶渊之盟后，双方息兵议和。及至末年辽天祚帝保大五年（公元1125年）时为女真族建立的金国所灭。辽自阿保机建国，先后经历了九个皇帝，统治北中国时间长达210年之久。

约当辽代后期，女真族崛起于中国东北的白山、黑水之间。其首领完颜阿骨打挟其新兴力量，于北宋徽宗政和五年（公元1115年）建立金国，建都会宁（今黑龙江哈尔滨市阿城区南）。此后，金陆续攻占了辽东北全

---

① 辽自阿保机于公元907年即位，至其统治的第十年，称大契丹，建年号称"神册"。至辽太宗大同元年（公元947年）始改国号为辽。此后，辽代诸帝除辽圣宗时期一度改国号为"大契丹"之外，诸帝均沿称辽国号。但在习惯上，史家仍把阿保机建国后直至辽末统称为辽。今仍沿旧说。

部地区,继而又西向用兵,征服西夏。太宗天会三年,金兵南下亡辽,次年,又灭北宋。先后迁都中都(今北京市)及开封等地。宋宗室康王赵构南渡,在江南立国,是为南宋。金的统治疆域东北至今日本海、鄂霍次克海、外兴安岭,西北至今蒙古国,西至今河套、陕西横山、甘肃东部与西夏接壤,南以秦岭、淮河与南宋毗邻。金与南宋长期对峙,双方经反复较量后,彼此划界议和。金国的统治自阿骨打建国迄于金末天兴三年(公元1234年),在蒙古及南宋的联军夹击下灭亡,先后经历了九个皇帝,统治北中国的时间约120年。

13世纪初,蒙古族在首领成吉思汗的领导下,崛起于漠北,于公元1206年(金章宗泰和六年,南宋宁宗开禧二年)建立起蒙古国,此后蒙古铁骑向四方征讨,在欧亚大陆建立起四大汗国。自成吉思汗经窝阔台汗至蒙哥汗时期,蒙古势力伸张到中国北部地区的黄河流域,先后攻灭西辽、西夏以及大理、吐蕃等地,并在吐蕃建立起行政机构直接进行统治。公元1258年,蒙古军南侵,蒙哥汗在攻打南宋的四川合州时阵亡,其弟忽必烈继位,在其漠南封地开平自即帝位,建号"中统"。元世祖至元八年(公元1271年),忽必烈采取中国传统经书《易经》中的"大哉乾元"中的"元"字为国号,改蒙古国号为"大元",并于次年从开平移都于北京,建新城,称为"大都",标志着由忽必烈所建的元朝成为中国封建王朝的延续。

元世祖至元十六年(公元1279年),元兵南下灭亡南宋,统一了全国。其统治疆域东、南到海,西到今新疆,西南包括今西藏、云南,北面包括西伯利亚大部,东北到鄂霍次克海。元顺帝至正二十八年(公元1368年),崛起于江南的朱元璋建立起明朝,发兵攻取元大都,元顺帝北逃,元朝被推翻。元朝的统治上溯自成吉思汗时起凡经15帝163年。自忽必烈定国号为元,元对全国的统治则经历了11个皇帝,统治达109年。

辽、金、元先后相继的三个王朝就其统治中国的疆域来说,一代比一代扩大,它的统治由北向南,波浪式地推进,自北中国而扩展至全国,其先后统治时间的跨度约有460年之久。①这三个由北方少数民族所建立的统治王朝，随着其军事、政治力量的扩展以及统治区域的扩大，不仅促使其本民族契丹、女真、蒙古各族似潮水般地涌入中原、江淮、岭南的每个角落，而且连同他们一起涌入的还有奚、渤海、高丽、党项、吐谷浑以及从西域迁入的大批色目人。他们或镇戍、或为官、或经商，长期居留在中土各地，乃至娶妻生子。因此，在中土大地上，除了广大的汉族人民外，大量的异族人充斥其中，错杂而居、共同生活。因此，中土广大地域就出现了前所未见的"华夷交会"、"民俗糅杂"的局面。这就是本期社会民俗史中最基本也是最主要的社会特征。

人口移徙与民俗融合

一浪又一浪的民族移徙，是这个时期民俗特征之一。

辽、金、元兴起之地，或在潢水之南，朝阳之北；或在白山、黑水之间；或在大漠以北的斡难、土拉两河之间，其间横亘着沙漠、高山、河流、湖泊，与中原地区相隔遥远。当他们初起之际，以纯朴尚武的精神，把俘掠人口财富作为战争的目的，向四方推进。他们经常把所俘人口分配给所属的各级王公贵族，并把这些人口徙带到他们发迹的腹心之地，使之从事生产，增殖财富，故俘户与移民便成为他们这一时期生产和战争中的经常性行动。

辽初在向四方征讨的过程中，就曾移徙代北、幽蓟、檀州之三河、密云等汉地民户以及渤海、回鹘、党项、吐谷浑、女真、乌古敌烈等部族牧民以充实其内地。在辽统治中心地区的上京临潢府一带以及附近诸州县先后均有大批被强迫迁入的汉民及其他各族人民，他们迁入后被编定户籍，分配给土地，进行生产，建立新的州县，有些则被编配在新设置的军、城、寨、堡进行屯戍或屯垦。因此，在辽人居住的中心地带及军力所达地区，到处

---

① 自辽太祖耶律阿保机建国至元代灭亡（公元907—1368年）共历时462年。若自契丹取燕云十六州迄于元亡（公元938—1368年）则为431年。若自辽太宗正式建国为辽迄于元亡（公元947—1368年）则为422年。今仍沿传统说。

都星罗棋布着以各族杂居为特点的新移民点。①

金代初期也有与辽初相似的情况。随着金人军事的胜利,他们也陆续把所俘汉人、契丹人等迁到其东北内地,藉以充实人户和开发土地。例如他们把中原山西地区州县的大批居民,移置于上京和浑河路一带;原安置在上京地区的居民又被北迁向宁江州一带;平(河北卢龙)、润(河北抚宁县东北)、隰(辽宁兴城县西南)、来(辽宁绥中县西南前卫)等州人户则被移徙到沈州一带。此种徙民方式直到金统治中期仍续有发生。如金世宗时便曾把反抗金统治的契丹人全部迁移到上京、济州(吉林农安县)、利州(辽宁喀喇沁左翼蒙古族自治县)等地安置,使他们与女真户杂处。以上所举诸例都是以削弱敌方力量,用以充实自己统治领域的移民事例中的一部。

蒙古统治时期,诸王军将们南下攻打中原各地时,亦以掳获大量人口财富为作战目的。他们把大批俘民充作"驱口",陆续迁徙到自己所管辖的投下领地,使之从事放牧、农耕及各种手工业劳动,其所迁徙的地方甚至到达遥远的漠北和林以及称海、谦谦州等地。如元将史秉直所率领的汉族武装人员有十余万人,被蒙古统治者迁至漠北土拉河附近地方驻屯;在都城和林地区,就有数万计的汉民工匠替蒙古贵族们役作。即使在元初灭亡南宋之后,移民仍未完全停止。如元廷在至元年间,就曾把襄鄂(今湖北北部)地区的大批汉户迁往人稀土旷的西夏旧地河西一带,以进行实边。

这一徙民运动还波及双方军事冲突地带居民的南移。辽、金与北宋的战争,元朝与南宋的战争,都迫使黄河南北、沿淮两岸居民为躲避战祸,纷纷举家或合族往四方安全地带移徙。他们渡越山河险阻向比较安全的地区转移。其中多数徙民向经济比较发达的地区转移。因此,在江淮以南、今四川、湖北、江西、江苏、浙江诸地陆续增加了大量从北方南徙来的新移民。

---

① 以上均详见《辽史》卷1—2《太祖纪》,《辽史》卷37—39《地理志》。

大体上说以上两种移民运动均是辽、金、元初期在战争状态下所产生的特定历史状况。当辽、金、元王朝建立统治之后,随着其对全国统治的巩固与加强,移民运动又往相反的路线和方向发展,即辽、金、元统治者为确保其本民族对新占领地广大人民的统治,他们征发本部族或其他各部族的军队和人户,把他们移置于中国内地或沿边新区,使之长期居住屯守;同时,契丹、女真、蒙古的王公、贵族们也依其职任和食邑,率领其家属和新附人口来到他们的任所和投下领地。这一徙民运动以史无前例的大规模集体移徙的方式进行着。与以前称移民所不同的是,过去被徙走的是被征服的汉民,而今则是征服者自己;过去是把汉民迁去充实他们腹里地区,现今则是由契丹、女真、蒙古诸族以及伴随征服者而来的其他各种各样的色目人来填补中国内地。

此种移徙的实例很多。诸如在金熙宗时,为加强对北中国的统治,把原处东北地区的契丹、女真人大批南迁到中原地区,计户授田,使他们与汉人杂居。自燕山以南一直到淮水以北,散居于汉人村落之间,其人数达六万人之上(见《金史》卷4《熙宗纪》)。金海陵王时,迁都于燕京,又继续移徙上京诸地女真人南下分置在今河北、山东、山西的大兴府、大名府、山东路、严州路等一带地区,公元1158年,又把中都的屯军两猛安迁到南京(今河南开封市)附近,安插在汉人村落间。金世宗时,又继续实行这一南移政策。据统计,至公元1183年,金代散居中原各地的猛安有202个,谋克有878个,领户有61万5千余户,人数达615万余口(见《金史》卷6)。

与此同例,元代也有大批的蒙古、色目官员及其家属、军人随着元朝版图和势力扩大,陆续南迁到中原以及江淮以南广大地区,并以新迁地为家、长期居住、留守屯戍,如元军灭亡大理国,在云南建立行省,蒙古贵族及其大批军队随之进驻屯守并定居下来,其人数即达十万人以上。元灭南宋后,把原属西夏的部分军队南迁到今安徽合肥一带驻屯。其他民族如回族、阿尔浑、康里、斡罗思等诸部族军人亦纷纷南下散居于京城大都及今山西宣德、大同一带地区。元代京都的宿卫亲军中就有钦察、康里、阿速、唐兀人所组成的各卫军（见《经世大典》叙录·军制）。至于在江南的杭州、泉州、镇江等地也都有大批的外族移民入居。仅镇江一带地区，据《至顺镇江志》记载，就有3 800户侨寓居民，其中民族的类别就有蒙古族等少数民族及北方的汉族移民。他们除家属外，还拥有约2 500名奴隶厮养。又据《昆山郡志》记载这里由于聚居着从四面八方来的移民，已成为"番汉间处，闽广混居，各循土风，民俗不一"的混杂地区了。此外，在今杭州地区也居住着大量蒙古移民，以贩卖珠宝著称的回族豪商则聚居于地面最为繁华热闹的"八间楼"一带，他们走南闯北，经营着从异域贩来的奇珍异宝，而大增财富。

徙民运动交织在以上两个历史阶段之后，逐步地平息和稳定下来，民族之间彼此和洽相融，民俗文化在彼此间消化浸染。这个过程是逐步展开的，但是中国社会经济文化的繁荣和商业、交通的发达，仍继续吸引着大批国外移民，不断进入各大都市中谋生或长期居留。他们或自觉、或自发、或零星、或集体移徙到中原，传播着他们各自带来的民俗文化，这是不足为奇的，但历史的规律总是先进的文化最终会替代后进的文化，这亦是不以人们意志为转移的。泱泱大国的汉文化，包融着从异域而来的各族文化，从而丰富了自身的多元色彩。

辽、金、元统治下各族的风俗混同是这一时期的又一特征。民族间的移徙、混合，是这一时期的历史产物。同时，各民族均有其自身的历史传统和民族文化特点。这两者之间通常又是相互混合在一起。

契丹、女真、蒙古诸族初起时均处于中国的北部地区。其生产方式以渔猎、畜牧为主（间其兼营粗放的农业），他们均有各自的生态环境、自然地理条件，和各自的历史、语言、文化，亦由此而形成各种社会生活的风俗和习惯。当他们大踏步地进入中原各地区之后，便很自然地把本民族的传统文化习俗移植到中原，自觉或不自觉地使之传布；同时，他们又时时刻刻地面对着高度发展的汉文化习俗，并接受其浸染和熏陶。这两种文化习俗的传播与蔓延、接触与摩擦、碰撞与冲击、排斥与融合，此伏彼起、千端万状。但是无论历史走向如何曲折变化，由低级文化向高级文化学习看齐、以至融合同化,乃是历史发展过程中不可抗拒的力量。无论是契丹、女真还是蒙古族,他们的历史走向都不可避免地朝着这一历史规律的发展方向逶迤前进。

一种文化习俗的保留、发展、废弃、改造既有其内涵的功能,在潜移默化地发生影响,亦有其外界的氛围在发生着侵蚀作用。但是,由于时间上、空间上的不同,以及统治者及其周围集团的主观上的差异导向,也会影响着这种进程的快慢和深浅的力度。

由一种文化习俗转变到另一种文化习俗并不是一朝一夕的事,从时间上来说,它往往需要经历数代人才能完成其消化与融合的过程。元初文士许衡在给世祖忽必烈的《时务策》中就曾经指出:

> 国朝土宇旷远,诸民相杂,俗既不同,论难遽定。考之前代,北方奄有中夏,必行汉法,乃可长久,故后魏、辽、金历年最多。其他不能实用汉法,皆乱亡相继。……必如今日形势,非用汉法不宜也。……然万世国俗,累朝勋贵,一旦驱之,下从臣仆之谋,改就亡国之俗,其势有甚难者。

他还指出:风俗之变"犹如寒之变暑,始于微温,温而热、热而暑,积百有八十二日而寒气始尽。暑之变寒,其势亦然,亦是积之之验也"。

由此许衡认定:

> 移风易俗须"渐之、摩之、待以岁月"。
> 以北方之俗改用中国之法也,非三十年不可成功。①

渐之,摩之,非积三十年不可成功。这是一个概率,不能呆板看待。辽、金、元的统治者大体都经历着这种积年既久的演化过程。因此,在这个

---

① 见《元文类》卷 13 许衡《时务五事》中之《立国规模》。

历史时期中,汉族传统文化习俗与契丹、女真、蒙古族的文化习俗共存,同时彼此间又相互接触碰撞、吸取、融合,从而构成了本期民俗史的基本内容,并使这一历史时期的民俗文化呈现出种种复杂而又异样的色彩与光芒。

第一章 饮　食
——由膻肉酪浆到五味八珍

一、饮食一般

饮食是人生的必需，通常是由人们生产的物质资料所决定。在社会生产不甚发展的条件下，地理、气候、土壤等自然环境对它的制约作用十分巨大。俗话说"靠山吃山，靠水吃水"，指的就是这种关系。

契丹族兴起于东北的辽水流域，其统辖地区大体上以上京为中心，包括灭亡渤海国后所建立的东丹国，大漠南北以及燕云十六州等地。其生产方式，随土所宜。或以射猎畜牧为主，或以农、牧、渔兼营，或以传统的农耕为业，生产条件比较复杂多样。

金代统治区域南达秦岭、淮水流域以北。然其发源地则在长白山、黑龙江即白山、黑水之间，基本上承袭了辽代以渔猎畜牧为主、兼营农业的特点，其燕云十六州及以南地区则沿袭了宋、辽以来的农业经营。

元代蒙古族兴起于大漠之北，以游牧、射猎为业，漠南及中原沿边地区既有畜牧，也有粗放农业，但仍以畜牧为主，在今甘肃、宁夏、陕北一带地区所建立的西夏国，以及甘州回鹘、吐蕃等地，元代将其悉收入于版图之内，这些地区，自然条件极其复杂多样，但仍以射猎、畜牧为主，而在汉人聚居的地方则多经营农业。在西南山区地带，则散居着僮、猺、獠、彝等少数民族，种类繁多，他们仍以农耕为主要的生产方式。

由于各个地区所获取的生活资料不同，在衣、食、住、行诸方面亦受到制约而各有差异。如果由北而南，对人们的饮食进行大体划分，可以说长城以北，以肉食为主，过着所谓"马逐水草，人仰湩酪"的生活。在北部高原森林地带以及濒近河流湖泊地带，人们过着猎取野生动物及捕鱼为食的生活。在长城以南的农业区，则以黍、稻、麦等为主食，辅之以肉类、鱼蚌、蔬菜、瓜果等食物。不过这仅是粗略的划分，实际情况则更为复杂得多。

兴起于北方的契丹、女真、蒙古诸族由于地处高寒，不善耕稼，以游牧射猎为谋生手段，其生产物多是牧殖各类牲畜，主要有马、牛、羊、驼、狗等。马、牛、驼多作为交通工具使用，一般不宰杀食用，除非遇到严重的灾害，如水旱、饥荒以及人事上的军行乏食，或统治者举行盛大的宗教祭祀活动，牧民们才将其宰杀。牧民们狩猎所获则有各类飞禽走兽诸如虎、豹、熊、鹿、野马、狐狸、兔子、顽羊、黄羊、黄鼠、鹅、鸭、凫雁等名目繁多的野生动物，网捕所得则有各种鱼类、虾、蚌等。

捕猎而获的各种动物多充作肉食以供日常生活所需，人们所食用的方法，或生食、或熟食。熟食则多用火烤炙，用牛、马粪作为燃料，不喜欢用汤煮食，吃剩下的多余食物加以腌制或风干，贮藏起来以备不时之需。农业所产有稻、麦、粱、黍、穄等作物。在契丹旧地，多种穄。穄为黍的一种，即糜子米。秋收后贮存在地窖中，通常用来煮粥。若以乳汁拌食则成为乳粥，亦称"酪粥"，用以招待客人食用。①宋人梅圣俞有诗云："朝供酪粥冰生碗，夜卧毡庐月照沙"之句。元杨允孚《滦京杂咏》卷上亦有"夜宿毡房月满衣，晨餐乳粥椀生肥"的吟诵。可是乳粥腥臊味重，南人食之颇不习惯，宁愿食淡粥。朱彧《萍洲可谈》卷二载其先公使辽，"日供乳粥一碗甚珍，但沃以生油，不可入口。谕之使去油，不听，因给令以他器贮油，使自酌用之，乃许，自后遂得淡粥。"大率南食多盐，北食多酸（酸食易消化）。南方人不习惯于乳酪的腥膻味，可是在辽人看来，生油为最佳大补之物，甚至连皇后生小孩时也要服用调酥杏油米盏。此见于王易《重编燕北录》所记。

除了乳粥外，北人亦食糜子粥和干炒面。宋人沈括在《熙宁使虏图抄》中说："自过古北口，即蕃境。……食止糜粥炒糒。"又说：契丹北部永安山（约在今内蒙古察罕木伦河源白塔子附近）一带地方"谷宜粱荞，而人不善艺……食牛羊之肉酪而衣其皮，间啖麨粥"。②麨（音炒，chǎo）糒（音备，bèi）即炒米、干粮之类。麨粥，即糜子粥。北宋末，徽、钦二帝被俘北

---

① 见朱彧《萍洲可谈》及王洙《谈录》。
② 《辽史拾遗》卷2《附录》亦载辽人日常食用之物云："食止糜粥、麨糒。"

行到金国内地的五国城,日常所食止酪粥与羊肉而已。在金帝生日时赐给酒食,其食物中有"蜜渍羊肠"是金国的"珍味",可是二帝食时难以下咽,所食全部都呕吐出来。此见于《南烬纪闻录》(一作《南烬纪闻》)。苏辙《栾城集》卷十六《渡桑乾》诗中有"腥羶(膻)酸薄不可食"之语。此亦可见北人所食的一般。

与宋交界处西北沿边一带的西夏境内是蕃汉杂处地带。其农业耕作大略与中原汉民相同,以农产品为主食。灵州、兴州一带产稻、麦,其余地区也种植大麦、荞麦、粟、糜(音迷,mí)、豌豆、黑豆、青麻子等。遇到灾荒吃不上粮食,便要靠采食野生植物如鼓子蔓、碱蓬子、苁蓉苗、小芜荑、席鸡子、地黄叶、登厢草、沙葱、野韭、灰荼子、白蒿等以充饿腹。①

契丹、女真、蒙古人的饮食状况,富贵贫贱间差别很大。普通百姓饮食简单、粗陋。南宋初李焘记金人的饮食状况说到他们通常以糜酿酒,以豆为酱,喜吃耐饥的半生米饭,用狗血淋渍,亦以蒜、韭、野菜之类拌和。其食器亦甚简陋,无瓯陶等食用器物,也没有汤匙、筷子。多数场合食时用木盆盛食物。春夏之间,止食烂粥,随人数多少,以木制的长柄小勺数柄放在木盆中用以盛粥。食时一家大小人口聚坐一起共食。下粥菜肴通常止用盐腌的鱼生,獐生之类,有时亦烧烤肉类,但制作亦很简单。至于冬季时,吃饭习惯于冷食,用木楪盛饭,木盆盛羹。下饭时所食肉与吃粥时略同,不过稍稍增加一些肉味而已。肉多是炙股、烹脯,余下来的肉则捣成肉糜拌菜而食。他们亦食动物的肠胃。有一种用蜜渍羊肠或马肠的食物,为贵人们所嗜。《南烬纪闻》记载:金太宗天会十五年,金主生日,监押使者奉命赐徽、钦二帝酒食,其中即有蜜渍羊肠。因有腥臊味难以下咽,但又不得不食。二帝勉强食后,不禁全部都呕吐出来。

蒙古人所食,也极简单,所食通常唯有马奶和大块肉。张德辉《岭北

---

① 张养浩《归田类稿》卷11《驿卒佟锁住传》。又孟元老《东京梦华录》卷9《宰执亲王宗室百官入内上寿》条载:辽使至宋。宋廷接待辽使臣之食云:"分列环饼、油饼、枣塔为看盘,次列果子。唯大辽加之猪、羊、鸡、鹅、兔连骨熟肉为看盘,皆以小绳束之,又生葱、韭、蒜、醋各一碟。"此类情况,金人亦略同。他们"多以生葱、蒜、韭置于盛肴之席上"。

纪行》说蒙古人"食则以膻肉为常,粒米为珍"。膻肉即带有腥臊味的牛羊肉。又《黑鞑事略》记载蒙古人的饮食状况说:"其食,肉而不粒,猎而得者,曰兔、曰鹿、曰野彘、曰黄鼠、曰顽羊、曰黄羊、曰野马、曰河源之鱼。牧而庖者,以羊为常,牛次之,非大宴会不刑马。火燎者十九,鼎烹者十二三,脔而先食,然后食人。其饮,食马乳与牛羊酪,……其味盐一而已。"从此段的记载略可看出蒙古人饮食的一般了。

蒙古地据北方寒冷地带,地不产稻米,故有"粒米为珍"之说。但随着蒙古人势力的发展,大批汉族屯军及俘户被移徙到漠北,也开始了农业屯垦。如公元1247年,张德辉北行至蒙古鄂尔浑河、和林一带地区,见有居民从事农耕种艺,物产有麻、麦,间亦有蔬圃。蒙古贵族食米,主要是由商人从南方长途运来,车旅运输之费高昂,故有"粒米为珍"之说。(见王恽《秋涧先生大全集》卷100《张参议耀卿纪行》)又宋末之初郑思肖《大义略叙》亦载蒙古人南北饮食习尚不同说:"北地诸物皆贵于南地数倍,牛马羊鹿,亦多不贱。出猎射生,纯肉食,少食饭。人好饮牛马乳酪,极肥腴,生啖葱蒜,衣腥食秽,臭不可近。"亦可见其饮食之一般。

二、独特的饮食风俗

契丹、女真、蒙古人一般饮食已略见于前述。但其上层统治者的饮食习俗颇具其本民族的独特风格。辽人胡瓌有长卷《卓歇图》,在画卷的最后一段描画着契丹贵族饮宴的场面。其中一对男女主人,盘膝坐在席上。男主人戴巾便服,正在捧杯喝酒,女主人注目相视。旁边环立着一群男女侍从,其右侧有四个穿袍着靴、佩带弓弦和皮囊的男侍者,左侧伫立着三个倩妆、腰系长绦双带的女侍者,近席前侧有一人举盘跪地进献食肴,一人手中持壶,准备酌酒,坐席前方还有两个男子跪地,正在做着杂耍,又有两个男子相对而立,抬手做着舞蹈动作。①从这幅图画的形象中可以看出

---

① 胡瓌之《卓歇图》今存于北京故宫博物院。郭若虚《图画见闻志》说胡瓌是范阳人,一说为慎州乌索固部落人。

契丹贵族在行猎归舍休息时宴饮作乐的情景。

辽人款待上宾之食肴,还可以从辽人招待宋使臣路振的宴会上看到。据《宋朝事实类苑·安边御寇·契丹》所载:"先蔫骆縻,用杓而啖焉。熊肪、羊豚、雉兔之肉为濡(湿)肉,牛、鹿、雁、鹜、熊、貉之肉为腊肉,割之令方正,杂置大盘中。二胡衣鲜洁衣,持帨巾,执刀匕,偏割诸肉,以啖汉使。"

又契丹人除喜食野生动物的鲜肉和干腌腊肉外,又喜食黄鼠肉。黄鼠一称"毗狸",形状类似大鼠,肉极肥鲜,嫩味如小猪仔,而肉脆,贵族们特用羊乳饲之,成为馈赠贵宾或向宋廷进贡的一种"珍味"。此见于《渑水燕谈录》卷8。

受到游牧民族部落组织生活的影响,元代对于宴会非常重视,时人有称:"国朝大事,曰征伐,曰搜狩,曰宴飨,三者而已。"(《秋涧先生大全集》卷57)元代蒙古人请客时举行筵会,也有一定的规矩。通常在桌上陈列的食物为单数,有五样素食、五样果品、五样下酒酒肴。壶、瓶、台盏,马盂之类器皿则另外放置在两楹之间的桌上。把盏时卑幼先跪捧酒盏到尊长之前,半跪,再退后三步、全跪,待尊长饮完所献酒后,再起来接盏后半跪,复退三步全跪而饮。为表示对尊长的敬重,所饮酒盏不再交还。所具食馔以单数计,不是五样、便是七样。若遇有盛大宴请,俗称为"大茶饭",有割"絮设"的习俗。所谓割"絮设",乃是把炙烧好的牲肉中挑选最软嫩的脊肉,两分之后,又各切割三大块,并所留脊肉,合成为七大块,置于大盘之上进献供食用以表示礼节的隆重。这种礼节,古人称为"体荐"。"絮设"即是蒙古语的音译。①

不过这种用羊马脊肉献食是用来招待上宾的,一般宾客则用前后股肉。若食鹅则以胸背献上宾,其余宾客各多少随分。因蒙古人为食肉民族,故他们常随身佩带小刀,食时即作为切割之用。《草木子》卷3《杂制》

---

① 详可参见陈高华、史卫民:《中国风俗通史·元代卷》,上海文艺出版社2001年版,第67页。

篇说:"北人茶饭重开割,其所佩小篦刀,用镔铁、定铁造之,价贵于金,实为犀利。王公贵人皆佩之。"其实,一般蒙古牧民亦佩小刀切割,但不及贵族们所用小篦刀那样精美金贵而已。

蒙古人饮食中还有杀小牛,取其皮作"浑脱"袋的习俗。其法是:取小牛,在其脊上开出一个小孔,用刀剜旋,取去皮、骨头和肉,但仍旧保持外皮完整无损。皮革经过鞣制后作为盛乳酪酒湩之用,称为"浑脱"。行军时还可以用浑脱皮袋代替船筏作浮渡之用。

元代饮食中的珍品有"迤北八珍"。这八珍的名称是醍醐、麈沆、野驼蹄、鹿唇、驼乳糜、天鹅炙、紫玉浆、玄玉浆。专供王公贵族们食用。这八珍包括各种珍贵动物的肉类以及乳酪制品。所谓玄玉浆实际上就是马奶子的美称,不过其制作更精美而已。

在辽、金、元时代还有几种与汉人习俗有异的特殊宴会。其名称为:头鱼宴、头鹅宴和诈马宴,今分述于下:

头鱼宴是辽帝冬季外出巡游进行钓鱼活动时,以先捕得的第一条大鱼所命名的宴会。在举行头鱼宴时,凡帝王、后妃、将相大臣以及蕃汉随从人员,还有奉命前来观光称贺的外国使臣、部落酋长等一齐前来赴会。届时,有盛大的音乐、歌舞场面,侑酒助兴,饮酒时间很长,尽兴时可以彻夜不休。此种习俗自辽初至辽末一直举行着。如辽末年天祚帝在天庆二年(公元1112年)到混同江钓鱼时举行一次头鱼宴。这时在千里之外的部落皆纷纷前来聚会称贺。酒席间,与会酋长皆起舞助兴,唯独女真部酋长完颜阿骨打以不能歌舞为辞,拒绝歌唱舞蹈,以致引起天祚帝的恼怒,以为无礼,目无君上。辽金统治者之间的矛盾,在这次宴会上就表现出来了。

头鱼宴是生产与喜庆礼仪相结合的活动,此后,地处东北的女真人、满洲人都沿袭着头鱼宴这种传统的活动盛行不衰。

头鹅宴是辽帝春季举行游猎活动时获取第一只鹅时所举行的宴会活动,其仪式略同头鱼宴。契丹人善于捕捉鹅、鸭、野鸡、凫雁等飞禽,并利用鹰师所调养的鹰鹘进行捕捉。其产于东北女真部的海东青鹰尤为鸷猛,为辽、金、元贵族游猎时所必携的名鹰。辽帝在春季游猎举行捕鹅时,先由猎人设好围场,四周张设旗帜作为号令,同时敲起一阵阵响鼓,用以惊动鹅群飞起,然后放鹰捕捉。鹅下坠后,用锥刺它。捉到第一只鹅便举行宴会。它与头鱼宴一样都是渔猎民族生产习俗在宴飨中的表现方式,同时也表示君臣上下共乐同赏的一种习俗。①

诈马宴是元代盛行的国宴。是蒙古人的传统习俗。通常是在马术表演之后举行。届时,后妃、公主、贵戚近臣,以及文武百官皆穿上用织金制成的华丽新艳的"只孙服"。贵妇人用光彩耀目的金宝珠翠为饰物,衣冠束带,齐整地跨着盛饰的名马前来赴会。因其所服的只孙服,乃是朝廷赐给高官的官服。能获朝廷所赐只孙服参加"诈马宴"也称"只孙宴",这是参加者的莫大光荣。②

《元诗选》周伯琦《近光集·诈马行并序》载:国家之制,乘舆北幸上京,岁以六月吉日,命宿卫大臣及近侍服所赐只孙,珠翠金宝,衣冠腰带,盛饰名马,清晨自城外各持彩仗,列队驰入禁中。于是上盛服,御殿临观。乃大张宴为乐……名之曰"只孙宴"。"只孙",华言一色衣也。俗呼曰"诈马筵"。后来清代皇帝巡幸木兰,举行秋季围猎时,亦有此俗的沿袭。《清朝文献通考》卷140《王礼》16载清高宗乾隆皇帝《塞宴四事》诗《诈马》,诗自注云:"诈马为蒙古旧俗……然元人所云诈马,实'咱马'之误。蒙古语谓掌食之人为咱马,盖呈马戏之后,则治筵以赐食耳。"此处称"诈马"实为"咱马"之误。为马戏(马术表演)之后宴飨的名称来源,亦说明生产活动与娱乐宴会的关系。

金、元皇帝宴飨诸官亦称"喝盏"。通常是边饮酒,边欣赏音乐、歌舞。《辍耕录》卷21《喝盏》载天子宴飨诸官的情况说:

---

① 关于头鹅宴、头鱼宴的具体情形及其特点,可参见刘铭恕:《辽代之头鹅宴与头鱼宴》(金陵大学中国文化研究所编:《中国文化研究汇刊》第七卷,1947年版),以及宋德金、史金波:《中国风俗通史·辽金西夏卷》,上海文艺出版社2001年版,第34—37页。

② 韩儒林先生有《元代诈马宴新探》一文,可参看。载《穹庐集》,上海人民出版社1982年版。

天子凡宴飨，一人执酒觞，立于右阶；一人执拍板，立于左阶，执板者抑扬其声，赞曰"鄂密奇"。执觞者如其声和之，曰："达卜实"，则执板者节一板，从而王侯卿相合坐者坐，合立者立。于是众乐皆作，然后进酒诣上前，上饮毕，授觞，众乐皆止，别奏曲以饮陪位之官，谓之喝盏。盖沿袭亡金旧礼，至今不废。

据此，元人沿袭金喝盏之制，朴野之风仍存。这与中国传统皇帝礼乐制度大相异趣。

三、饮料种种

1. 乳酪与马湩

契丹、女真、蒙古游牧民族日常所食用饮料有乳浆、奶茶和马湩。乳浆亦称乳酪，系用马、牛、羊鲜乳制成，亦可以加工精制成干状，则称酥酪或油酥，拌和在麦、青稞中则可以制成干粮。如以奶浆拌和茶叶汁则成为奶茶，若以马奶加工成酒，则称为马湩，俗亦称马奶子酒。

马湩的制作方法是把马奶盛置于皮袋内，经不断撞击，使之发酵成酸味。因其中含有乳酸，饮用后易消化牛羊肉的脂肪，但带有腥臊气味。这是北方游牧民族长期以来最普通也是最便捷的饮料。史书上常称游牧民饮食为"膻肉酪浆，以充饥渴"，可见其嗜好的普及。①

马湩的制作亦有简单与复杂、普通与贵重的不同差别。通常平民百姓制作极简单，只是反复拌动马奶数天便可饮用。蒙古贵族所饮马湩经过特殊加工，颜色清冽并略带黑色，味甜。与普通马湩色白、混浊、味酸、有腥臊气不同，俗称之为黑马奶子酒。马奶子酒撞击的时间加长，精工细作约需经七八日方能制成。因为马奶撞击时间愈长久，则颜色愈清，色清

---

① 《汉书》卷94上《匈奴传》载："汉初，中行说劝匈奴可汗保持传统习俗，得汉食物皆去之，以视不如重酪之便美也。"重酪即湩酪。又《李陵答苏武书》记匈奴人"膻肉酪浆，以充饥渴"。故沿饮湩酪乃是自匈奴以来，北方民族长期的传统习俗。

则没有腥臊气味。①

元代朝廷上所饮用的黑马奶酒由太仆寺供给,并专门设置挏马官掌管制作。②马奶分细乳、粗乳两种。细乳专供皇帝御府玉食。粗乳则供给百官。元代皇帝举行祭祀宴飨时所用的黑马奶酒是一种珍贵饮料。凡帝王陵寝所在地均有专供装载挏乳的车名为"醖都",运送黑马奶酒以供祭祀之用,号称为"金陵挤马"③。

总之,奶酪、马湩是北方游牧民族极通常的饮料,上起诸王贵族,下至普通牧民不可一日无之。《辽史》卷59《食货志上》说:"契丹旧俗,其富以马,其强以兵。……马逐水草,人仰湩酪",可见它在日常生活饮食中所占的地位。故凡宴席会客,马湩是必备之物。元张昱《可闲老人集》卷2《塞上谣》之三云:"漭然路失龙沙西,挏酒中人软似泥",即是吟诵在塞北饮挏马酒醉卧如泥的情景。

2. 酒

在辽、金、元时期的饮料中,酒类承袭了唐宋以来的制作方式,且品类繁多。除用各种食粮制酒外,最具时代特色的是烧酒和葡萄酒。④

唐宋时期人们饮酒多为米酒,酒精度数低,可以大量饮用。文人雅士无不以饮酒为乐,无论李白、杜甫,还是白居易、苏轼都以酒为乐事而助诗兴。烧酒的制作则自元代开始。⑤其烧制系用蒸馏法,酒精度数高。据《本草纲目》卷25《谷·烧酒》条所记载:"烧酒非古法也,自元时创始其法,用浓酒和糟入甑,蒸令气上,用器承滴露……其清如水、味极浓烈,盖

---

① 见《黑鞑事略》。当时的西方教士鲁不鲁乞在其《东游记》详细记述了马湩的制作过程。参见[英]道森编,吕浦译,周良霄注:《出使蒙古记》中国社会科学出版社1983年版,第116—117页。

② 挏,意指用力拌动。挏马官汉代即已有设置。《汉书·礼乐志》颜注:"以马乳为酒,撞挏乃成",故亦称"挏马酒"。有关挏马故事可参阅宋王观国《学林》卷3《挏马》。

③ 《元文类》卷4《马政》。亦见明人陈懋仁《庶物异名疏》卷11《舟舆》部。

④ 辽、金人多饮米酒,或用黍制成糜子酒,吐蕃、党项则多饮用青稞、大麦制成的青稞酒,今甘、青、藏地区人民仍沿袭饮用。

⑤ 烧酒制法形状亦可参阅顾张思《土风录》卷6《烧酒》。

酒露也。"

烧酒既行，成为元代法酒之一。《草木子》记载："元代法酒用器烧酒之精液取之，名曰'哈喇基'，极浓烈，其清如水，盖酒露也。"哈喇基亦作"答剌吉"。《卢布鲁克旅行记》所载一种名称叫"塔喇昔"的米酒，亦即答剌吉的音译，即俗称的烧酒是也。

葡萄酒在唐代已有制作，唐初在长安苑林中即已种植葡萄酿酒，相传系从西域传入。唐太宗灭高昌，得其制造方法，始自行酿制。当时仅供皇家御用，后来渐普及士大夫阶层。李白诗有"葡萄美酒夜光杯"，形容酒及酒具的珍贵。金末文士元好问撰有《蒲桃酒赋》，专颂此酒的醇美甜洌。他在自注中说到此酒即是从民间得葡萄自然发酵而成，故作此赋以表意。

元代有大量色目人及回族商人进入中原，他们擅长酿造葡萄酒，亦设酒铺开店出卖。由此葡萄酒的饮用加速推广普及。元代规定：色目人酿造葡萄酒所抽的酒税为"三十分取一"，对葡萄酒抽税并规定税率，足见元代已大量生产。在元代，葡萄酒主要产于哈剌火州（今吐鲁番）和山西太原、平阳，尤以河北的冀宁路所制作的最为精美，逢天气极冷时皆不结冰。①

《黑鞑事略》载由回族商人提供的瓶装葡萄酒及其色味说："盛以玻璃瓶，一瓶可得十余小盏，其色如南方柿汁，味甚甜，闻多饮亦醉。"

元代在举行盛大宫廷宴会时，常陈列各种名酒于筵席间，供挑选饮用。据西方人卢布鲁克《东方诸国旅行记》所记载，他在蒙古宪宗蒙哥时期到达漠北的哈喇和林，亲自见到宫廷里举行的一次大宴会。筵席上有葡萄酒、黑马湩、吐蜜酒和"塔剌昔纳"酒。各种名酒皆从地窖中的酒桶中

---

① 《草木子》载检验葡萄酒及其效应时说："每岁于冀宁等路造葡萄酒，八月至大行山中，辨其真伪，真者不冰，倾之则流注。伪者杂水即冰凌而腹坚矣！其久藏者中有一块，虽极寒，其余皆冰而此不冰，盖葡萄酒之精液也，饮之则令人透液而死。二三年宿葡萄酒，饮之有大毒，亦令人死。此皆元朝之法酒，古无有也。"又忽思慧《饮膳正要》中说葡萄酒以"哈剌火者田地酒最佳"（卷3《米谷品》）。

通过管道注入到筵席前所设的银树根部四只银狮子身上,再通过盘缠在银树枝条上镀着金的蛇嘴中吐出。当人们需要饮用时,由司酒侍者指挥手持号角的"天使",吹动号角,地窖中的侍仆听到发号声音后,便分别向水管中倒入各种不同饮料,通过水管导注入金蛇下的杯子中。司酒者即可取酒进奉给宾客饮用,其利用虹吸的装置及豪华场面令人叹为观止!

北方游牧民族均极嗜酒。契丹人通常所饮酒系用米、糜等食粮制成。贵族们每餐必饮,辽穆宗耶律璟更嗜酒如命。他无时不饮、无饮不醉,甚至作长夜之饮,通宵不寐,或连饮数日不休。他建造大酒器贮酒,名曰"鹿瓶",由于经常醉酒不醒而不能上朝,可说是个昏聩醉酒的酒王、睡王。穆宗不仅在宫廷里醉酒,还经常到群臣家中,或乘兴到郊野之中、酒肆中沽酒而饮。酒醉之后往往逞性使气、随意杀人。一些陪臣、贱臣如尪人、鹿人、酒人常无缘无故被他醉酒时杀死。《辽史·穆宗纪》说他"荒耽于酒"、"嗜杀不已"。这可说是契丹贵族饮酒习尚的一个特例。

女真人似比契丹人更嗜酒,不仅男子,妇女亦多能饮酒。一般平民以米酿酒,宾朋相会无不以酒交欢,彼此轮回相敬,不醉不休。女真人性格鲁直,饮酒后常恃性逞凶,捉刀杀人。为防不测的事情发生,人们常把醉酒者用绳索捆绑起来,待其醒后才行松绑。①

女真人饮酒习俗极简单、随便。通常数人聚饮,只用一个木勺子盛酒,自上而下,循环饮酌,周而复始、不醉不休。佐酒食品则多用肉类,或炙股烹脯,或把肉与菜拌和一起,在皿中捣烂,即可上桌食用。

蒙古人饮食亦极随便,不甚讲究君臣上下礼节,毡席而坐,即可饮酌。若数人聚饮则主者先自饮一杯,然后轮流互饮:甲先饮后递给乙,乙将饮前则先与甲、丙、丁,甲不饮则转给丙饮,丙饮毕,酌酒给乙饮,乙又不饮而转递给丁饮,如丙礼。乙才饮毕,酌酒而酬甲,甲复依次序自饮后以饮丙、丁。喝酒俗称"口到",彼此互转杯盏,俗称为"换盏"。若出行路上,逢熟人相邀即可聚饮,即使碰到陌生人邀请,也不能有所推辞,否则便被认为

---

① 见《三朝北盟会编》卷3。

是不恭。为防止万一有人暗算或在酒食中进毒,故主人必先自饮,向客人表示无碍。①行之既久,相沿遂成为饮酒时的生活习惯。

蒙古人饮酒若逢礼会则杀牛宰马,俗称"大茶饭",饮食前有酹酒于地的传统习惯。②通常饮酒称"把盏",彼此杂坐毡席上,混杂喧闹,上下同食,举杯共饮,"不耻残秽"③。吃肉时常用随身佩带的小刀割肉啖食。食时,主人以小刀刺肉递给客人,客人开口接食,习俗以为这是彼此相爱。若尊者给肉,则卑幼者跪地受所赐之肉以为礼敬。

北人习惯于肉食。肉食则通常以食羊为主。河北境内市肆中出售羊肉,羊重五六十斤,胡羊头大的竟达百斤④,这种羊食,宋人称为"北食"。其烹饪制作技术流传入南方的汴京及杭州,结合了宋人精烹细作,由生硬转化成软熟,由粗制而走向精细。羊食制品有各色各样:如旋煎羊白肠、批切羊头、汤骨头乳炊羊、炖羊、虚汁垂丝羊头、入炉羊、羊头签、羊脚子、点羊头、羊肉头肚、羊肉小馒头、插肉拔刀炒羊……开设在临安(今杭州)的北食店,俗名称作"羊饭店"。⑤宋人著作《居家必用事类全集》有专辟《女真食品》一栏,记录有"厮刺葵菜冷羹"、"蒸羊屑突"、"搭不刺鸭子"、"野鸡撒孙"等奇异食肴,亦是以羊为主的北食。《清波杂志》的作者周辉说:"盖北人品味,以羊为贵"询非虚语。

北宋饮食肉类同时亦将饮食乳酪的习俗带到北宋都城,载汴京城中有专人经营乳酪,其人姓张称为"乳酪张家"。清明时节,人们把乳酪当成

---

① 《蒙古秘史》载成吉思汗父亲也速该在行旅途中逢见塔塔儿人邀他共饮,酒中暗放毒药,回家毒发而死,即为一例。

② 见《蒙鞑备录》。

③ 见《大义略叙》。

④ 宋周辉《清波杂志》卷9云:王荆公(安石)解美字,"从羊、从大,谓羊之大者方美"(苏)东坡亦有"剪毛胡羊大如马,谁记鹿角腥盘筵"之句。

⑤ 见宋耐得翁《都城纪胜》食店条。宋吴自牧《梦粱录》卷16《分茶酒店》内开列的有关羊食菜单有:鹅排吹羊大骨、蒸软羊、鼎煮羊、羊四软、酒蒸羊、绣吹羊、五味杏酪羊、千里羊、羊杂、羊头元鱼、羊蹄笋、细抹羊生烩、改汁羊㨗粉、细点羊头、五辣醋羊,以及红羊犯、灌肺羊、羊脂韭饼等众多名目。

节日食物。①宋室南渡后,乳酪在临安也成为市民日不可少的食品之一。《梦粱录》卷《分茶酒店》市食中有北食之"酪面"为后市街贺家所独家经营,价钱昂贵,每个五百贯。②又南宋周密《武林旧事》卷 7 载有"贺四酪面",是杭城"市食",系自汴京迁移而来的所谓"京师旧人",所开设的老店。此酪面传入宫中,连宋高宗也慕名来品尝此北食。

此外,北人且有以乳酪拌樱桃而食,则又是别开生面了。③

3. 茶

茶为提神饮料,自唐宋以来饮茶已普遍推广于民间。北方游牧民族以肉食为主,茶是消渴解腥的极好饮料,故无论契丹、女真、蒙古人均极嗜饮茶。若与奶合煮则称为"奶茶",为一般牧民日常饮料。

奶茶的烹制方法通常系将砖茶捣碎,投入壶中加水煮,使茶汁呈红褐色时,再放入适量的牛、羊奶,外加少量的盐巴搅拌均匀即成。

辽代契丹贵族饮茶成为风气,宫廷宴会、百官相见酬答,宾朋好友聚会谈说,必先供茶。用茶时,还用盒子装盛着各色各样的点心以供客人,称为"茶食"。④此俗语直至今日江南一带地区开设的糖果食品商店仍有保存着"茶食店"的称号。茶食即饮茶时供给的小吃点心。茶食店则是出售小食的糖果店。

金代女真人亦极嗜茶,"上下竟啜,农民尤甚,市井茶肆相属。"(《金史·食货志》)据称一般女真人一天没有茶喝就难受得要命。金在亡宋之前,宋、金间就在边界开设榷场进行茶叶的专卖活动。金从宋地输入的物品主要一项便是大宗茶叶。每年购买就需要用银 30 多万两之巨。可见金人饮茶之风。据《松漠记闻》所述,金人颇以茶为珍物,其酒为所有宾客同饮,而茶都是"留上客数人啜之",于此可见一斑。此外,如西夏和蒙古

---

① 分见宋孟元老《东京梦华录》卷 2《饮食果子》、卷 7《清明节》条。
② 见耐得翁《都城纪胜·食店》。
③ 见宋朱翌《猗觉寮杂记》下。
④ 河北宣化七号辽墓中有《茶道图》(墓葬壁画),展现了辽人选茶、碾茶、烹茶等基本程序,以及相应的茶具、"茶食"等。

百姓，通常以饮奶茶度日。畜牧之外，以熬茶、煮茶为务。①

又金代泗州榷场岁供物品中，就有"新茶千胯"之称。此见于《金史》卷50《食货志》。

茶叶宋代以龙凤团茶最著名。辽、金时代视茶为珍贵饮料，尤其对于产自福建的团茶更视为珍品。在宋熙宁年间，宋使出使辽国，带去一些"小团茶"，作为馈赠的礼物。在辽人看来，茶叶若不是团茶，就不视为贵重。在辽地用两饼团茶就可以换来两匹"番罗"（织物）。此见于张舜民撰作的《画墁录》或《使辽录》。②

《辽宫词》有"解渴不须调乳酪，冰瓯刚进'小团茶'"之辞，可见辽代贵族饮茶习俗中重视南方所产的著名团茶，且进入到诗人的文字中了。

为了取得产自南方的团茶，早在辽太宗时，即曾遣使南唐换取南方的"茶药"。此见于《南唐书》卷18《浮图·契丹·高丽传》。

茶食在金人婚姻典礼中亦有摆设以接待宾客。茶食名目有如同炸麻花一样，以乳酪和面、油炸成的大软脂、小软脂之类的食物，亦有再进一盘蜜糕。到临近宴会结束时，才由侍者端上茶来品啜。茶以建茗最贵重。系从宋地辗转运输而来，这只有贵族才能享用，一般平民百姓，只能渴饮乳酪奶浆而已。后来，随着辽、金与宋的频繁密切交往，他们也学会了宋人饮茶先汤后茶的"茶食方式"。例如有一次逢宋使臣到金国，金人招待就用饼饵之类的各种小食，其中有用蜜汁和面油煎成似舌头形状的点心，美名为"西施舌"，为最受主宾欢迎的小食。食后还再供应馒头、血羹、饼锣、肚羹、盈羊饼、子解粥肉齑、索面骨头盘子。早晨所供应的点心则有灌肠、油饼、枣糕、面粥等。这一份招待宋使的食单就大略可窥招待贵宾进食的概况了。

茶的制作到了元代颇有改进。唐宋时期，团茶虽很有名，但制作工艺

---

① 见清祁韵士《西陲要略》。
② 宋欧阳修《归田录》卷下称："茶之品，莫贵于龙凤，谓之团茶。凡八饼重一斤。庆历中蔡君谟为福建转运使始造小片龙茶以进，其品绝精，谓之小团，凡二十饼重一斤，其价值金二两，然金可有，而茶不可得。"

简省尚未形成独特的生产工艺。唐虽有散茶的加工,但到元代却成为较普遍的制作方法。据王祯《农书》记载:当时制茶法分杀青、揉捻和干燥三道工序。杀青是高温处理新鲜茶叶,使之变软,保持茶的本色并除去水分以便于造型。元代盛行的是"蒸青法",将采摘的鲜叶放在釜甑中微蒸,使之生熟适当。蒸好后,摊放在筐席上使之凉却,趁茶叶潮湿时用手揉捻,然后再用匀火焙干。不过在元代还是散茶、饼茶并用时期。人们即使饮散茶也大多碾成茶末,依然保存着唐宋饮茶的遗风。①

汉族人饮茶仍沿袭传统习惯以清茶泡饮。名茶好水尤为士大夫所看重。元人饮茶之风在墓葬的壁画中亦有所体现,如元代冯道真墓壁上便画有《童子侍茶图》,可见墓主人生前已是嗜茶成癖了。②据《饮膳正要》记载,元代宫廷中有"清茶"、"香茶"、"炒茶"、"兰膏"、"酥签"等品种,除"清茶"即煎茶芽,其余数种都是用茶配以酥油制作而成的,具有鲜明的民族特色。而在民间,酥油茶("兰膏"、"酥签"等)也比较流行。

在辽、金、元时代,茶酒的消费量都很大。酒须用粮食酿制;茶多产于南方,通常要经过长途转运才到北方各地。政府看到买卖茶酒利大,对之实行榷买制度。大致上看,金、元统治时期,对酒的制造出卖,有时采取榷酒官卖,但有时亦让民间私酿出卖,不加禁止。

金初,禁民间私酿,政府专设曲使司管理酿造作坊,都城中专设兵马搜查严禁私酿,即使是权势之家亦不允许。若奴婢犯禁,就要对主人罚杖一百。但利之所在,犯者多有。以后便索性开禁,改曲课,由酒户自承负担酒税,可私酿卖酒了。

政府榷税大体上依生产量多少征收一定数目的酒税。但酒税过重,官吏为中饱私囊,收了酒税钱后,却打白条。酒户积欠债务,往往有破产情况发生。

---

① 邱浚《大学衍义补》中引《元志》,仍有末茶、团茶之说。亦见《玉泉清茗》。陈高华所撰《元代饮茶习俗》,系统讨论了元代茶叶种类、制作工艺、饮用方法等问题,可供参考。此文刊于《历史研究》1994年第1期。

② 见《玉泉清茗》。

元承金制,设有酒课提举司机构管理酒税的征收。据《元史·食货志》记载全国各省的酒税岁入最多的是江浙行省,计征银 196 654 锭。当时全国酒税的总收入是每年共计 469 152 锭,江浙行省酒税特多,几占全国酒税的三分之一。它显示出江南地区经济生活富庶和民间饮酒业的盛行。但应指出:北方贵族特权者,往往包庇酒户、不交税、少交税、逃税、漏税的行为层出不穷,这个数字是无法统计在内的。①

除了酒税之外,元代茶税亦成为国家税收收入的一项重要项目了。

四、饮食传播与相互影响

辽、金、元皆以北方民族入主中原,因此中原有的丰美饮食也深刻地影响着他们的日常生活,同时,由于大量西域色目人入居中国各地区,也带来了异域风味的饮食及其制作方法,从而丰富了中国传统食品。隋唐以来,社会上就有专记饮食的食谱问世。到了元代,在宫廷中掌管饮膳的太医忽思慧,撰有一本《饮膳正要》的书,可说是一本专供皇家膳食的食谱。他选择中医本草内无毒、无相反作用、可以久食、补益药味与饮食相宜能调和五味的药物用于膳食中,进行"药补",其每日所选珍品御膳、奇珍异馔、汤膏煎选……每日所必用之谷肉果菜取其性味补益者,综合撰成此颇具特色的食谱。其中便载有多种回族食物及烹调方法。诸如有名为"马思答吉"的肉汤,"舍儿别"的果汁,均为元代贵族们所喜好的食品。又元代海宁人贾铭是一个曾出任万户长的百岁老人,他曾撰有《饮食须知》一书,专讲用料的配伍和饮食节慎的重要性。此书从《本草纲目》中摘出"自水火以及蔬果诸物的物性冷热寒温,各疏其反忌",可说是一部讲究食物养生的饮膳著作。又元人也有专讲酒的著作问世。如宋伯仁撰有《酒小史》记录历代名

---

① 元世祖忽必烈时,曾禁止民间私酿酒,若一旦被发现,就要处罚:"本身配役,财产子女没官。"法律严禁、处置酷重。《大义略叙》说:元初"河北禁人造酒,饮者断臂,饮之者斩",可见刑罚峻重。元成宗时,也下令重申,但蒙古贵族犯禁者多有,此后到武宗至大年间,终于弛禁。又元代酒税视民族地区酒类不同而有异。如汉人地区酒税是"息十取一",而色目人酿造的葡萄酒却是息"三十分取一",其不同如此。

家及各地出产的名酒、特色酒、兼及域外的佳酿美酒。韦孟撰有《酒乘》则是专讲酒史的著作,这些都从一个侧面反映了元人的饮食之风。①

北人的饮食在影响着南方大都市中的饮食生活,但同时,南方的精美饮食亦由北人带入到北方地区,丰富了各地区饮食传播与交流。如在燕山市内,有秦楼歌舞之处,大的酒楼上有六十个小阁,下面散布着各色小卖散铺,有七八十副桌凳。见宋话本《杨思温燕山逢故人》。一切菜肴应有尽有。又在平州地方,居民繁庶,市肆贸易与大都会略同,街市中多有酒肆,官民于此饮酒作乐观赏街景,亦有卖唱妇人吹笛乞食,其热闹情景可见。其饮食中有"生切兔肝"、"酱拌鹿舌"等等,可见酒食的一斑。

据上所说可见饮食只要好吃、有味,地不分南北,人不分民族类别,汉、回、蒙、藏彼此间都会相互传播,相互吸引,去拙存精,在相互影响中精益求精、好中求好。无论辽、金、元时代都是如此。

---

① 以上见《四库全书总目》卷116《子部·谱录类》存目。

第二章 衣冠服饰
——从辫发左衽到袭汉人衣冠

由于生产和生活方式的影响,契丹、女真、蒙古诸族均有各自衣冠服饰习俗。他们与汉族衣饰有着明显的差别。同时,辽金元王朝的政治制度是贵族官僚等级制,各民族间社会地位和贵贱尊卑亦有等差,由此,在服饰上便会产生种种繁复的民族差异和等级差异。

大体而言,契丹、女真、蒙古诸族在其初期阶段均有传统的衣饰,及其统治者入据中原或全国,先后逐步仿效中国服饰,抛弃旧日习俗,袭汉人衣冠,并由此规定出各种舆服制度,命举国臣民依式而行。但服饰的流行会受到传统习俗很大影响,统治者对各族所采取的最简捷的办法便是"因俗而治",即依照各族长期形成的传统习惯不横加干涉。然而服饰的传播与流行,又与物质生活进化、社会地位改变、审美爱美观念转移有关。当各民族间的交往、接触频繁展开之后,在衣着服饰上便会彼此吸取、扬弃,相互影响,相互仿效。胡人袭汉服、汉人服胡装这是常有的事。

服饰文化的发展规律一般是由低级向高级、由朴质到华美、由虚文到实用。辽、金、元统治者为保存本民族的特性和习尚虽然也曾强调穿戴或佩带本民族服饰,并屡下命令禁止本族人民仿效他族衣着装束。但胡人汉服仍是不可阻遏的时代潮流。北魏孝文帝时,改革胡语、胡服,实行汉化制度,便是一个历史先例。

一、服饰原料与各族服饰的差异

辽金元时期衣服原料基本上承袭着唐宋以来的织物如锦、绮、罗、绫、绢、绡、棉、麻、布帛等。但辽、金、元统治民族均兴起于北方高寒之地,气温低,气候寒冷,冬天出门若不重袭厚衣,就会四肢冻裂僵硬,有碍活动。

而且他们逐水草而居，以游牧为业。生产所得唯有畜牧、狩猎之物，故通常所服多用牲畜、野兽的皮毛作为御寒之物。《辽史·营卫志》说到辽人的服装是"随土所宜"，"皮毛以衣"。除通常所用牛羊皮毛外，其他各类牲畜及飞禽走兽的皮毛如貂、狐、狢、獐、鹿、兔、鼠、骆驼、马、猪乃至猫、犬、鱼、蛇等皮毛均可以制作成衣。所以北方民族无论富贵贫贱均服皮衣，其差别只在于皮质的粗细、好坏，物品的稀珍和普通的不同而已。《大金国志》卷39《男女冠服》条，记载女真人衣服之俗说："女真地处高寒'不毛之地'，'非皮不可御寒'，所以无贫贱皆服之。……秋冬以貂鼠、青鼠、狐、狢皮或羔皮为裘……亦衣牛、马、猪、羊、猫、犬、鱼、蛇之皮，或獐鹿皮为衫，袴袜皆以皮。"可说是北方民族衣着的通例。

当然，北方民族在邻近汉族地区也有农耕，垦殖土地，种植桑、麻并习作织纽，故亦有用棉、麻等原料纺织成布帛织物。女真人除服皮毛之衣外，"（惟）多织布，贵贱以布之粗细为别"。由于生产技术简陋，高贵的丝织物还不能自制，多数系通过官、私交易而取得。及其统治中原及全国之后，利用其政治力量，先后建立各色各样的工艺机构招集工匠艺人织造贵族们日常所需的高贵织物。这样，其原料和产品也就繁杂丰富和多样化起来。如元代，蒙古人在征服西域、中原之后，便广泛搜集回族、汉人工匠，设局置员，织造出各种"异样纹锦"，一种名称为"纳失失"的浑金线织锦便是负有盛名的珍贵特产，它是蒙古贵族们朝会时所着的礼服原料。其制作技艺可称精美绝伦，举世无匹。

此期的服饰原料大体与历代无异。金属原料有金、银、铜、玉、石等；动物原料有象牙、犀角以及各种飞禽走兽的骨、角、羽毛等。这些都与皮革、丝麻、棉布等织物构成了衣饰原料的整体。它经过艺人们精湛的手艺，制作出各式各样具有民族风格而又具有等级差别的衣饰，其奇瑰鲜丽、光彩夺目的衣饰使人们在生活穿戴上更加丰富和美化。

由于各民族传统习俗不同，服饰之制有着很大的差别。内容和式样广泛复杂而又多样，今就诸族的冠帽巾帻、衣衫袍、裙带、履以及首饰、发饰、化妆等不同内容略述于后。

1. 冠帽巾帻

冠是正式头饰。契丹冠服有国服、汉服两种。国服中皇帝有金文金冠、实里薛衮冠；臣僚有毡冠、纱冠。汉服中皇帝服通天冠、翼善冠；皇太子诸王以下服远游冠、臣僚服进贤冠。进贤冠按品服高低有三梁、二梁、一梁的差别，以梁多者为高贵，大抵承袭着传统的冠制。

冠的饰物以常用的毡冠、纱冠为例。毡冠用金花为饰，冠上或加缀珠玉和禽兽的毳毛，额后拖着用金花线织成的夹带囊可以贮发一束。纱冠形制颇如通俗的乌纱帽，没有边沿，不压住双耳。纱帽前额也缀有金花，上端用紫带结扎，末端也缀有珠玉等饰物。①

西夏武官头戴金银冠和黑漆冠，其制作与辽、金人有异。

金代妇人多数不戴冠而戴头巾。元代妇人则有一种特殊冠制，其特征是高冠挺拔高耸，系蒙古族传统冠饰。其冠名称为"姑姑"，亦作"固姑"、"故姑"、"姑故"、"罟罟"，有异于汉族妇人的冠饰。其冠式则是圆形高长，高者可达二尺有余。平民通常用桦皮作冠，画木为骨架，以黑褐笼罩，制作甚简朴。富贵人家则用红罗、绢绡、金帛包笼，其末端散开如鹅、鸭形状。②《黑鞑事略》载其冠制说："其冠，被发而椎髻，冬帽而夏笠，妇顶故姑。故姑之制，用画木为骨，红绢金帛，顶之上用四五尺长柳枝，或银打成枝，包以青毡。其向上人，则用我朝翠花，或五彩帛饰之，令其飞动，以下人，则用野鸡毛。"长春真人丘处机西游，路经漠北，见妇人头戴姑姑冠，有感作诗说："饮血茹毛同上古，峨冠结发异中州。"峨冠即高冠，蒙古人以头戴挺耸的高冠为时髦，步行或舞蹈时，微微摆动，姿态婀娜，引人注目。据《前燕录》记载：妇人高冠在燕代（今河北、山西北部）等地早已流行成俗，相传为唐代宫廷贵妇所戴的金步摇的遗制。此句意思是说它是由中国的北方燕代再传入到漠南北地域的。

---

① 关于辽代冠服的相关考古资料概述，可参见宋德金、史金波：《中国风俗通史·辽金西夏卷》，上海文艺出版社2001年版，第54—56页。

② 《大义略叙》说："固姑，圆高二尺余，竹篾为骨，销金红罗饰于外。"《草木子》亦说："姑姑高圆二尺许，用红色罗盖，唐金步摇之遗制也。"

元朝后妃及王公大臣的正妻通常均戴姑姑冠,若不戴姑姑,则戴皮帽。

帽有各种式样,据原料质地以及季节不同,有皮帽、毡帽、纱帽的区分,颜色也有红黑深浅的不同。北方民族地处高寒,多有风沙,故人不分贵贱上下,均戴帽笠。

契丹人通常戴毡笠子,即毡帽。女真人则夏笠冬帽。元代官民皆戴帽。帽檐形制或圆、或前圆后方,或无檐,形状似兜鍪,号称"楼子",其形制自头顶套下,可以掩蔽面部及两耳,略如头盔形状。西夏人即使贵为天子,常服亦戴红、黑毡帽;脑顶后垂着红色结绶。①

北人之帽多用皮韦、毛毡、纱罗、绢等物制成。通常是冬天戴皮帽、毡帽,夏天戴纱帽。纱帽通常以黑色纱罗制成。帽饰视地位高低不同。高贵者顶上用金、银装饰,地位卑微者则无饰。《草木子》说:"北人华靡之服,帽则金其顶。"视金顶为最高贵。

元代地区多居留着回族人。故回族帽颇多流行于北方地区。妇女们好时新,亦有仿效回族风俗,头戴回族小帽,外加黑罗网络罩住面孔,亦以手帕捂住嘴巴以障蔽风尘入口。

辽、金、元官民便服时,常以头巾束发或裹发。契丹人国服、汉服均有头巾之制。君臣通常所戴头巾是折上巾,亦称"幞头"。此制起于北周,流行于唐宋,辽、金均沿承。金国流行为四带巾,其制作原料用皂罗纱,巾上结方顶,有四根带子折垂于后,顶的下际部分两角各缀方罗,径长约二寸。方罗之下各附长约六七寸的条带,横额之上打成折叠状。显贵者在方顶十字缝中间缀有珠玉作为装饰,中间的大珠称为"顶珠",用以表示身份的高贵。此外,在带旁亦各有络珠结绶向下垂拖。庶民头巾通常用芝麻罗、纱制成,辫发、低髻为短统塌顶巾。又有把称为"棹篦"的梳头用具斜插在巾旁,随时可作梳理头发之用。

辽、金妇女多戴逍遥巾。年老妇人用黑纱做成包头髻,略如男子巾

---

① 元代西南少数民族如傣族贵人服装亦戴帽,帽顶上以金饰,四周缀以小金铃,行走时会发出叮当响声。

状,髻上若散缀玉钿等饰物,则称为"玉逍遥"。

头巾也用以表明身份。辽代规定:契丹豪民要裹头巾,须交纳牛、驼十头,马一百匹,由政府授给一种名叫"舍利"的官,此后遂成为承应执事人员,称为"某帐郎君"。其身份要比庶民百姓高贵。辽道宗时规定:"非勋戚后裔及夷里堇副使、承应诸职人不得冠巾",用以表示巾制的异等。

此制见于《辽史》卷21《道宗纪》及卷116《国语解》。

2. 衣衫束带

衣服是穿着在身体上织物的总称,若加细分,又有衣衫、袍裙、腰带、袜履等。辽代契丹衣服有国服、汉服,其中又有祭服、朝服、公服、常服等区别,种类繁多。如国服中的皇帝朝服,头戴实里薛衮冠,络缝,身着红袍垂饰,腰束犀玉带,脚着错络缝制的花色靴。太宗时,采取汉制更以锦袍金带,显得更雍容华贵。臣僚朝服系头戴毡冠,以金花作饰物,或在上面加缀珠玉翠毛,额后垂金花织成的夹带,或戴纱冠,不摩双耳,额前缀金花,上端结丝带,下端缀珠玉,其服式为紫色窄袖袍,腰系黄红色丝织成锦带,或并用高级皮革包扎的钻镍带,带上装嵌有金玉、水晶、靛石等饰物,称为"盘紫",为紫窄袍。皇帝公服着紫色窄袍,玉束带有时也服红色袍袄。臣僚幅巾紫衣,称为"展裹"。常服则称为盘裹,有红绿颜色区别。若着绿,则绿花窄袍、绿中单。高贵者披貂裘皮,以紫黑色为最高贵,青色次之。又有银鼠皮尤为洁白。若地位较卑者则服貂毛羊鼠沙狐裘皮。

金代女真人常服为四带巾、盘领衣、乌皮靴。腰带称"吐鹘"。其衣服颜色尚白色。品官三品为黑色窄袍盘领,缝腋之下编成襞积(褶)而不缺袴,在胸、肩、袖口上饰以金绣织物,田猎时有"春水秋山之服",袍服有纹饰;绣有鹘捕鹅,或杂以花卉,或杂以熊鹿、山林为图案,带有浓重的生活气息。①

金人衣服尚短,便于行动。通常不长至膝下,以取便于骑射。腰带镶

---

① 关于金人衣着服饰的相关考古成果概述,可参见宋德金、史金波:《中国风俗通史·辽金西夏卷》,上海文艺出版社2001年版,第297—299页。

嵌有各色装饰品,以玉为上,金次之,犀象骨角又次之,带銙周鞓有大有小。小者置于前,大者施于后。左右有双铊尾插入带头的方形束带中,其镂琢纹饰亦多用春水秋山图案。带上左边佩符牌,以志识别,右边佩刀,随身所用。贵重的佩刀以精炼的镔铁铸成,柄用鸡舌木。柄上镶嵌着有三事、五事的宝饰。

金代妇人服装辫发盘髻、无冠、或裹逍遥巾,各随所好,此也见于上述。其常服则着白大襖(袄)子,下摆如男子道服宽大。裳亦称锦裙,以细铁条做成圆圈,裹以绣帛,外面再罩以单裙。建朝之初,内廷妇女习尚简朴,间或遇上雨天,即使贵为后妃,亦脱去袜履,跣足而行。此后逐渐汉化,衣饰整肃鲜丽起来。其常服之裙遮至膝前的围裙,亦称"襜裙",多用黑丝色织物,裙面上编织或刺绣成金枝花纹,周身打六道褶子。上衣称为"团衫",用黑、紫或皂、绀等色,直领,左衽,腋缝两旁复打成二道褶子。衫前边长拂地,后边曳地有一尺余,不露两足。腰上束带通常用红、黄两色,前面的束带双垂至下齐。若已许配出嫁的女子则服套衣,名为"绰子",制作方法略如妇人衣服,用鲜艳的红、银褐、明金(黄)等颜色。衣襟多彩色交领,绰子下端也是前边拂地齐平,后边则曳地约五寸余。①

蒙古人服饰男子结发,垂两耳,顶笠着靴,略见上述。其服式特点有异于契丹、女真的左衽,衣领为方领。其旧俗以皮毛为衣,比契丹、女真人质朴无华。张德辉《岭北纪行》说:"其服非毳革不可。"王公贵族皆"衣纯白裘",上下等级服制并无严格区别。及入中原之后,很快地习染上汉族的奢华之风,衣服用纻丝金线织成,颜色用红、紫、绀、绿等,花纹有日、月、龙、凤,乃至西天佛像,贵贱间还设有严格的等差。②腰间有多层细密折叠,用红紫帛织成线带束腰,称为"腰线"。腰围紧束突出,色彩鲜艳好看,以便于马上骑射。此亦见于《黑鞑事略》。

元代还有一种名称为"只孙"的特色礼服。凡元旦受朝贺、大会诸王

---

① 《大金国志》卷39《男女冠服》,又卷33《仪卫》。
② 《通制条格》卷27,《草木子》卷3《杂制》云:"衣服贵者用浑金线为'纳失失',或腰线绣通神襴,然上下均可服,等威不甚辨也。"

宗亲在殿上宴飨时,上自天子、下及公卿臣僚以至侍卫、乐工均服之。只孙系音译,或译作"质孙",意思是指一色衣。它是用锦绣织成,质地有精粗之异。又有冬服、夏服的区别。官员上下、品级之间也有等别。如天子只孙冬服有十一等,夏服有十五等。百官只孙冬服有九等,夏服有十四等。只孙服在肩、背等处镶缀着珠玉等饰物,民间习俗称之为"珠衣"。凡朝见时着此服称"只孙服",赴宴时则称为"只孙宴"。

对只孙服与只孙宴这一特殊衣冠仪制,在元人的诗文中多有咏记。如王逢《梧溪集》卷5《古宫怨》有"万年枝上月团圆,一色珠衣立露寒"之句。《元诗纪事》卷17柯九思《宫诗》之五注文说:"凡诸侯王及外番来朝,必赐宴以见之,国语谓之'质孙宴'。质孙,汉言一色,言其衣服皆一色也。"《元史》卷78《舆服志》记只孙服制甚详,兹不备举。①

蒙古人穿衣有虚袖的习俗。其外衣裁制时于前臂肩膀间开缝,内衣中的两手可以在外衣缝间伸出。外衣两袖双悬反纽在衣服背后的缝间,好像有四个臂一样。《大义略叙》说:元人"衣以出袖海青衣为至礼。其衣于前臂肩间开缝,却于缝间出内两手衣裳袖,然后虚出,海青两袖反双悬纽背缝间,俨如四臂"。海青衣当是礼服上织绘成"海东青"鹰的纹饰,取其鸷猛飞翔迅捷之意。这种重衣虚袖的穿着方式,当与北方气候寒冷有关。重裘而衣便于御寒,虚袖反纽便于狩猎、骑射及平时各种操作。现代游牧民族的衣式至今仍保留其遗风旧俗。②

北方民族极重衣带,带俗称"束腰",平常为紧身保暖,便于骑射,源于生产及生活所需。在等级社会中亦作为装饰,表示尊卑等级以壮观瞻。

---

① 有关只孙服的记载各书所载颇多。元陶宗仪《辍耕录》卷30云:"只孙宴服者,贵臣见飨於天子则服之,今所赐绛衣是也。贯大珠以饰其肩背间膺,首服亦如之"。《元史·礼乐志》元正受朝贺条作"质孙"服。元亡,明太祖改为卫士仪仗之服。清褚人穫《坚瓠广集》卷4记只孙服云:"元亲王及功臣侍宴者,别赐冠衣,制饰如一,谓之只孙。……明高皇定鼎,令值驾校尉服之,仪从所服团花只孙是也。"又《霏雪录》载徐秋云《宫词》云:"红锦只孙团晚风"这是误释只孙为宫闱中织成的帷幛之类。据此则明人对只孙服的源流已不甚了解了。

② 当时西方的传教士加宾尼对蒙古人男女袍服有详细记述。参见[英]道森编,吕浦译,周良霄注:《出使蒙古记》,中国社会科学出版社1983年版,第119—120页。

故带的原料质地、装饰物都十分讲究而又有等级区别。

辽代无论国服、汉服均佩带,皇帝朝服佩犀玉带、金带、白银带,公服佩玉束带,汉服佩九环带。臣僚佩以红、黄等色丝织成外包皮革的钴鞢带,带上用金、玉、水晶、靛石等饰物镶嵌。金玉带为五品以上官佩带,带上系囊。文官佩手巾、算袋、刀子、砺石、金鱼袋;武官佩刀、刀子、砺石、契苾真、哕厥、针筒、火石袋,称为"钴鞢七事",这是沿袭唐代服饰之制而来。六品以下官则佩银带,八九品佩瑜石带,各有品级之差。

金沿辽制,亦束带佩鱼饰。佩鱼饰有双鱼、单鱼之别。束带上有称为"銙"的带具。饰物质料和数目随服用者身份而有不同。銙的数目以多为贵,周鞓(音 tīng,厅)小者间置于前,大者施于后,左右有双铊尾纳方束中,其刻琢多有春水秋山的纹饰。带的左边佩牌符,右边佩刀。刀以精炼的镔铁制成,刀柄俗尚喜用鸡舌木。有双距者为上品,或镶嵌以三事、五事饰物。①

元代束带俗称"裹肚",通常以红紫色帛编织成线条形状横系在腰间,故亦称"腰线",彩色鲜艳好看。官员按身份不得擅用或滥用。如侍卫控鹤(人员)除因公执事外,其只孙袄子裹肚帽带平时均由官府收藏,若逢承应当差,则关取使用。其他诸色人等则不得随便使用。但诸王随从人往往利用特权,违法系裹肚束带,以抬高身份。亦有唯利是图的工匠私自打造出卖图利,但政府对此均有明令禁止,违者处罚。②

3. 鞋袜靴履

鞋袜靴履在辽金元时期南北异地各有不同。北方游牧族常着紧身裤袜,脚上着以皮革制成的靴。③南方中原及山地百姓则多着布鞋草履。

辽代靴制皇帝所着为错落缝制并有各种颜色花样。公服时着六合靴,

---

① 銙为带具,古已有之。隋唐君臣及民间均为腰具,《新唐书·柳浑传》:"玉工为帝作带,误毁一銙。"铊尾即带下鱼尾。《新唐书·车服志》:"景龙中,腰带垂头于下,名铊尾,取顺下之义。"鞓,亦作鞈,即皮带。金人服制系采唐宋之制而成。

② 《通制条格》卷 27《杂令》"控鹤等服带"条。

③ 靴,一作鞾,见《释名·释衣服》。《隋书》卷 7《礼仪志》:"惟褶服以靴。靴,胡履也,取便于可,施于戎服。"靴,即用皮革制成的长筒鞋。北人便于骑射所服。

金代官员通常着乌皮靴,儒生着皂靴,平民百姓着黄黑油皂腊靴。西夏人同于辽、金,君臣上下皆着靴。元代规定:平民百姓"靴不得裁制花样"。

金代初期女真人服饰鞋履均极简单。《大金国志》卷32载其建朝之初,内廷妇女有时或偶逢下雨,即使贵妇后妃,"亦去袜履,跣足而行"。后渐汉化,鞋履穿着亦考究起来,花式花样翻新。其靴鞋常履的式样是"前尖后高",即今日所称的尖头高跟鞋,元杨廉夫有诗云:"绣鞋蹴鞠句丽样,罗帕垂鬟女真妆。"描画出金元倩妆妇人的装束。他们着绣鞋踢球是仿照着高句丽式样,可见服饰穿着的流传,是彼此模仿学样,伴随着时代潮流而不断翻新。①

4. 发式、首饰与化妆

北方民族有编发的习俗,编发亦称辫发、结发,即把头发编结成辫子。女真人"其俗皆编发"。②其发式是剃去头上余发仅留脑后颅发,编结成辫子,用彩色丝带缚扎,垂于肩后。此遗制为后来满清人所承袭。《三朝北盟会编》卷115宗泽奏疏内所称女真人皆"辫发盘髻,无冠,髻尚低"的记载。蒙古人辫发则盛行三搭发式,即剃去顶发四周,仅留脑后颅发一束,编结成长辫子,用彩色丝带缚扎,垂于肩后,又把额头前后剪短分散垂于两耳边,结成两个髻,拖在左右肩的衣袄上。这就成了三搭发式。此式在辽金初期蒙古人颇盛行,君臣上下皆同,即使汉人降臣亦不例外。南宋将领黄万石投降元朝后,立即依照蒙古人编发习俗,削顶发剃成三搭辫发,用以表示改变汉人发式臣服于元。此种发式因左右发垂肩,"碍于回视,不能狼顾",故俗称为"不狼儿"。③蒙古人亦有从简从便之法,将三绺发合编为一根又粗又长的大辫子,拖垂于衣背之后,也有把辫发盘结成"纱练椎"的模样,即通常所称的"椎髻"。一般牧民多流行椎髻,取其简便。

西南少数民族亦盛行椎髻。如云南昆明、贵州播州一带的少数民族

---

① 元代后宫中多有自高丽进贡入宫的女子。高丽靴鞋的式样亦由此输入。
② 《新唐书》卷219《北狄传》记载早期女真人"俗编发",缀野豕牙,插雉尾为冠饰。
③ 见《大义略叙》。

即是"椎髻披毡,俗以射猎山伐为业"①。

金、元妇人髻式,各有不同式样。金俗女真妇女辫发、盘髻,髻尚低矮。元代蒙古妇女则喜好高髻。至于头上的饰物则有各式各样的头饰,其尊卑大体上多为金银錞钗之类。

金、元人头饰还有簪花的习俗,或插在鬓边,或插在帽檐上。宋使臣颜师鲁、莫濛先后出使金国时,金接待的礼宾官员请他们簪花听乐,看来是一种礼待。金人赵秉文有《戴花》诗云:"人老易悲花易落,东风休近鬓边吹。"元遗山有诗云:"鬓毛不属秋风管,更拣繁枝插帽檐。"又元人贡师泰诗云:"忽见草间长十八,众人分插帽檐前。"又黄庚诗中也有"插花归去蜂随帽"之句,②可见自宋以来直到金、元都有帽边插花习俗的流传。

北方民族无论男女都喜欢戴头饰。饰物多样,普遍以金、银、珠玉、翠花、羽毛作装饰。不过他们有身份等级的差别,如庶民百姓戴帽笠,就不允许用金、玉作饰物。又女真男子有戴耳环的风俗。耳环可大可小,多用金、银为饰。也有双圈重环,即在大圈下再挂小圈,坠于肩上。西夏人及蒙古人亦仿效金人习俗俱戴环形耳坠。③

金代妇女若是官员家属,允许以珠玉为头饰,庶民妇女则不许用珠翠钿子等物,翠毛除装饰花环、冠子外,其余也都禁止。到了元代,则规定:妇人首饰只许用翠花并金、钗、錞各一件,耳环可以用金、珠、碧甸,其余并用银饰,似比金代对首饰用料放宽得多。

妇女化妆在辽代有"佛妆"的习俗。所谓佛妆即是以黄色颜料涂面。《使辽录》记载说:"胡妇以黄物涂面如金,谓之佛妆。"④据史料记载,早在南北朝时期,周宣帝后宫妇人即有涂黄的习惯。宣帝曾下诏禁天下妇人

---

① 见《寰宇通志》卷69引《元一统志》。
② 见《陔余丛考》卷31《簪花》。帽边插花,无论男女在唐代便有此俗。参见拙著《唐朝文化史》。
③ 《辽史》卷115《西夏传》称:西夏人"秃发、耳重环"。则重环是金、夏人同俗。
④ 朱彧《萍洲可谈》卷2载其先公北使辽国时,见辽人"车马来遝,毡车中有妇人,面涂深黄,谓之'佛妆'"。这又是另一种奇形怪状的佛妆了。有关妇女涂黄事迹可见《能改斋漫录》卷2《事始·佛妆》。又清褚人穫《坚瓠补集》卷3《匀面尚黄》。

施粉黛。除宫人之外,皆黄眉墨妆。可见北方民族涂黄有悠久的历史传统。①到了唐代,黄眉墨妆则已成为妇人时髦打扮,称为"时世妆"。唐段成式《酉阳杂俎》便载有"黄星靥"的面妆。

辽代燕京风俗把有姿色、面上涂黄的女子称为"细娘"。宋人彭汝砺有诗道:"有女夭夭称细娘,真珠络髻面涂黄。华人见怪疑为瘴,黠吏矜夸是佛妆。"这是咏辽代妇女黄妆涂面已成习俗,可是从南人看来,则是少见多怪,竟惊骇得疑为瘴疠所染的病态模样。不同的时俗、地区在视觉上感触的差异竟如此之大。

蒙古妇人化妆初期极简朴,竟有用狼粪涂面以为美妆。及进入中原之后,渐染华风,贵家妇人喜欢汉族妇女化妆,用涂脂抹粉来打扮自身的美貌。

在身体的装饰上,西南少数民族也有其特殊的风俗,他们有在牙齿上套装着金银镂片或口嚼槟榔使牙齿发黑,亦有在面部和脚上刺绣花纹以表示美观。今日傣族的先民在元代称"金齿人",他们即是用金镂片镶嵌在牙齿上而得名。据《马可·波罗游记》记载:"其人用金作套如齿形,套于上下齿,男子都如此,妇人则不套。"睹此可见各地区、各民族审美的异趣以及习俗的差别。

二、 官民服饰的等级区分

封建时代服饰除了有明显的民族差别外,也有很严格的等级差别。在契丹、女真、蒙古人兴起的初期阶段,他们衣饰的等级差别尚不明显,君臣同服并不是一件稀奇古怪的事。但当他们逐渐接触中华文明的礼仪制度后,也就杂采唐、宋之制,结合本民族的特点制订出各种服饰制度来规约臣民百姓,其用意即在于使服饰起着"明尊卑、定贵贱"的作用。

---

① 贾敬颜先生指出,所谓"佛妆"即与燕北女子以"括萎涂面"的习俗实为一事,见所著《民族历史文化萃要》,吉林教育出版社1990年版,第160页。又,赵刚等著(清华大学出版社2013年版的)《中国服装史》指出,所谓"黄色颜料"即萎蒿(括萎),其花淡黄色,可制为膏涂脸。

大体说来,北族服饰之制"上可以兼下,下不能僭上"。高级官员可以兼服下级官员的服饰,但下级官员只能服本品而不能服高品的服饰。在等级社会中,服饰最明显的差别便是官民不同服。"官有官服、民有民服"是一个根本原则。服饰的一般规定与行用,已见于上述,这里对其不同等级的区分,再略作些补充说明。

官服是指国家在礼仪制度上所规定的官员品服。它是自天子以下后妃、王公百官的各种服制。因其参加场面的不同,有"朝服"、"祭服"、"公服"、"法服"等不同称呼。凡参加大朝会,皇帝即位行礼时所服称"朝服",参加各种办公时所服官服称"公服",参加祭祀活动时所服称"祭服",以上均可以通称为"法服"。至于百官朔望日朝参或平日朝见时所服,或居家所服则称为"常服"。此外,又有参加田猎时所服称"田猎之服",居亲人丧期所服称"丧服",诸此等等。这些服制十分繁琐复杂。详见于辽、金、元诸史中的《舆服志》,这里只作概要式的说明。

辽代以地域区分官员为北面官、南面官两部分。北面官"治宫帐部族属国之政",南面官"治汉人州县租赋军马之事"。北面官服制均从契丹旧俗,称为"国服"。南面官仍沿唐五代以来汉官服制,称为"汉服"。若契丹人做南面官,亦服汉服,从其俗。宋余靖《武溪集》卷18《契丹官仪》说:"胡人(指契丹人)东有渤海,西有奚,南据燕,北据其窟穴,四姓杂居……衣服、饮食、言语各从其俗。"又说:"胡人之官,领番中职事者皆胡服,谓之契丹官……领燕中职事者,虽胡人亦汉服,谓之汉官。"此即辽人南北面官因俗而治的服制特点。

辽代对皇帝、百官的服制都有明确规定。以汉服为例,皇帝朝服通天冠、绛纱袍,大朝会时,冠加博山,附蝉十二,首施珠翠,黑介帻。发缨翠绥以犀簪、玉簪导,绛纱袍,白纱中单,皂领,朱襈裾,白裙襦,绛蔽膝,白缎带,方心曲领,其革带佩剑绶、靺舄。皇帝公服则翼善冠、柘黄袍、九环带、白练裙襦、六合靴。皇帝常服为柘黄袍衫、折上巾、九环带、六合靴。百官之服一品以下五品以上公服:冠帻、缨簪导、绛纱单衣、白裙襦、带钩䚢、假带、方心靺履、纷鞶囊。常服幞头、紫袍、牙笏、金玉带。文官佩手巾、算袋、刀子、砺石、金鱼袋；武官鞊鞢带、佩七事。乌皮六合靴。六品以下，幞头、绿袍、𨱔石带。①

金代自迁都入燕京后，亦仿照汉制。皇帝服冠冕，设法驾仪仗。世宗时规定百官服制，以常服为例：五品以上官服紫、花罗。花罗纹样依官品。又有大独科花罗、小独科花罗、无枝叶散搭花罗、花头碎小的小杂花罗等不同式样的区别。至于六七品官员则服绯、芝麻罗。八九品官员服绿、无纹罗。诸局执事人员亦服无纹素罗。武官皆服紫饰，其佩饰通常有鱼袋、束带。鱼袋有各色花纹，据品又有双鱼、单鱼的区别，鱼的质地以玉为上等、金银次之。六品以下及武官五品以下则不佩鱼饰。束带有玉带、金带、乌犀带、骨带的区别。以玉为上，金次之，犀角、骨带又次之，诸带亦有各样纹饰。②

元代服制规定：官员朝服一二品用犀玉带、大团花、紫罗袍。三品至五品金带，紫罗袍。六七品绯袍。八九品绿袍。诸官衣饰规定：一二品服浑金花，三品服金答子，四五品服云袖带襕。花纹以繁多为贵。六七品有六花，八九品有四花。其质地数量均有等差。唯幞头、皂靴则自上及下皆同。

以上是各级官员服饰大略情况，至于儒吏、庶民百姓的服饰亦有相应规定。基本原则是官民各不混淆。

金代儒生服装，据章宗明昌六年（公元1195年）规定：止服白衫，领系背带，腰束紫色圆形丝罗带，脚着乾皂靴。平民用纯紫色领，不得用镶边加饰杂色、丝罗带不得用紫色。靴用黄、黑油皂腊靴等。

金初，士民百姓与吏员之服大体相同。世宗大定年间，为防止吏员潜入民间受贿卖狱，有关机构不能及时检觉，又规定了吏员身上悬挂书袋之制。书袋据胥吏所在机构不同，有用紫纻丝，有用黑斜皮，有用黄皮缝制而成。袋长七寸，阔二寸，厚半寸，出入时悬挂在腰带上作为标识。③公余

---

① 见《辽史·舆服志》。
②③ 见《金史·舆服志》。

则悬于便服上。大定年间,还规定士庶服饰的质地。士人、僧尼、道士女冠有师号者并官员八品以上允许服花纱绫罗丝䌷,在官承应有出身人带八品以下官,亦同。庶人只许服绝䌷绢布毛褐花纱,无纹素罗丝棉,头巾系腰,领帛允许用芝麻罗丝带或绒织成,不许用金、玉、犀象诸宝及玛瑙、玻璃之类作为器皿及其他生活用具。妇人首饰不许用珠翠钿子等物,翠毛除允许装饰花环冠子外,其余并行停止。士兵徒卒允许服无纹压罗绝䌷绢布毛褐,奴婢只许服绝䌷绢布毛褐。倡优若在公筵承应时,允许服绘画衣服,私服则与庶民相同。①

元代对士庶衣饰服色亦有种种规定。仁宗时定服色等第:百官士庶不准服龙凤花纹。服色不得服赭黄色,只许服暗花纻丝䌷绫罗毛毱,帽笠不许用金、玉作饰物,靴不得裁制花样。妇女首饰只许用翠花并金钗、鈚各一,耳环可用金珠碧甸,其余一并用银饰。酒器只许用银制,帐幕可用纱绢等。其官民上下等差俱有明确规定。但民间习于奢侈,相互攀比富贵,往往有逾制违法的事例发生,此不多赘。

三、服饰流传与交互影响

各民族由于生产条件、生活习俗、地理环境的不同,民族服饰也各有特色。这是它们差异的一面。但服饰在自身发展过程中,也会随着社会交往的频繁展开而相互传播、相互仿效。这是它趋同的一面。就服饰的演进来看,不外有多重因素。一是为了生产与生活的方便,二是为了辨别尊卑贵贱的礼法需要。但这种端肃庄严的礼制服饰若与现实社会的生产、生活脱节,礼制也就成为虚文。如朝服、祭服之类,它只是在某个特殊场合,摆摆仪式的样子而已。三是受爱美的心理需要。服饰美观华丽,可以使人精神焕发、赏心悦目。爱美之心,人人皆有。由俭朴到华美,犹如水之奔流。服饰在演进过程中有出于统治阶级的政治需要而加以干预或禁止,这种措施,在一时一地或能暂时取得实施上的效果,但时间一久,便

---

① 《金史》卷43《舆服志》下衣服通制。

不能持续发挥其作用。服饰发展的历史仍依照其内在的规律演进。

辽、金、元时期,契丹、女真、蒙古诸族由于长期居留汉地,广泛地与汉人杂居、接触交往,彼此交融年积月久,就逐渐改变了其原有的生产和生活方式。由此,汉人衣饰及其习俗必然会熏染他们中的多数人,使他们逐渐地抛弃原有的、简朴的、传统的习俗,而改服汉人时尚的服饰。另一方面,也有部分汉人,或为了随俗、简便、新奇,或出于政治、社交需要,取媚于异族权贵的喜好而改服"胡服",改用"胡妆"。此种状况,自北朝、隋唐以来不断发生过。在辽、金、元时代南、北各地先后都发生过异地习俗的交流。如辽人的服装在北宋末年便辗转流行于汴京百姓之间。宋徽宗大观四年(公元1110年)的一道诏文中便说道:"京城内近日有衣装杂以外裔形制之人,以戴毡笠子,着战袍,系番束带之类。开封府宜行禁止。"次年,徽宗再次下诏:"一应士庶于京城内不得辄戴毡笠子!"又《宋史·舆服志》与载徽宗政和七年(公元1117年)规定说:"敢为契丹服若毡笠、钓墩之类者,以违御笔论。"钓墩是妇女穿着的一种窄身袜裤,穿着起来便于行动,也能显示形体美;戴毡笠可遮阳光,避风雨尘沙;束腰带便于骑射和劳动操作。①因其有实际效用和需要,故被士庶人们所仿效。徽宗一再下令禁止,但又有多少效果呢?但从徽宗屡下禁令来看,恰恰是反映出北宋统治者对胡化情况的担忧和恐惧。在短短的七八年时间里,屡禁不止也说明衣饰无论胡汉,一旦成为时风习尚之后,很难用行政命令之类的手段实行禁止和纠正。

金代统治时期也出现了与上述相似的情况。由于大量女真人内迁到中原地区,因"以习胡俗",汉人衣装亦有部分女真化。《揽辔录》作者甚至感慨地说:北方汉人"甚者衣装之类,其制甚为胡矣!自淮以北皆然"。可见其概。同时,女真人的服饰传布也影响到淮水以南乃至南宋的都城临安,服金人服饰靡然成风。《宋会要辑稿·兵》记载南宋初期军队中多有从北方南下的"归朝"、"归明"、"归正"人。他们大批地流亡到江淮以南地

---

① 见宋人吴曾《能改斋漫录》卷13。

区,往往"承前不改胡服",其流风所及且浸染到临安士庶百姓之中,以致"士庶服饰乱常"。南宋朝廷对此亦曾屡下禁令。如(孝宗)乾道四年(公元1168年),朝廷"申禁异服异乐",但效果甚微。到了淳熙年间(公元1174—1189年),有一位名叫袁说友的官僚大声疾呼地上疏说:"臣窃见今来都下一切衣冠服制习外国俗,官民士庶浸相效习,恬不知耻……紫袍紫衫,必欲为红赤紫色,谓之'顺圣紫',靴鞋常履必欲前尖后高,用皂草,谓之'不到头',巾制则辫发低髻为短统塌顶巾,桿箆则虽武夫力士皆插巾侧。"①

金人服饰流传到南方,以致惊动朝野人士力求取缔,禁止其流行,既说明自北宋以来,对混乱服饰的禁止无效,也说明这种服饰被人们竞相摹仿的生命力是很顽强的。

去朴求文是人心所向,由"皮毛以衣","辫发左衽"发展到"袭汉人衣冠"这是历史发展的必然。契丹、女真、蒙古诸族都曾先后经历过上述情况,所不同的是时间上的快慢或接受的程度而已。辽代首先是在契丹族中担任南面官的官员中开始,服汉人之服饰,继之,民间亦逐渐流行起来。金代中原的女真人亦颇习汉人文明,摹仿着南人装饰。《金史》卷43《舆服志下》载世宗的诏文说:"初,女真人不得改为汉人姓及学南人装束,违者杖八十,编为永制。"②金世宗为了保持女真人淳朴作风,甚至以严刑严禁仿习南人装束,可是直到金章宗时仍未见止息。泰和七年(公元1207年)章宗复又下禁令:"女真人不得改为汉姓及学南人装束。"③事实上女真人改姓,服汉人服饰到世宗、章宗之世,犹如江河决堤,靡然成风了。

---

① 《宋史》卷34《孝宗纪》,又见《历代名臣奏议》卷120。
② 《金史》卷8《世宗纪》大定二十七年十二月条。
③ 《金史》卷12《章宗纪》。

第三章 居 住
——由穹庐毡帐到宫阙楼观

一、毡帐与四时捺钵

1. 毡帐——千人大帐

居住是人们借以栖身生活的基本要件,衣食住行的四大要素之一。它受生产与生活方式以及人类物质文明进程的制约,同时也受到社会、家庭、个人所能提供的各项物质条件的影响。藉放牧狩猎为生的游牧民无论是契丹、女真还是蒙古人,他们居住的一个共同特点便是居住随季节变化而转移。人们逐水草为生,居无常处,以移徙为家,以毡帐为庐室。它与农耕为业的居民无论富贵贫贱皆居有定处不同,故史书上常称他们之国家为"行国"。《新唐书》卷219《北狄传》记载:契丹族"射猎居处无常",与契丹族比邻的奚族"逐水草畜牧,居毡庐,环车为营"。契丹的别种室韦,亦是"滨散川谷,逐水草而居","所居或以皮蒙室,或屈木以蘧篨覆,徙则载而行"。居契丹之北的靺鞨黑水部(女真族的先人)也是"居无室庐,负山水坎地,梁木其上,覆以土,如丘冢然,夏出随水草,冬入处"。生活在大漠南北的蒙古族则是"毳幕毡车,逐水草畜牧而已"。北方游牧民族这种以庐帐为居室、移徙不定的生活方式也就决定了它与汉族传统居室的异点。

毡帐即帐幕,大体上用毛毡、皮革、柳条、木材、绳索编制组合而成,即今日所称的蒙古包。它因物产所出、因地制宜而取材,制作简单便捷,易于装卸移动,适宜于北方游牧民的不定居生活。毡帐的式样,通常是上方圆顶,中央隆起向四周下垂,仿佛如天空形状,故称"穹庐"或"庐帐",又因其原料主要为毡毛,故亦称"毡帐"。《元文类·工典说》:"庐帐之作,比于宫室,于野于处。"又说:"无常居,故为穹庐,以便移徙。"说明了毡帐的设施与作用。

帐幕有大有小，牧民们一家大小聚处于帐中，帐幕多用羊皮毡制成，视人口、家庭财富、社会地位不同而在装饰上有奢华俭朴之别，其间差别悬殊。一般来说，普通牧民系散居，以家庭为单位。当他们移徙时，并不是一家一户单独进行，而是一群群地随着部落而集体移动。① 移动时，全家大小把帐幕、杂物等一切用具都装载在大车上，赶动牲口起行。妇女老少，或坐或行。坐则随车，行则骑马随行。当他们到达新的牧地停驻下来时，便从大车上搬卸下所载的帐幕及杂物。凡有劳动力的人口都一起动手，很快地便把帐幕架构搭建起来。于是一个个白色帐幕在绿色草原上分散点缀，与蓝天白云相映。人们便重新开始了这种移徙不定的生产活动，周而复始。②

草原贵族们的毡帐通常宽敞、明亮，华丽而又讲究，牙帐大者可以容纳数百人乃至近千人之多。此类大帐幕蒙古语称为"斡鲁朵"或"斡尔朵"，汉语转译时据其语意称为"宫帐"。辽代、元代帝王后妃都拥有各自的宫帐。如辽太祖、太宗及述律皇后都有各自巨大的宫帐。宫帐内设有"著帐"诸局，分掌帝王后妃们日常生活如笔、砚、牌印、茵褥、灯烛、车舆、御盏等各项杂事，其奔走服侍者多从年轻贵族子弟中择取选用，称为"著帐郎君"。皇帝死后，其宫帐不撤，依旧存在，由后妃们继承以陪奉陵寝。新皇帝即位则另外设立新宫帐。

元代的宫帐之制，据《草木子》记载："元君立，另设一帐房，极金碧之盛，名为'斡耳朵'，及崩，即架阁起。"新君立，复作"斡耳朵"。

蒙古时代的元太祖成吉思汗及入主中原的元世祖忽必烈都各自拥有四大斡鲁朵。在斡鲁朵中，有各色执勤人员称为"怯薛"或"怯薛歹"，他们

---

① 游牧民如果单独活动，人少力弱，容易受到其他部落民族的袭击。同时，水草地的占有和牧场分配，也需要依靠集体的力量才能有所保障。因此，他们的移徙，不是单个的、自由的，而是部落式的群体活动。因此其集体性、组织力及战斗力都比农业区的农民强。

② 1973年在内蒙古克什克腾旗二八地2号墓出土的石棺画，绘有形象生动的契丹人毡帐形制，有助于直观感性认知。又，《中国风俗通史·元代卷》记述蒙古毡帐形制与居住风俗较详，可参看。

轮流宿值，执掌着日常各种事务，犹如辽代的著帐郎君。若比拟汉制，则犹如汉代的郎官和唐代的内侍省以及宫禁宿卫军人。入则随从，出则可为地方将官。是皇帝的亲信人员。

元朝大斡鲁朵及其移徙情况，宋人彭大雅《黑鞑事略》中有一段饶有趣味的记录。兹撮录其大略如下：

> 其居穹庐，无城壁栋宇，迁就水草无常。鞑王日徙帐以从猎较。凡伪官属从行日起，营牛马橐驼以挽其车，上室，可坐可卧，谓之"帐舆"。舆之四角，或植以杖、或交以板，用表敬天，谓之"饮食车"（移徙时）如蚁阵，萦纡延袤十五里……得水则止，谓之"定营"。主帐南向独居前列，妾妇次之，伪扈卫及伪官属又次之……猎帐所在，皆曰"窝里陀"（按：即斡鲁朵的另一音译），其帐以金饰柱，又称"金帐"。凡嫔妃与聚落群起。独曰"大窝里陀"者……移跸之所，亦无定止，或一月，或一年迁。

> 其制即是草地大毡帐，上下用毡为衣，中间用柳编为窗眼，透明，用千余索拽住，阈与柱皆以金裹，故名金帐，可容数百人。鞑主所坐胡床，如禅寺讲座，亦饰以金。后妃等次第而坐，如构栏然。

> 穹庐有二样：燕京之制用柳木为骨，止如南方罘罳，可以卷舒，面前开门，上如伞骨，顶开一窍谓之天窗，皆以毡为衣，马上可载。草地之制用柳木织成硬圈，径用毡挽定，不可卷舒，车上载行，水草尽则移，初无定日。

又《长春真人西游记》也说到大汗驻地帐幕情况："车帐千百，日以醍醐湩酪为供……其车舆亭帐，望之俨然。"随着大牙帐移动其他随从的官员也移驻，"连幕为营"拱卫四周。

西方史家所著《史集》中也有记载这种"连幕为营"的事说："许多帐舆在草原中按照环形布列成圆圈时就称它为'古列延'。'古列延'意为圈子，大约一千个帐舆组成一个'古列延'……首领住在圆圈的中间。"

这些中西人士都到过草地,耳闻目睹"斡鲁朵"的形制及移徙迁居情况。通过这些描叙大体可以了解到蒙古人的生活起居及活动大略,也可由此推想到其余王公贵族们的毡帐设施的规模了。

2. 捺钵——四时游猎的行帐

契丹、女真、蒙古统治者在进入中原之后,受汉族文明的影响,其生活方式也日渐改变,由游牧而定居化。他们建立起城郭都邑,兴造起宫殿及亭台楼宇,但他们仍旧保留着游牧族移徙无常,以射猎为生的旧习俗。他们一年四季常外出畋猎,其居处仍是帐幕式的行宫,称为捺钵。①

辽代,契丹皇帝行幸出猎有"四时捺钵"之制。《辽史》卷32《营卫志》说:"居有宫卫,谓之斡鲁朵,出有行营,谓之捺钵。"卷68《游幸表》说:"朔漠以畜牧射猎为业……自辽有国,建立五京,置南北院,控制诸夏,而游田之习,尚因其旧。"这实是由游牧向定居时过渡的标志。②

辽统治者早期捺钵无定时,无定处,大抵到辽圣宗时按春夏秋冬四季节令进行畋游,并有相对固定的时间和地点形成一种制度。如春捺钵在长春州的鱼儿泊捕鹅,在混同江或鸳鸯泊钓鱼;夏捺钵在永安山或炭山避暑,放鹰弋猎;秋捺钵在庆州伏虎林射鹿;冬捺钵在永州广平淀猎虎。但这亦是大体而言,也有嗜猎如命的国君常年四时出游,地点经常变易不定。这就成为例外了。

辽帝设捺钵外出巡游畋猎时,契丹贵族臣僚及主要汉官都要伴驾随行,设围弋猎,其车马庐帐,绵延不绝,规模盛大。酷暑严寒时,即在设置捺钵的地方举行会议,决定国家军政大事。因此捺钵制度也是契丹贵族游猎生活与政治军事相结合的传统习俗的变异。这与他们在接受汉化的

---

① 捺钵:捺音纳,nà,捺钵意即为行营、行帐,犹如汉族皇帝出外巡狩时驻跸之处称"行宫",其建构的不同是游牧族仍保持着移徙式的帐幕状态。

② 学术界对于辽代"四时捺钵"制度的研究,成果丰富。其中傅乐焕先生在《辽代四时捺钵考》一文中指出捺钵在辽代政治制度中的核心地位;姚从吾先生的长篇论文《辽朝契丹族的捺钵文化与军事组织、世选习惯、两无政治及游牧社会中的礼俗生活》,将该制度与辽代社会风俗、政治军事等问题进行了综合考察解读,值得一读。

同时,不废骑马射猎、保持勇敢矫健的武风有着密切的关系。

金、元亦有捺钵制度。金帝外出游猎亦建行营。例如金熙宗在混同江和临潢府好水川建行宫。海陵王迁都燕京后,在都城西南大房山建行宫,号磐宁宫,又在河北良乡和中都近郊射猎,继续保持着女真族射猎习武的传统。蒙古统治者亦有此种四时捺钵的活动。元太宗时期,其四时捺钵春天驻地在哈喇和林近郊;夏天捺钵驻地在月儿灭怯土地方;秋天到大约离哈喇和林约有一天路程的古泄兀儿至兀逊忽勒一带;冬天到漠南的汪古地带驻狩。大体上过夏消暑就到高寒气爽之地,冬天避寒则趋向阳和暖和薪木易得之处。① 但这亦不固定。蒙古定宗二年(公元1247年),张德辉北行赴和林地区,九月九日至"会于大牙帐,洒白马湩,修时祀也。"到了岁末除日,又迁帐至别地以为贺正之所。每日大宴所部于帐前。这就已不是太宗时四时捺钵的情况了。及至世祖忽必烈时,定居化的程度加深,但他依旧是冬天在大都(北京)过冬,夏季在上都(开平)避暑。每年来往于大都、上都之间。文武百官、后宫妃嫔随驾,一路而行,旌旗招展逶迤数十里。《元文类》说,蒙古人"无常居,故为穹庐以便移徙。后虽定邦邑,建宫室而行幸上都,春秋往返,跋涉山川,遂乃因故俗为帐殿房车以便行李"。说明一种文化习俗的改变,并非一朝一夕就能移易的。

二、 由不定居到定居的各种居室

契丹、女真、蒙古人分散在广袤的土地上居住,由于所处地理环境的不同,其接受农业定居化的程度亦各有差异。在邻近汉族地区,人们较早进入定居化,也已有粗放的农业经营。他们种植桑、麻、麦、穄之类农作物,在某些地区也有蔬果园圃的经营。他们的生活习俗和居住条件亦有异于本土本族。此外,由于契丹、女真、蒙古族初期以军事掠夺、俘获人口为职业,在征战中,他们把一批又一批的中原人口移徙到他们所统治的腹

---

① 见《史集》卷2,及张德辉《岭北纪行》。

心或驻地。这些汉民在被移徙到新区后,分配土地、建筑新城邑,继续从事农耕垦殖。这对于契丹、女真、蒙古族的原住民立刻发生影响,促使他们加速由畜牧走向农耕,由不定居走向定居。及至他们的统治者建元立国之后,为了巩固本族统治,复又把本族的大批军民内徙到中原及边地驻屯,分配土地、牛具、粮食、种子,使他们建立村寨,从事农耕。这更加速他们改变居住生活条件而走上汉化定居的历程。

在半农耕或农耕地带,一般平民传统住房为茅草、木屋、棚寨、土坑,在新建立的城郭里则多数已构建起砖瓦式的房屋,一些富贵人家则继承唐宋以来官僚士大夫的习俗,建筑起飞檐重楼的厅堂庭院和园林别墅式的居处了。

契丹族原先"逐水草而居,族帐迁徙无常"。大约自耶律阿保机的父辈时代,即已有农业种植和土著住房。《辽史》卷2《太祖本纪》:在德祖撒刺时已"始兴版筑,置城邑,教民种桑麻织组"。阿保机乃是迭刺部霞濑里石烈乡耶律弥里人。据此相当于唐末五代时期契丹迭刺部已仿照汉族地方乡里编制定居土著了。①

阿保机时的定居化系接受汉族士人的建议。他在临潢兴工起造楼邑,名为"西楼邑"。又称"明王楼",其简称即是著名的"西楼"。②《旧五代史·契丹传》载:"其俗旧随畜牧,素无邑屋,得燕人之教,乃为城郭宫室以别于漠北(按:漠字疑误,当作潢,当指潢水之北)……名其邑曰'西楼邑'。"不过,辽人居室的坐落方向则有异于汉人的坐北朝南,而是随其本族传统习俗,门宇皆背西朝东,面向朝阳。为区别蕃汉,契丹人又在"城南别作一城以居汉人,名曰汉城"。其建筑既保留了本族风格,又参酌了汉

---

① 阿保机在未即位前,曾以兵40万攻打河东、河北州县,获生口95 000人,移徙到潢河之南,建龙化州安置,又把此前德祖撒刺所俘奚人7 000户徙往饶乐州之清河,创建为奚迭刺部,分置13个县。把俘获生口、分土置州县,从事耕作,可见在以临潢府为中心的一带地区,已从游牧而定居化。

② 据《辽史》卷2《太祖本纪》记载:太祖二年冬十月,建明王楼,此楼俗称即是西楼。述律后说:"吾有西楼羊马之富。"

人居室的建构式样,番汉异居,这些都是辽人住室建筑的特点。①

女真族原居地在临潢府东北,今黑龙江至长白山一带广漠地区,气候寒冷。他们因地所宜"星散而居",或在背靠山水坎地开凿成窑洞式的地室,构木于上,覆以泥土,做成简陋的住所以避风雨霜雪;或者是建筑露出地面的泥土屋和茅草房;也有在山谷里用桦树皮、木棚建成小木屋居住。屋内无分贵贱,均用泥土做成土坑。坑下则烧火取暖,全家老小都一起睡在炕上,门窗紧闭,以防风雪。外出打猎时,都要穿上厚毛皮衣,以抵御风寒,回家之后把外衣脱卸。《大金国志》载金初无城郭宫室,星散而居,"四顾茫然,皆芰舍以居"。所谓"芰舍"即是在平地上除草,平整地面起造屋舍。其屋舍建置大约始于献祖时期,他曾率领部人迁居于海古水(今黑龙江省哈尔滨市阿城区东北)一带,"耕垦树艺,始筑室,有栋宇之制"。当地人称呼其地名为"纳葛里",即汉语居室。自此,完颜部始定居安(亦作按)出虎水侧,至于其城郭宫殿的建置直到太祖、太宗时才兴建修造。但是即使贵为一国之主,其生活方式仍极简朴。平时常与部下"浴于河,牧于野,"所居屋舍与他人稍有一些区别,也只是一座较为宽敞四周栽种一些柳树之类作为禁围的堂宇而已。其堂宇环壁置火炕取暖,有事时,国主便与臣下杂坐共议,后妃侍侧而已。其所居地当地土人即称为"皇帝寨",或称"阿触胡寨"。阿触胡即安出虎的异译,系依河水而立名。②

阿骨打初建金国时,只设毡帐,到了晚年才开始修建宫殿。但这种宫殿,大体相当于汉地州县城邑廨宇的规模而已,建制还十分简单。那时,居民往来、车马嘈杂,自前朝门直抵后朝门,原是人们往来出入之路。每到孟春季节、击土牛,进行春耕典礼时,男女老少都拥挤在殿旁聚观、丝毫

---

① 《辽史》卷116《国语解》释西楼云:"辽有四楼:在上京者曰西楼;木叶山曰南楼;龙化州曰东楼;唐州曰北楼。岁时游猎,常在四楼之间。"又《辽史·本纪》载:阿保机于建国六年,以所获僧人崇文等50人归西楼,建天雄寺以居之。八年冬十月,建开皇殿于明王楼基,则太祖初期辽在临潢建筑有楼、有殿、有寺、有城郭民居,其土著化和定居化已成规模了。

② 阿触胡为地名,译名亦作"安出虎",其近侧河流即称作"安出虎水",其地河流即今黑龙江省哈尔滨市阿城区的阿什河。

没有汉族帝王禁卫森严、出警入跸的堂皇气象。又金人设置在上京用以接待宋、辽使臣的"接伴馆",其规模亦简陋,只有数十间茅屋而已。在接伴馆与皇城间相距约十里,人口稍稍密集,居民亦不过千余家而已。

此种情况随着女真贵族的汉化很快地得到改变。大约到金熙宗时,在上京地区进行了大规模的宫殿、城郭的改建和扩建。宫殿内既有百官上朝称贺的百官朝会殿,也有后妃起居的寝殿,避暑乘凉的凉殿,以及祭祀祖先神衹的太庙、社稷,而且还有寺观庙宇等宗教建筑物,其制度规模,已大略与汉土都城宫殿及城郭建置无异。同时其禁卫仪仗之类也相应地齐整和华丽起来,其气魄宏伟已非昔日可比!

熙宗时定都燕京,女真贵族大批南下,海陵王在位,大有统一中国的雄图,又欲把都城再南迁到汴京,称为南京。为了营建南京,金统治者把上京的旧宫殿以及诸贵族的第宅、大寺庙等建筑拆毁,把材料南运以建新宫,又从远方运大木,一木之费,甚至耗费钱20万,大率牵一车的人力达500人。宫殿装饰极其华丽,雕栏玉砌柱壁间遍涂黄金,或用五彩金屑,"一殿之费以亿万计"。可说是金碧辉煌、壮丽无比了。

元代蒙古贵族亦大体经历着辽、金贵族由不定居到定居,由帐幕式的毡包到土木构建的厅堂屋宇的转变过程,蒙古族建筑宫殿约在成吉思汗晚年于漠北和林开始。到太宗窝阔台时,他集中了在征战时所俘获的大量中西手工艺者以及匠师们,在其帐幕所在地兴建起规模庞大的和林城,兴建了以万安阁为中心的宫殿。该宫殿规模宏丽,形制风格是中西建筑文化的合璧,颇有西方伊斯兰建筑色彩,宫墙垣宇高峻,有巨大的圆柱用大理石制成,四壁装饰有美丽的绘画,四周有避暑的凉台,有供观赏的金莲池和温泉。宫殿开阔,每一边均有长达一箭的射程。除正中大汗所居正殿外,四周还有诸宗室亲王的府邸,第宅林立、错落有致。宫殿落成之后,极目所见殿阁毗连,在大漠草地上呈现出前所未有的壮观。

此外,太宗还在离和林城一日路程的地方建造起一座名叫"迦坚茶寒"的行宫,每到春日回暖之际,太宗率领侍臣们到这里游车、围猎、放鹰。此后,和林城历年都有增建,到宪宗蒙哥时期,仍继续扩建,土木工程不止。①

再说和林城的建筑颇有特色。城中有两个市区:一个是回族商人集中买卖的市场;另一个是汉人市区。其中居住着的居民多是蒙古军队从四面八方征战中俘掠而来的手工艺者。除市区外,城里还有来自不同地域,不同肤色、操着不同语言、衣着不同服饰,以及不同信仰的各族人民。就其职业来说,既有贵族、文武官吏,又有僧道、传教士、工匠、商人、信使等等各行各业人员,丛杂相处。

和林城中,还建筑有来自十二个不同民族的宗教寺院。除佛道寺观外,又有赞美天主耶稣的基督教堂,有歌颂摩诃末(穆罕默德的异译)教规的清真寺等,其中佛寺庄端瑰丽,宪宗时修建的兴元阁具有浓厚的西方色彩,梵塔高耸入云,巍巍乎达三百尺。登高一览,几收尽全城景色。

和林城四周环以土墙,东西南北各开一门。东门出售从南方中原等地远道运输而来的各种谷物,农产品;西门出售牲畜、绵羊、山羊等;南门出售牛、车等运输工具;北门则出售马匹。市廛分工部署明确。②

随着蒙古势力东西征战,其一支势力南下,及世祖忽必烈定都北京,其政治重心也就不断南移到中原腹地。和林城终因政治、经济及地理条件的限制,逐渐退居次要地区,昔日的繁盛已不再来。忽必烈定都北京则以其原有藩封之地开平升为上都,作为大都的陪都。此后元统治者很少到漠北和林,而经常往来于大都、上都之间,处理国家重要政务。至于和林则作为行省和首府所在地,仍得到一定的注重但百余年间,沧海桑田,和林城经反复战争,几度变迁而日益颓废,已不可与蒙古大帝国的太宗、宪宗时期相比拟了。③

和林城的兴废说明了一个事实:居室文化是建基于物质文化的基础

---

① 《马可·波罗游记》有专门篇章记述和林城,可供参阅。
② 参见卢布鲁克《东方诸国旅行记》。对和林城修建的相关论述,可参见薛磊著,《元代宫廷史》,百花文艺出版社2008年版,第21—24页。
③ 有关兴元阁建置请参见许有壬《至正集·大元敕建兴元阁碑文记》。和林城的建置及其沿革见清李文田《和林考》、《灵鹣阁丛书》中的《和林金石录》。

之上,当社会生产力和物质条件尚未达到应有水平时,单纯依靠军事政治力量构建的亭台楼阁、宫殿屋宇在其军事、政治力量消退之后,便会随之崩坍毁灭,成为遗址、遗物了。

元代在世祖忽必烈时期,宫殿型建筑已趋华夏。公元1256年忽必烈为诸王时,即在其藩邸开平(桓州东、滦水北)营建城郭宫室。该城布局仿传统宫殿设计,分内外城和外苑三重。内城有皇宫、殿宇、楼台、亭阁、园池等,内外城之间夹杂着蒙古传统的帐幕式大帐,名叫"失剌斡耳朵",建筑风貌既仿中国传统宫殿型,又具有游牧族毡帐型,两者兼容并蓄、呈二元文化,这是它的特点。其外城是开阔的市区,与外苑相结合,四周近二十里,其中设置有大小官署、手工匠人的管理机构和厂局等,廊宇林立。除市区外,还建有许多高楼府邸为私人住宅,还有孔庙、佛寺、道观等错杂其间。房舍鳞次栉比成为漠南地区人烟辐辏的新兴都市。

至于元大都的营建,其宏丽又大大地超出上都。大都城的设计师是大食(阿拉伯)人也黑迭儿,他在元朝廷中担任茶迭儿局诸色人匠,总管府达鲁花赤、兼监领宫殿建造。他对都城设计自始至终"咸有成画"。又有尼泊尔人阿尼哥也是著名的建筑匠师。他曾受帝师喇嘛僧八思巴的招请,在吐蕃创建佛寺梵塔。入京之后,又以塑绘工巧技艺为大都、上都两京寺观塑绘佛像。此两人的设计风格具有异国情调、中西结合的特殊风貌而有异于中国的传统建筑,堪称都城建筑的异峰突起。①

三、 都市城镇堡寨与村落的兴起

1. 都市的兴起

辽金元时期都市城镇在中国北部地区得到普遍发展。辽代建立五京制度,其中西京(山西大同)、南京(今北京)原为唐宋以来传统都市,其上京(临潢府)、东京(辽阳府)、中京(大定府,今内蒙古宁城县西老哈河北岸大名城)皆是这一时期新发展的大都市。

① 有关元代都城北京城的建置,详可参阅近人所著《元大都》。

金代建朝后,也仿辽制,建立五京。以发祥地会宁为上京,改幽州府(辽代南京)为中京,改大定府为北京,另以开封府为南京,东京辽阳府仍沿旧称。这里在辽五京基础上做出一些改动和有所发展。①

据考古发现,在黑龙江区域,辽、金时代就有古城遗址一百数十座之多。在内蒙古地区仅昭乌达盟就有城址50余处,辽宁省城址有60余座。可见其数量颇多。五京中除上京、东京,其余都是该地区的政治、经济、文化中心城市,其他则是一些州县、军镇城堡、交通线上的站铺,看守陵墓的堡寨以及猛安谋克戍守屯耕的聚落。一般说来,商业城市通常是在军队驻屯的聚居区及交通线上产生并发展起来的,金代城市正处于由军镇城堡渐次向商业市镇发展的过程之中。

元代起于漠北,在太宗窝阔台时期便兴建起规模庞大的和林城,②其建筑风格颇有西方伊斯兰色彩。其中大汗所居的宫殿万安宫就建有避暑凉台,有游赏的金莲池和温泉。宫殿之外,有蒙古王公贵族的宫室。

2. 城镇堡寨与村落的兴起

如果说宫殿型的建筑仅是满足统治者的需要,那么城镇堡寨村社式的居民点的建立对于契丹、女真、蒙古各族人民来说都具有很深远的影响。

在辽金元时代漠南北及东北广漠地区先后建立起一批批新兴的军镇城寨,它犹如雨后春笋,拔地而起。契丹、女真、蒙古人把征战所俘大量人

---

① 辽会同元年(公元938年)改皇都为上京临潢府,南京为东京辽阳府,升幽州为南京幽州府,开泰元年(公元1012年)又改府名为析津府,统和二十五年(1007年)增建中京大定府,重熙十三年(公元1044年)又升云州为西京大同府。合称五京或五府。金自贞元元年(公元1153年)定都中都大兴府后,又有上京会宁府、东京辽阳府、北京大定府、西京大同府、南京开封府为五京。可见金代五京制度系参照了辽制,而五京的名称与地点的改称则因历史条件有所不同。余蔚著《中国行政区划通史·辽金卷》,复旦大学出版社2012年版,设有专章探讨五京制度的设置沿革及其意义。

② 和林城故址在蒙古国杭爱省厄尔得尼召北。《元史·太宗纪》载:"筑扫邻城,作迦坚寒殿。"据《史集》卷2记载:迦坚寒殿系由伊斯兰工匠所建筑,具有西方回教国家的建筑风貌。《辍耕录》内八府宰相条云:"扫邻者,宫门外院官会集处也。"据此,所谓扫邻城乃王公百官的府衙及其住宅的集中地。元周伯琦《近光集》云:"察罕者,白海也。茶寒同义。"李文田《和林诗注》云:"和林有万安宫、有凉楼、有金莲池、温泉。"见《和林考》。又辽代的考古发现可参考冯永谦著《建国以来辽代考古的重要发现》(载《辽金史论集》)。

口集中移居于开发区进行农业种植和手工业制作。这些新移民区有些直辖国家所统,但更多是分属于各级王公贵族,称为"投下",或"头下",所属户口称投下户,所属军州,称投下军州,其名称据户口多寡而定。① 人数多,户口广的设军州;人数少、户口少的设县,以下则分别设镇堡、村寨。由此,大规模的土木建筑营建,一系列新的民房屋舍出现,星罗棋布地分散于各地,成为这一时期新景象。

为统治全国各地的需要,契丹、女真、蒙古也把属下的军民不断地南徙到中原以及江南、岭南等地,屯垦戍守。他们在到达新占领区后,第一件事便是安排生活,分配给土地耕作,建立新的房舍、新的城镇堡寨也就应运而生。以元代为例:在漠南地区,由蒙古贵族所建立的城镇就为数不少;漠北鱼儿泊附近,原是蒙古弘吉剌部领地,蒙古时期已出现人烟聚落。1270年前后,又在此基础上建立起贵族们的离宫、邸第,更在泊西建造了一座新兴的应昌城。在今漠南蒙古翁牛特旗先后出现了定居的全宁城。邻近长城的汪古部游牧地,早在金代便已在这里设置天山县、集宁县,元代又在原有基础上作大规模的改建,并升格为路。在黑水河(今艾不盖河)北岸还修造了一座以王府为中心的新城,后来称为"静安县"。在大青山麓则相继出现不少有蒙汉杂居的城镇村落,其房屋建筑除用瓦砖外,亦夹杂着随土所宜的土房、木屋,或用皮革茅草覆盖的简陋居室。这些都是由不定居到定居时陆续出现的景象。

再以辽代中京大定府为例,这里建有皇城、内城、外城三重,周围幅员三十里,内城北为皇城,皇室所居,自内城南门阳德门至外城正中之南门朱夏门有一条笔直的宽约64米的大道。大道南北经路各三条,东西纬路各五条,路宽15米。两侧街道坊门对称,整齐划一。城中有宫殿、市肆、馆驿、佛庙等建筑,行人熙攘。可见已非昔日模样。

村寨乡社是金元时期社会组织的基层单位,这里可看到农村民居条

---

① 关于投下军州制度的概况,可参见《中国行政区划通史·辽金卷》,复旦大学出版社2012年版,第100—106页。

件及其生产、生活的一般状况。元朝法令规定在县邑所属的乡村立社,其办法是居民有50家以上成立一个村社,以高年晓农事的一人担任社长。居民达100家则增设社长一人管理;不及50家则与近村居民合并成立一社。若地远人稀之处相并有困难,也可以酌情自愿成立一社。社长任务是督率教导社民安分守己、勤于耕稼,若有不务本业早出夜归、出入不时,或者服用非常、饮食过分,或者滥用钱财、毫无节制,原本是贫穷过日子骤然之间暴富起来,或者任意安置陌生人住宿,或者交结非类、游手好闲、懒惰成性等等,统由社长督率教诫,若一旦发现社里有游手好闲、不遵从父母兄长教令以及凶徒恶党之人,社长先行告诫。若态度恶劣又不改正,社长便把名字记录下来在县邑所派出的提点官到村社视察时,便当着全体社员面前质询。若属事实则于村社门前白粉壁上用大字书写犯者姓名及其所犯情由通告全村。若本人此后能知耻改过,则由社长保明,申报官府抹去粉壁所写的通告。对毫不改悔的村民则罚充本社夫役,直至悔悟自新,方许除籍,至于一般民事纠纷亦由社长调解处理。社民若因事外出或经商,皆须由本社出具证明条子,才能向县府申请。社内不许居留外地人和陌生人,一旦发现有形迹可疑的人,必须立即上报。这些规定显然对村社居民的行动有着严格的约束和限制。[①]元代村社制的实行,对安定社会基层组织起着积极的作用。

---

① 见《元史》卷93《食货志》及《通制条格》卷16。陈高华、史卫民:《中国经济通史·元代经济卷》(经济日报出版社2000年版),设有专节讨论元朝的基层行政编制与村社制度的关系,可参看。

第四章　行旅交通与工商贸易

一、交通概况

辽金元幅员宽广、书车万里。其交通工具略如前代,有牛、马、骡、驴、狗、鹿、驼、象以及车轿舟船等。但由于地域异处、物产差异,在各不同地区仍有其显著特点。

北方游牧地区处于高山大漠之间,多寒冷、多风沙。人们"转徙随时"、"车马为家"、"马逐水草,人仰湩酪。"其交通工具随畜产所宜以马、牛、骆驼为主。牛用来装载物品拉车,也兼供乳食。骆驼适宜于远行,亦用来载运辎重物资。马为主要牲畜,适宜奔驰,迅捷而简便,既可代步陆行,亦可代替舟船、涉渡江河。人拽马尾能出入浮泅。若陆行途中缺水少粮,则杀马以充食,刺血以代饮,不会因饥渴而致人仰马翻、倒毙而亡。此外,游牧民族且以马的数量多少作为家庭财富的计算标准。《辽史·食货志》载:契丹人"其富以马"。辽述律后也说:"吾有西楼羊马之富。"

辽金元均重视马群孳养。官府专置群牧司掌管马匹的繁殖。在水草丰腴的地方置牧场,孳养马群,屯聚云积,遍布原野。居住在极北寒冷山地的狩猎牧民又有利用狗、鹿作为交通工具。在蒙古迤北的"林木中百姓"以狩猎为生,他们在移徙的时候有用野牛来运载行李,也有以鹿负荷行装。冬天则制作雪橇,作为交通运载工具。人们用皮革制作成缰绳,把它系缚在木板前端,脚踏在木板上,手里拿着木棍在雪地里支撑起落。无论在旷野平原、还是在高地斜坡均能飞快地滑行,其速度且能赶上野牛。他们也利用滑雪板来装载各种物品和所获猎物,即使路途遥远,但转眼之间,便可轻捷地到达目的地。

在东北地区也利用狗来拖雪橇作为运输工具。官府的交通驿站也利用狗拖雪橇,称为"狗站"。沿途大约每隔数十里便设置一个,逶迤而行,一直可通达人迹罕至之处。

在西南地区也有用大象载物。元代,域外的占城、交趾、真腊等国每年经常进贡大象。元朝廷在大都就设有驯象所。每当皇帝行幸之时,由蕃官们引导前驱,驾以巨大车辇装运着辎重杂物,缓缓地行走在大都和上都之间。

陆行用车马。车有各式各样,视人们生产活动使用对象以及社会地位的不同而有很大差距。就一般情况来说,北方游牧民随水草移徙,家家有毡车。若装载家庭杂物用具,则有大车、小车。大车载辎重、小车装杂物。妇女亦乘马驾车。富贵人家则有种种装饰华丽的车辇,上起帝王后妃、公卿百官,下至士农工商、庶民百姓无不乘车。但车舆各有等制。

辽代皇帝后妃所乘有各种纹饰华丽的车舆。①车舆有大舆、小舆。公主出嫁有螭头、盖部均用银装饰的青幰车,亦有用骆驼驾御,又有车楼用纯棉装饰,螭头下悬挂小铃,车后垂着大毡,有以牛驾的送终车等等。②

又有用人力牵挽的人力车名叫辇,本为宫廷中所用。名称多种。有大凤、大芳、仙游、芳亭、大小玉辇、逍遥、平头、步、羊车、腰舆、小舆等,足见辽人接受华夏文明的程度了。

元代用辇的情况,唯举行郊天大典时,大驾用辇,其余多用毡车,似比辽代简朴些。

陆行用车、马,水行则用舟船,这是传统出行工具。在南方地区,遍布江河水泽,舟船更是水运的必需。尤其在沿江沿海一带,更是不可一日无船。官方交通运输就有水站的设置。向南一直可通达到岭南的广州一带。

元代舟船名目繁多。出海则有巨大的海舶,运输量大。较大的海舶有三帆、五帆,多的且有十二帆。每只巨大的海船可容纳千人。此种海舶

---

① 辽代皇帝有车辂之制。据《辽史》卷55《仪卫志·舆服》所载:辽灭晋后,仿唐五代车辂之制;辂,大事用之,有玉辂、金辂、象辂、革辂、木辂五种。车制小于辂,小事乘之。车有耕(金)根车、安车、四望车、凉车等。

② 此外,辽代皇帝还乘坐所谓"奚车"。契丹车制形态,主要来源于被其征服的异种同类之奚族。"奚车"既是交通工具,又有住宿之用,其形制在沈括《熙宁使虏图钞》中有记载。近年来各类考古发现成果则更形象地展示了契丹这一特殊交通工具的情状,详可参见《中国风俗通史·辽金西夏卷》,上海文艺出版社2001年版,第91—92页图文内容。

多在福建泉州和广州等处建造。据载元海运行泉府司属下的海船数量就有 15 000 艘之多。元福建市舶副使蒲寿庚和他的女婿私家所属海船且多达"数以千计",航行于东南沿海各港口,远航且可达到非洲沿岸,进行货物贸易,可见海外交通的发达盛况。

  元代又开通海运。辽金时代的水道运输,南方物产北运主要依靠运河的漕运进行,途中舟行颇多风险且运载时损耗量大、用人力多。元代开通海运,自江浙运货物可直达大都附近的大沽口(天津)。所用船系平底运粮船,装载量很大,每只舟船可载食粮且达万石之多。

  北方交通工具多用马,尤其是游牧民族,他们一生多是在马背上生活,故无论男女老少,妇女儿童均能骑马弯弓,奔驰原野。据《蒙古秘史》记载:成吉思汗的始祖母莫拏伦因马群被札剌亦儿部人驱掠而去,她便亲自与众媳妇驾马出帐,意欲夺回被抢掠去的马群,其勇悍刚健是中原以及江南妇女所望尘莫及。又据《黑鞑事略》记载:蒙古人早在幼童之时,就由母亲用绳束板,络在马上逐水草而行动,三岁以后就开始练习简便的骑术,把缰绳系在马鞍上,便能腾挪手脚,跟随家人而行。到四五岁时,已能手挟小弓短矢射获弱小动物。及长大成人,一年四季,以田猎畜牧为业、骑马奔驰已成为家常便饭。因此之故,他们的骑术都很高明,能不持缰绳直立在马背上,用力在髀上只有一二分力,而用在足跗上则有八九分力。奔驰时迅捷如飙风,能随心所欲,左旋右转,前后挪动犹如身生飞翼,汉人实难以比拟。游牧民族因其生产与生活的关系,他们在军事行动上常使农业民族处于被动,这是具有一定道理的。

  由于地理条件的不同,南北交通工具的差异很大。生活在南方水乡泽国之人,一生少见马匹,见马犹如见虎,惊骇惧怕,不敢触摸。北方游牧民族见惯鞍马,少见舟船,一生更未见巨舟大舰。南方人常见驾舟水行,少见毡庐。北方人见南方有运载万石的大船,觉得很奇怪,而南方人对北方游牧民族有供千百人居宿的大毡帐也觉得十分奇怪。南北交通工具的不同造成人们对事物的认识差异是如此之大。

二、海陆运输与驿站

1. 驿站、急递、公验

辽、金、元疆界辽远,向西北走沙漠横亘,千里无垠;往东南行则烟波万顷,一望无际。无论公私交往,还是贸易朝贡都需要利用交通工具进行联系和沟通。官府的交通网络,自唐宋以来主要是依靠散布各地的邮驿传舍。辽金元时期仍遵前代之制。到了元代交通网络纵横交错,组织严密庞大。线路绵长辽远,超越前代。元代驿站以大都为中心,它所抵达之处,北行可至漠北和林,东北行可至大兴安岭东麓及黑龙江沿岸;西北行经河西走廊可至极北的乞儿乞思,西南经陕、甘、川大道可达吐蕃之乌思藏(今西藏地区);南行可达今闽、广以及交趾(今越南北部)可谓无远不臻。

驿站元代亦称"站赤"。战争时期可作军事联络和运输之用,和平时期则供官府及使臣往来,供给交通工具及安顿住宿膳食、酒肉招待。陆行有陆站,水行有水站。两站之间相隔里数不等。近则五六十里,远则百数十里,亦有在中途添置小站以便行旅,均视地理环境、山川河泊、人户疏密的情况而定。其交通工具陆站用马、牛、驴、车、轿等,东北辽远人迹稀少的地方则有狗站。① 水站用舟船,有航行于江海湖泊的各种类型的大小船只,均由政府进行统一管理。②《元文类》卷41《驿传》条载给驿之制说:"陆行少马之处或给驴,闽广马少,或代以牛;水行舟,山行轿,倦者给卧轿。纲运以车马,直险则丁夫负荷,辽海以犬曳小舆载使者行冰上。"粗略地勾画出水陆出行交通供给的状况。

元代站赤之制颇为严密。管理机构中央有通政院、兵部。通政院管理北地及吐蕃地区,兵部管理传统的汉人地区。地方则由行省、州县管

---

① 叶子奇《草木子》说:"使命陆有马站,水有水站,州县凡十里立一铺,大事则遣使驰驿,起船有劄子,小事文书,以铺兵传送。"今案,驿站途程不可能每隔十里设一铺、置一站,整齐划一在各地自然条件不同下,很难做到。

② 水站中又设有海站。至元二十六年(公元1289年),奏立有泉州到杭州的海站设置,主要是为转运海外诸国的贡物。置后不久,即行罢废。

理。在郡邑都会及道路冲要之地,设置名为"脱脱禾孙"官,负责检查使客行旅,防止非法奸伪之事的发生。若遇有紧急要事,须派遣密使,不待有关机构发出正式公文,由典瑞院直接从御前领出金字圆符佩身,即可。其次则有银字圆符。若通常派遣官员行事,则由省部颁给御宝圣旨,金银牌符作为凭证。金银牌符所刻写的文字,开始时用回族文字书写,后来改用蒙古文字。牌面上大抵写明所给车马舟船数目,还有千篇一律的"长生天气力里"字样。若各站汉人有不识回族文字、蒙古文字,则形象地绘上图画使站官容易辨识。如给马则绘画马匹,墨印应给马匹数量多少。据统计元代中书省腹里各路及河南、江北、辽阳、江浙、江西、湖广、陕西、四川、云南、甘肃等各行省所辖驿站共有1 500余处,其中陆站1 000余处,水站400余处,布满全国各地。①

元《经世大典·站赤》条载:"凡在属国皆置驿传,星罗棋布,脉络通周。朝令夕至,声闻必达。"可见其交通的迅捷和周备。至于驿站配备有站户,系从各所在地附近签发各族人民充当,应承差役。他们与普通民户不同,一经派充之后便另立户籍,分给土地,以役充税,不再向政府交纳赋税。若驿站车马倒毙,或站户发生生活困难,通常由政府赈恤救济。但他们必须供应驿站所需车马舟船和使臣的饮食、住宿。使臣官员来往各地有牌符,"止则有馆舍,顿则有供帐,饥渴则有饮食",使臣们公事完毕之后,则须将牌符缴还。

元代使用驿站数量庞大,除正常供应官员使臣往来外,诸王、公主、驸马、有官位的西番僧侣等拥有特权的人物,恃仗着手中握有金银牌符或铺马圣旨札子,利用权势超限量地向站户索要供应物品。在交通冲要和经常出入的地方,其勒索、骚扰更为厉害,有些贪官污吏甚至极无理地要求站户供应貌美妇人,站户负担沉重苦不堪言。此外车马超负荷使用,提前损坏,官府照例要求站户赔偿充补,站户破产逃亡亦不在少数。官府为维

---

① 参见陈高华:《元代的驿站(站赤)》,载《文史知识》1985年第3期。另外,德山等著《蒙古族古代交通史》设有专章述论站赤制度。详可参见该书第143—154页,辽宁民族出版社2006年版。

持驿站正常运转,有时对一些贫困站户作些赈恤,但杯水车薪,难挽站户的败落。

在驿站中还有一种专供紧急公事用的"急递铺",①这在辽金时代就已设置。急递铺视道里险易、远近情况,大约在 10 至 15 里间设置一个站铺。元代 10 个站铺设置邮长一人管理,铺卒五人供劳务。邮长负责在文书到达后记录到达日期时辰和传递人姓名、编号在案,并在文书封皮上作出标记。文书置于绢囊中,外边加以夹板束扎,又在包裹上方用小漆绢封固,防止偷盗拆阅,泄密文书内容。文书发出后铺卒马不停蹄随到随送。他们腰束紧身皮带,身上悬挂着小铃,手中执着护身的武器,背负包裹、雨衣及公文上程,一路上不分昼夜奔驰,不敢停息。逢夜间天黑,则持火把而行,若逢道路狭窄及山林险恶之处,他们悬挂着的小铜铃便会远远发出清脆响亮的铃声,既可以使行人闪开通道让路,也可以惊骇虎豹豺狼逃遁,前站的铺卒听到铃声,即要做好接递出发的准备工作。因此前面铺卒一到,后面铺卒就可以立即出发,文书不会有片刻的耽搁,如此一铺一铺地急递下去直到终点,一昼夜之间可以行走四五百里。②

驿站不接待普通行旅。出远门的行商客旅自有馆舍待客,或赁雇车马舟船,一切照应俱有。若远途行走跨涉沙漠深山老林则行旅们成群结队、组成团伙,昼行夜宿。若单身客旅行走在僻远的游牧区,那么牧民们有一种风俗习惯,凡遇有借宿投住的人前来,不能拒绝。如金代女真族的习俗是主人见陌生人前来投止求宿,开始时婉言相拒,经客人再次相求,则具饮食招待。若行旅之人不懂世故,在初次开口遭到主人拒绝即行出走再到另一人家求宿,那么,另外人家也会按照传统习俗例不接纳。因此人们若不懂得当地习俗,就会找不到食宿之地而挨饿受冻了。

这种不拒绝行客投宿的习俗,在蒙古族中也普遍地存在着。

凡行旅因事出远途或因经商行贩,皆须具正当理由,由基层组织如村

---

① 《经世大典》,又《元文类》卷 41《急递铺》。
② 关于元代急递铺制度的运作及其作用,可参阅胡晓旭《元代急递铺略述》一文,载《阴山学刊》2015 年第 4 期。

社证明无误提出放行意见,再由当地州郡所发给的通行证件才能出门远行。此种通行证书,历代多有,称为"公凭"或"公验"。其中要详细填写明白本人的姓名、籍贯、所在乡里、面貌特征、本人或同行人数几人、携带何等物品及数量多少。若跨州出省,遇有关津渡口必须出示证件以凭检验才可放行。政府在关津渡口处设关令、津令,掌管对行人盘查诘问,若无公验,则不能离境远行。这样做的目的是防止奸人违法犯禁,亦是防范人户流失到他乡他境从而影响到税收和力役的征取。

元代南北地区差异很大。从经济条件来看,北方荒残,南方富庶。每逢发生自然灾害时,北方百姓常流徙到南方求生存的很多。至元二十年(公元1283年)真定路发生饥荒,饥民不断移徙到江南地区就高达15万户之多。①

2. 海上运输的开辟

南宋时,海上贸易已有较大发展。海上通路自山东江浙沿海、东向可达高丽、日本,自闽广南行,可达东南亚诸国,西南行可通达阿拉伯以及东非海岸。海上丝绸之路畅通。因此,东南沿海居民常造海船私自贩运食粮货物,走南闯北,往来于江淮岭表以及全国各地。为确保海上平安,有些私人船队,且拥有武装进行走私活动。宋元之际,上海人罗壁及其属下朱清、张瑄等人就是著名的沿海走私武装的团伙。元灭南宋后,招抚了朱清、张瑄等人替政府运输漕粮、担负南粮北运的工作,并授以官职。在经过海上试航取得成功后,元朝乃在江南设立运粮万户府和行泉府司的机构专门掌管海运及运粮工作。这是我国正式实行海运的首创。

海运每年约航行南北两次。大约自二月由长江口的刘家港起碇入海,至崇明岛北面的三沙放洋,向东航行,入黑水大洋,取成山角转向西航至刘家岛、又北行至登州沙门岛,于山东莱州大洋入界河,此后即可沿着河路至天津到大都。这一条航线如果遇到顺风顺水,行程不过数十日。

---

① 《元史·崔彧传》。本节参考《元典章》卷36《兵部·驿站》、《经世大典·站赤》、日人羽田亨《元朝驿传杂考》(见《羽田博士论文集》上卷、京都1975年版)。

运粮船制作规模巨大。大船可装载粮食八九千石,较小的船也可装载二三千石。正常情况下,每年可运粮 300 余万石。

用海船运粮比传统利用大运河节级转运江南漕粮到北方,既能增加运输量,又缩短了行程,可以节省运输中大量经费。据人们估计,陆运、漕运与海运三种方式运粮的比较,大体是"河漕视陆运之费省什三四,海运视陆运之费省什七八"。①

通过海运元朝政府把南粮北运到大都,并经过俵散到北方各州县,这对于解决都城中繁多人口食粮供应起到了很大的作用。同时,通过官府或商人的转输,有些食粮又运送到漠南北的蒙古地区,供给那里的王公贵族们食用,这对于改善他们的饮食结构也起着不少作用。此外,为了适应南粮北运的浩繁任务,运粮万户府还广招沿海江浙闽广等地熟悉海上航途的水手人员,这也促使沿海某些城镇的兴起。如现今上海、昆山、太仓一带沿海地区,本来是潮汐起落芦苇丛生的荒村墟落,居民稀少,自海运开辟以来,这里"剪荆榛,立第宅,招徕番舶,屯聚粮艘,不数年间,凑集成市"。②

新兴市镇的兴起,带来了来自四面八方的新移民,他们多来自番汉闽广诸地之人,口音不同,风俗有异,混杂相处一起,这是沿海新兴村市城镇的一个特点。杨谭《昆山郡志》卷 1《风俗》称昆山一带"番汉间处,闽广混居,各循风土,习俗不一"。当是实景的叙说。

三、工商贸易

1. 手工业的重视

辽、金、元初起时,手工业制作比较简单。他们的生产品主要是日常生活时所用。《黑鞑事略》载蒙古初期的情况说:

> 鞑人始起草昧,百工之事无一而有,其国除孳畜外,更何所产?

---

① 明丘濬《大学衍义补》。
② 关于元代海运对江南地区开发的促进作用,可参看高荣盛《元代海运与江南社会经济》一文,载范金民主编:《江南社会经济研究·宋元卷》,中国农业出版社 2006 年版。

其人稚朴,安有所能?止用白木为鞍,桥以羊皮,镫亦剡木为之,箭镞则以骨,无从得铁。后来灭回回,始有物产、始有工匠、始有器械,盖回回百工技艺极精,攻城之具尤精。后灭房金房,百工之事于是大备。

记载说明蒙古人初期手工业极简陋,只是随着军事势力扩展之后,汲取了回族及中原的百工技艺,才完备起来。由于本族缺乏手工艺人,故元人极重视工匠。军队所到之处,难免杀戮平民百姓,却不杀有技艺的工匠,千方百计把他们搜罗集中起来,安置在大斡鲁朵附近,专替统治者制造各种精美的工艺品。一些贵族王公们仿摹统治者的行为亦把俘获的工匠充作投下,为自己家庭制作各种所需要的物品,甚至用此到市场上出卖进行交易。

蒙古人对工匠生活较优待,百工地位比农民高,在初期甚至认为百工比儒士更有用。元统治者还曾多次在全国各地搜括工匠,有时还命令把析居放良的人口,还俗的僧人、道士集中起来,使他们学习工匠技艺,又把他们编为什伍,分类设置府、局、司等机构,由工官管理,使他们从事专业的生产活动。如元世祖中统五年(公元1264年)诏命招集析居放良还俗僧道等户习诸色匠艺,主管领怯怜口总管府以司其造作。灭宋之后,又多次签发江南匠户,每岁定造币缟、弓矢、甲胄等物。早在蒙古初期大批色目、汉人工匠便被移徙到漠北和林从事生产,灭宋之后,蒙古势力南移,政治重心在大都、上都。于是便在大都、上都设府置局。以大都而言,工部、宣徽院、大都留守司等机构都设置有各种名目繁多的匠局和大批工匠艺人。以上都而言,官营匠局即有:毡局,异样毛子局,加工皮革的软皮局、斜皮局,制造武器的铁局,杂造鞍子局,甲匠提举司以及为宫廷生产器物用品的器物局、葫芦局、金银局等等,此外,在诸王、贵戚、勋臣的份地内,也聚集着许多工匠为他们制作各类物品。在弘吉剌、汪古部、察罕脑儿等处分别都有属于勋贵们的"人匠总管府","怯怜口民匠总管府"和提领所等机构。此类机构名目繁多,可说是不胜枚举。

元代把工匠单独编制户口称为匠户,匠户可免除一切杂泛差役。他们有系官与不系官的区别。系官匠户的子女"男习工事,女习黹绣",世世代代继承其职业不变,婚姻只能在同类中互相嫁娶,不得与良人相配。政府作出这样的规定,大概是为了使他们的技艺代代相传,不会导致失传,以保证政府或贵族们对生产品的需求。①

匠户的生活费用通常是由官府按月支给口粮,若工匠一经入局,全家可免除丝钞、税粮,亦不充当差役杂泛。在完成工作定量后,若有余暇时间,工匠们也可在自家作坊中做私人的生计。少数技艺精巧的熟练工匠也能发财致富,开设私人店铺进行商品出售。因此,有些民间百姓,为了避免租税差役甚至宁愿放弃民籍,投充匠籍,作为系官匠户。由于统属关系不同、时间先后不同、社会经济各地区发展不同,匠户们的地位差别也较大。不系官工匠在江南经济发达地区较多。南宋以来,江南经济已得到很快发展,城市中已产生很多雇佣工匠。在元代仍继续存在,他们在官文书中被称为"雇身人",人身的束缚比之于系官匠户则要宽松得多。有自由时间支配,可根据市场商品需要来从事生产。这是经济发展的必然结果。②

金元时期维吾尔手工艺人是很出名的。他们善于制造各种金属器物,尤精于琢磨玉石,又擅长用棉、毛、丝、麻织成各种色类齐全的纺织品,如白叠布、毛褐、罽毡等都是著名产品。金代在燕京地区就有回鹘人制造兜罗锦、熟绫、纻丝、线罗等各种丝织品。他们又善于捻织金线。高贵妇人们身穿用五色丝织成的袍衫,雍容华丽、光艳夺目。

元朝维吾尔工匠多集中在京城诸局中。别失八里诸色人匠局就是专门织造一种宫廷所用的锦缎,名称叫"纳失失"。这是维吾尔工匠的传统工艺,系用金丝织成的金锦。元代皇帝举行盛大宴会时,贵族王公后妃们华丽贵重的"质孙"服衣料,便是用"纳失失"织造的。

---

① 鞠清远著有《元代系官匠户研究》与《元代系官匠户补记》两文,刊于《食货》1935年第9期,可参考。
② 高荣盛《元代匠户散论》一文,载《南京大学学报》(哲学人文社科版)1997年第1期,对元代系官匠户(含投下匠户)的社会地位、经济来源等问题进行了研究,可供参考。

元朝还在新疆地区设立"淘玉户",专为宫廷开采玉石,提供原料,制造出各种玉饰。

维吾尔人还能制造各种精美的瓷器和琉璃。其工艺品非凡,带有鲜明的民族色彩、风格特异。他们还善于制造威力很大的炮。放炮时,"机器"发声震天地,所击无不摧陷,入地七尺。元军攻打南宋襄阳时即用此炮轰击、攻陷城防的。维吾尔手工艺人的技艺,由他们传入内地城市,不仅丰富了中原手工艺的品类,也推动了手工艺品技术的提高和发展。这也是中外文化的互相学习、互相融会的结果。

元的手工业品种类繁多,名目不一。凡弓弩戈甲之类的兵器,卤簿仪仗所用杂物,金、玉、木、石等雕琢刻镂,丝枲皮革等的编织鞣制,砖瓦窑坊的烧造抟埴,帐幕地毯之类的毡罽织造,佛画佛像庙塔之类的画塑及建筑,诸此等等都超出了历来的水平并带有时代特色。《元文类》卷42《诸匠》条称:"国家初定中原,制作有程,及鸠天下之工聚之京师,分类置局,以考其程度而给之食,复其官,使得以专其艺。故我朝诸工,制作精巧,咸胜往昔矣!"这并非夸诞之语。不过,在这些成就中除了中原传统工艺之外,也包括了维吾尔族人等各族的手工技艺人员在内。

以元代寺庙中的佛像画塑为例,便是汲取了西藏、尼泊尔人的传统工艺。尼泊尔人阿尼哥是个颇知画塑铸金之艺的匠师,能熔铸各类金属铜佛人像,"凡两京寺观之像,多出其手"。他所创作的"七宝镔铁法轮"就被元廷用作皇帝出行的卤簿前导。元廷宗庙中皇帝祖宗的"御容"亦是他用织锦制作而成,其逼真的技艺即使是用绘画描真也难企及。①

在汉人中亦有专精技艺的名匠。金元间,蓟州宝坻人刘元就是制造佛像的有名匠师。他跟从阿尼哥学艺,制作"西天梵相"神思妙合,成为绝艺。凡大都、上都名刹佛庙,有塑土、范金、抟换为佛像,多数都出自刘元之手,其精巧天下无比。②

---

① 见《元史》卷203《阿尼哥传》。
② 见《辍耕录》卷24。抟换又称"抟丸"、"脱活",是制作佛像的专门术语,即在佛像泥土坯上用布帛浸漫后,再涂上油漆,及干燥之后,脱去土块、漆帛就俨然成为佛像了。

元代信佛、佞佛成风,各处庙宇林立。"西天梵相"种种的异像怪样,神秘而又奇特,各种神态毕现增添了人们对宗教的敬畏感。

2. 商业、斡脱官钱、羊羔儿息

辽、金、元交替时期,由于不间断的征战,都市工商业遭到一定程度的破坏。当国家处于稳定时期之后,工商业很快得到恢复和发展,在元代工商业活跃,其发展具有鲜明的特色。

契丹、女真、蒙古族初起时,以畋渔、射猎、畜牧为生,手工业制作简朴,凡起造穹庐帐幕,打制牲畜用具等都能自己动手操作,若有所缺物品须从交易中取得,亦以物物交换为主,货币尚不流行。金代初期"无市井,买卖不用钱,唯以物相贸易"。

蒙古初期,"其贸易以羊马金银缣帛"品类不多。交换之物,亦必为日常生活用品。《黑鞑事略》说:"大率鞑人止欲纻丝、铁鼎、色木,动即不过衣食之需。"其经营商业之事,蒙古人并不晓得,而把经商之事交托给回族商人贾贩经营。自大汗以至太子诸王公主等莫不如此。徐霆说:蒙古人"只是撒花,无一人理会得贾贩,自鞑主以下只以金银与回回,令其自去贾贩以纳息。"

回族是个善于经商的民族。他们能吃苦耐劳、能说会道、善于沟通也会钻营取巧,因地处中西交通要道还能通诸国语言,故能得天独厚,专擅国家间的商业贸易。他们陆道走传统的丝绸之路,成群结队地用骆驼远途贩运各种货物到中亚及西亚一带贸易,或者再经转手运输到欧洲进行转手贸易。他们周游全国各地都市,向王公贵族们兜售各种香料、玉石等珍贵奇异物品而著名。在元代,回族商人足迹遍天下,可说是无处不至、无远不届。

善于经商的回族也擅长于放高利贷取息。依蒙古习俗称为"羊羔儿息"。利率很重,高的时候年利达百分之百。借出一锭银子,过了一年,本利相加就要二锭。第三年利上加利,要息四锭,第四年要八锭。如此辗转不停地相加,到了十年之后,其本息高达 1 024 锭之多。由于子母相贸,利率高得惊人。凡借此高利贷的官民一陷入其中,多不能自拔;往往债台高筑,甚至破家荡产、卖妻鬻子。①

及至太宗窝阔台时,鉴于羊羔儿息扰民,造成社会不宁,经宰相耶律楚材建议,太宗乃下诏规定:不论欠债多少,时间多久,全部利息的总和不得超过本金,亦即"子母相侔,更不生息"。虽然国家作出如上规定,加以限制,但民间借贷,很难一时消除长期形成的习惯,私债利息往往超过规定,一般情况下,年利是本金十分之三四。

蒙古朝廷或贵族叫回族商人经商放贷的组织称为"斡脱官钱"。元徐元瑞《习吏幼学指南》称他们"见赍圣旨、令旨做买卖之人"。经营斡脱官钱者除放高利贷收取本息外,也经营各种商品,其中很大部分是金、银、珠宝、名贵皮毛、金锦、绫罗绸缎等专供皇室和权贵们享用的奢侈品。这些斡脱官商们手持圣旨、令旨,腰佩金银圆符,自由出入全国各地,无偿使用驿站上的交通工具,及住宿饮食。他们走马时要路人闪避,行路可以携带兵器,有官军护卫。行船时鸣锣击鼓,吆喝着要官私船只避道,逢河闸之处要闸官立时开放,稍有不从,便恃势殴打闸官。他们经营的货物可以减免课税,还经常假公济私,夹带私人资金、货物营运牟利发额外横财。若营运官钱或逢强盗抢劫,或遭受损失,还要由当地官府负责赔偿。若不及时赔偿,就要作为债务,累计依利起息。②元成宗大德元年(公元1297年)有札忽真妃子、念木烈大王下派使臣到江南追征"斡脱钱物",既不由中书省发下正式公文官文书,亦没有原借斡脱钱的人名和银钱数目,只凭三个原借人指证,辗转攀指,向140余户追征欠债。这一事件,骚扰民间影响极大,其恶劣情况以致"远近耸动"。即使是地方江浙行省最高长官亦无法决断处理,只能行文向中书省咨文反映、要求干预处理。斡脱官商的依

---

① 《元文类》卷57宋子贞《耶律楚材神道碑》云:"所在官吏取借回鹘债银,其年则倍之,次年则并息又倍之,谓'羊羔利',积而不已,往往破家散族,以至妻子为质,然终不能偿。"

② 有关斡脱官钱的营运,详可参阅翁独健:《斡脱杂考》,载《燕京学报》1941年第29期。

仗特权,骚扰社会之烈于此一例就可以察知。①

3. 扑买与税收

蒙古建国初期还没有管理都市的经验,也不甚了解农业社会中工商赋税征收出入的具体情况,他们甚至认为中原之土地无用,要将农田化为牧场,挚养牛羊马匹,在这种思想认识的前提下,蒙古人采取极简单的税收承包政策,即把一年中某项农、工商税收作一揽子的大概估计。作出定额让回族商人承包征收,称为"扑买"。此种"扑买"政策自太宗时期直至世祖忽必烈时期陆续实行过多次。如太宗十一年,商人奥都剌合蛮扑买中原银课 22 000 锭,燕京刘忽笃马以银 50 万两扑买"天下差发"。涉猎发丁以银 25 万两扑买天下系官廊房地基水利猪鸡。刘廷玉以银 50 000 两扑买燕京酒课,又有回鹘以银 100 万两扑买天下盐课,及天下河泊桥梁渡口。凡利之所在,几无一项税收不可以扑买。②

经营商业贸易的目的是为了获取丰厚利润。贪婪成性的欲望使拥有政治权力的蒙古贵族和色目商人彼此联手,上下勾结进行权钱交易,他们有时亦各自为政或因利益矛盾而向官府诉讼。这是元代工商业中、旧习惯和新手段相互结合的一种民俗文化的特点。

蒙古诸王、公主、驸马纷纷卷入了经济大潮之中,他们滥发敕令、教旨及金银牌符给回族商人充作"宣差"特使,从事商业投机活动。宣差们则恃仗权势,横行不法,抑价强买民间物品,低买高卖甚至有恃霸逞凶、殴打官吏百姓的事件发生。在定宗、宪宗时期,有个外国人看到当时官商勾结的情景说:"贵贱人等皆希图做一个斡脱。"③人们希望参加

---

① 参见《元典章》卷 27《户部》13《钱债、斡脱钱、追斡脱扰民》诸条。蒙古贵族官僚也有向回族商人借钱经营贸易,这在元代习以成风。有关元代色目商人经营斡脱官钱,对当时社会经济民生诸方面产生的深刻影响,可参见修晓波《元代的色目商人》一书(广东人民出版社 2013 年版),又及刘秋根所撰《元代官营高利贷资本论述》与《论元代私营高利贷资本》两文。

② 见《元史》卷 2《太宗纪》,又《元文类》卷 57《耶律楚材神道碑》。

③ 斡脱为 Ortaq 的音译。意为同伙,系指突厥或回教商人团体及其成员。元代时期则成为官商的一种组织。参见《世界征服者传》卷 2。

商业团体,寻求保护伞,获得政治势力庇护可以大赚大捞一把。这就是元代经济活动中的一种广泛而普遍的商业心态。斡脱就是这种官商结合的组织。

有些西域回族商人由于经营扑买还在政治上青云直上,掌握了国家财政大权。如太宗时奥都剌合蛮充任提领诸路课税所官;忽必烈时,且先后以阿合马、桑哥等人为宰相,掌管全国赋役课税之事。他们竭力搜刮民脂民膏。回族商人则依附政治,把他擅长经商的触角伸向政治领域。元人许有壬《至正集》卷53《碑志》10《西域使者哈只哈心碑》云:"我元始征西北诸国而西域最先内附,故其国人柄用尤多,大贾擅水陆之利,天下名城区邑,必居其津要,专其膏腴。"把色目人经商活动的特色说得清楚透彻。

富有的回族商人,腰缠万贯,往来于各大都市之中,有些人则长期居留,娶妻生子。王恽《秋涧先生大全集》载元初中统年间,居住在中都燕京城内的回族人就有近3 000户之多。他们多系富商大贾,势要兼并之家,兴贩营运百色。在南方的南宋旧都临安亦是回族人聚居的大都市。在杭州荐桥侧首,旧俗有称"八间楼"的地方,即是由回族富商营建居住的高楼大厦。有些回族人老死,便葬于此城郊野的聚景园的丛冢中,此外,南方泉州、广州一带亦多有回族人,往来经商或居留。宋末元初,阿拉伯人蒲寿庚居住泉州,拥有大量海船,进行南海间的国际商贸活动,是东南沿海地方势力的大首领。早在南宋末他出任提举市舶官历时三十年之久,降元后,任福建行省尚书左丞。他亦官亦商,招抚东南亚各国商人,恢复沿海贸易。①他的女婿佛莲是回族人,亦是泉南巨富,拥有海舶达80艘之多。家中所积珍珠瑰宝以斗石计量。②

总之,元代商业经营活动方式与唐宋以来传统不同,它把课税承包给回族商人"扑买",又以回族人充任掌管从中央到地方的财税官,以及由回

---

① 见桑原陟藏《蒲寿庚考》。一说蒲寿庚为占城(今越南)人,不确。
② 周密《癸辛杂识续集》卷下《佛莲家资》。

族商人专营"斡脱官钱",进行公私贸易和发放高利贷,这是蒙古习俗、回族商人包营经商与中原传统商业的奇妙结合,从而呈现出这一时代经营商贸的异域特点。

4. 海外贸易

唐以前对外交通贸易主要走陆道,自宋以后海道开通逐渐取代了传统的陆道。

海上通路自山东、江浙沿海东向可通高丽、日本,自闽、广南行,可达东南亚,西行可通达阿拉伯以及东非海岸。元灭南宋后,为发展对外贸易,在东南沿海先后设置泉州、上海、澉浦、温州、广州、杭州、庆元(今浙江宁波市)等处市舶司,专门经营对外的海上贸易。为此元初各国藉朝贡贸易把大量商品每年陆续从海上运来,元廷且从广州到杭州设立海站以招待蕃客海商。

元代海外贸易亦掌握在回族人手中。海外贸易公私兼有。海商如欲出海,必须先向市舶司办理登记手续,申报姓名、籍贯、家财以及所要抵达目的地的某国某港口,出海人员数目,彼此职务分工、海船船身长阔大小、樯桅帆数、所带出口货物名称及其数目重量等等,以上诸项必须一律填写清楚无误,经市舶司认可后,出给公凭方能出海。否则就以擅自私行出海定罪,货物充公,为官府籍没。其规定严密如此。

一般来说,若海舶出航,当风调雨顺时即可放船出海。次年乘着夏汛季候风起锚回帆。船舶到岸后,要向市舶司按照货物粗、细等第交税,名为"抽分"。细货抽五分之一,粗货减轻,抽十五分之二。此外还要提交经营货物的商税,税率通常是三十分之一。元朝官府有时也雇请商人代办出海贸易,用官府给船,给本钱,商人出力,所得利润三七分成。官得七分,商人得三分。这对于有航海经验、熟悉各地商品市场价格,以及民情风俗的海商来说,可说是既划算,又有利可图。

为了垄断海外贸易,杜绝走私和偷漏税,市舶司也颁布各种条例法规。凡在官的权势之家,不得利用特权私自出资下海贸易,若有所犯,则按律科罪,仍要籍没其家产一半。又禁止以国内金、银、铜钱、男女人口、丝棉、缎匹、销金、绫罗、米粮、军器等物出口。

规定虽如此严格,但若有百分之二百的走私利润可赚,甘冒杀头风险的大有人在。尤其是一些蒙古权贵如诸王公主、富商豪右利用手中权势,勾结市舶司官员,内外串通,联手进行违法经营的海上走私活动,仍是屡禁不息,活跃于各地。

海外交通的畅达使闽广沿海一带帆樯如织,回族商人络绎不绝而来,进出口货物大量大批来往于国内外销售。政府虽有明文规定某些货物禁止携出,但出口的货物还是金银器、瓷器、丝绸之类为大宗。进口货物则是香药、珍宝和日用奢侈品之类,如丁香、豆蔻、胡椒、珍珠、玛瑙、宝石等。单就宝石一项来说,宝石大小不一、价格昂贵。大德年间有胡商出卖一块红宝石,重一两三钱,估值中统钞14万锭。这是用来镶嵌在贵族帽顶上的装饰品,真是贵得吓人。至于宝石的种类、名目繁多。红宝石即有淡红、深红、黑红,以及与黑黄夹杂等品种。绿宝石有暗深绿、明绿、浅绿等品种,又有称为"鸦鹘"的宝石,有深青、浅青、浑青以及红黄白等各色品种,有称为"猫睛"俗称"猫儿眼"的绿宝石,内有活光一缕,光彩照耀夺目,价值昂贵,犹如天价。①

人口贩卖是法令所禁止,但商人们无利不图,在进出口同时也暗中夹带着男女人口的贩卖。其中既有从内地运出去的贫苦百姓,其中甚至包括有蒙古人在内。但大多有从国外贩卖进来的"黑人"男女,专供权贵之家作侍仆妾婢,以供使唤和服役。在权贵们看来,家中如果没有细皮白肉、善歌善舞的高丽女子,以及黑得油光发亮体格强健的"黑厮"作为男奴女婢,便会觉得有失高贵身份和排场气派的豪华。

海外贸易活动中非法走私和偷漏税的花样很多。商人们为贪图厚利,或不申请公验,私自发船下海,或挟带违禁商品出口以牟取暴利,或含糊填写申报表出港之后根本不按照规定的港口停泊,而转航到他处他港贸易,以赚取高额利润;也有谎称航行中风水不便、海途遇盗人员伤亡等

---

① 参见《辍耕录》卷7《回回石头》。

骗人理由；也有在回程时，转移码头停泊，到别的市舶司请验，用这种移花接木的办法来隐瞒货物数量；也有暗中藏匿货物，报关时采取少报或不报的办法，逃避抽分和商税负担；也有在靠岸之前、先在近海地方用小驳船把货物偷偷运送上岸，或者倒卖给走私贩子，或者以好货充次货、以细货充粗货、隐瞒或减少货物的实际数量，借以减轻抽税份额，诸此等等，花样层出不穷。

但是更主要的还是官商彼此勾结，上下串通一气。市舶司官员利用手中权力、受贿包庇，以私化公、坐地分赃。亦有诡寄他人姓名，实际上是官员们自己经营外贸、转买进出口货物，收取重利。

出海贸易有重利可图，不仅使一些诸王驸马、权豪势要垄断了海外贸易，而且连一些出世入道，满口讲"四大皆空"的阔和尚、富道士们也眼热起来。他们利欲熏心，仗着权势，亦参加到海外贸易的行列中来，金钱的力量足以使那些吃斋念佛诵经，劝人抛弃名利的高级僧道们显出其原形。对于这些情况我们可以从元朝政府所颁布的禁令中得到具体的反映。①

随着对外贸易的开展，大量的回族、阿拉伯商人不辞风涛海阻、关山跋涉，纷纷来到中原的"冒险家乐园"，寻找发财的机会。意大利人马可波罗及其叔父便是联袂而来寻找财富的一例。遍地是黄金的中国，都市富庶繁华给他们提供了很多机遇。人们只要不畏海途凶险、沙漠无垠，只要有计算能力，善营商事准能发财致富。因此在元代从海上、陆道来华的商人陆续不断地涌入，回族商人足迹遍天下已成为元人的口头禅。②

大量欧亚人和回族商人来到中原，或久留不归，随之也带来了文化传统与中原有异的各种风俗习惯。在元代，京都及沿海各都市如扬州、广州等地都有清真寺、礼拜堂等建筑，穿着奇装异服、操着不同语言、碧眼、虬髯、多须、高鼻隆准、皮肤白皙的西方洋人、携带香料、珠宝出入市场可说

---

① 详可参阅《通制条格》卷18《市舶》、《元典章》卷22《户部》8《课程》、《市舶》诸条。
② 详可参看喻常森著《元代海外贸易》（西北大学出版社1994年版）、高荣盛著《元代海外贸易研究》（四川人民出版社1998年版）两书。

是处处皆有。

色目人的大量进入中原,随着时间推移,其中颇多的人学习汉族语言文化,从而汉化了。①但不同风格、风貌的不同民族的融会也给中原社会的民情风俗增添了种种别样的风趣。

---

① 详见陈垣《色目人华化考》。

第五章　家庭与婚姻礼俗

一、家庭的组成及财产继承

1. 家庭构成

辽金元社会组织以家庭为单位。就家庭形态来说,有个体家庭和复合家庭两类。个体家庭是由夫妻子女组成,有时也可以包括所赡养的父母在内,其结构比较简单。复合家庭通常是家族合居,大体上由祖父母、父母、叔伯父母、兄弟、妯娌、子女等组成,亦即由同一血缘的数代人组合而成,通常是三代同居,其结构比较复杂些。在这类复合式的家庭中,同祖共籍是其特征,但亦有同籍异居、兄弟不共财的不同情况。这类大家庭中,通常还包括有不等数量的奴婢,附在户籍中。

由于生产形态不同,游牧民族易地而徙,逐水草而居。他们易受自然界灾害的侵袭,也易受到邻近部落的攻击,因此他们的生产活动通常是由同一血缘的氏族组成一个共同体,进行聚族的迁移和共同在一个牧地放牧。

不过,在氏族内部则仍有各个互相独立的家庭。他们各有自己的私有财产和牛羊畜群。男子通常在婚后从家中分离出去,另行单独设立帐幕居住。幼子则与父母同居,负赡养的义务,父母死亡后,其所留财产亦由幼子继承,称为"守灶"。这就是行幼子继承制。

蒙古时期,成吉思汗向外扩展,把诸子分封到遥远的封地上,而以幼子拖雷守护蒙古本土,这就是蒙古族重幼子守灶的习俗表现。

此外,在家庭观念上游牧族不像农业社会尊祖重孝,讲究孝道。其风俗是"贱老重壮"。这当是与游牧族生产力低下,游牧、狩猎的生产活动和财富有限,不足以赡养老人有关。但当他们进入到农业社会之后,积以年月,则情况就会有所改变。[①]

[①] 关于蒙古族家庭构成及其基本情况,可参考史卫民:《元代社会生活史》,中国社会科学出版社 2005 年版,第 50—52 页。

金元王朝在农业区域建立起统治后,逐渐接受了中原儒家文化的浸染,尊祖重孝的传统伦理观念抬头,奖励聚族而居的现象不断发生。金代规定:凡民间百姓三代同居孝义之家,由所属地方州县具列其所行孝义事迹,逐级申报朝廷,获准后,可旌表门闾,免去该户三年劳役差发。金代还提倡割股为父母尊者疗病的愚孝行为。法令规定:凡为祖父母、父母、伯叔父母、姑、舅、兄、姊等人奉孝割股,由地方官府支给绢五匹、羊两腔、酒二瓶以"劝励孝悌"。①

元代遵循金制,对聚族而居的大家庭亦采取鼓励政策。不过比金代限制稍严些。即由三世同居提高到五世同居才能获得旌表门闾的荣誉。《通制条格》卷17《孝子义夫节妇》条载至元三十年(公元1293年)汴梁路管城县民户赵毓三世同居,地方上报给予旌表门闾。但经礼部审查覆议后认为:"方今自翁及孙三世同居,如赵毓者比比皆是,若与旌褒,纷纷指例,无益劝惩。今后五世同居安和者,旌表其门,以革泛滥。"②

不过,朝廷为了要"敦民俗而厚风化",用以"激励薄俗"、"垂劝将来",对于孝子、顺孙、义夫、节妇等类人仍沿金代旧制,给予"旌表门闾,免其户下杂泛差役"。但此类事项均须由各地邻里、社长明具实迹,重甘保结,申覆本县、移文上司经批准后才能旌表。

金元时代民间重孝仍是传统观念的沿承。如元代民间仍有孝子为父母治病,不用医药而是迷信天神,且有"刲股割肝"、"舐目"、"祷神"之事屡屡发生。又如在今山西绛县金墓出土壁画中绘有郭巨、董永、孟宗等人行孝事迹的二十四孝图,便是现实中重孝的反映。③

不过在农业社会里,复合家庭通常局限在贵族地主家庭中,数量并不很多。在广大城乡中,更多人户则是在父母在世时,兄弟便析产异居。成

---

① 见《大金国志》卷35《杂色仪制》。关于辽金时代家庭结构与人口构成的基本情况,可参见武玉环著《辽金社会与文化研究》(中国社会科学出版社2014年版)相关章节。
② 见《辍耕录》卷6《孝行》;卷7《孝感》。
③ 参阅《中国绘画史》第370页。

为简单的个体家庭,尤其在农村中的贫苦农民更为普遍。《通制条格》卷2《户令》载:"同姓叔侄弟兄……如有两愿析居者听。"政府法令允许析居,说明分家析户居住乃是现实中的普遍现象。因为在财产私有制条件下,由家庭财产继承与分割所引起的纠纷和争讼时时刻刻在发生着,为避免此类纠纷和争产情况发生,兄弟析产分居实是势所必至。不过从政府的治安观念来看,敦厚风俗,确保赋役征收无虞,使民间家庭保持和睦稳定,鼓励父母子孙同居共籍乃是国家社会稳定的前提。《通制条格》卷3《户令·亲在分居》条载至元八年六月,尚书省御史台的呈文中说到:"随处诸色人等,往往父母在堂,子孙分另,别籍异财,实伤风俗……旧例祖父母、父母不得令子孙别籍,其支析财产者听。"这个规定表明:祖父母、父母在须共籍,别籍异财并不允许,亦有酌情处置,若得到家长同意,在共籍的条件下,"酌古准今"亦可以共居异财。这是政府为了保证户籍存在赋役征收有着落。

法令虽如此规定,但现实情况复杂得多。《通制条格》卷3《亲在分居》条载至元十一年正月,中书省御史台呈文称:"伏见随路居民有父母在堂、兄弟往往异居者,分居之际,置父母另处一室,其兄弟诸人分供日用。父母年高,自行拾薪、取水执炊为食。或一日所供不至,使之诣门求索;或分定日数,令父母巡门就食。日数才满,父母自出,其男妇亦不恳留。循习既久,遂成风俗。"又同卷《收养同宗孤贫》条载:至元二十一年正月中书省、御史台奏呈:"体知得近年以来汉人官吏士庶与父母异居之后,或自己产业增盛而父母日就窘乏者,子孙视犹他家,不勤奉侍,以为既已分另,不比同居。或有同祖同父叔伯兄弟姊妹子侄等亲,鳏寡孤独、老弱残疾不能自存者,亦不及养。"这种私有财产制下的缺陷使元政府忧心忡忡,为纠正现实与法理上的矛盾,又不得不规定,"父母在堂,其兄弟诸人不许异居,著为令式"、"今后若有别居异财,丰衣美食,坐忍父母窘乏,不供子职……许诸人首告,重行断罪"。

法令虽如此规定,但能否显著奏效却令人怀疑!

在家庭的组合上,南北地区各民族间的习俗也有差异。《契丹国志》卷24《王沂公行程录》所载:辽代在东北的渤海地方,其家庭组成是"聚族而居"。又洪焱祖《杏庭摘稿》有诗云:"数户赋一兵,优游且殷实。北人尚兼并,差役合众力。南人虽弟昆,小户亦缕析。岁久弱弗支,贪官肆蚕食。"北方家庭多聚族而居多为复合型、表现为数户合赋;南方家庭多为单一型,表现为"小户亦缕析"的小家庭。此类组合上的差异当与南北地区经济发展状况有着一定的关系。

2. 财产继承及对弱体族群的抚恤

辽金时期家庭中的财产继承史料记载极简略,已无从稽考。元代则记载较详。

元代蒙古人财产继承的习俗是重"幼子守灶",即父母所有财产,除以部分分配给诸子外,其余部分多留给守住本土本家的幼子继承。诸兄长外出成家;幼子留守在家供养老人生活。若夫妻同居、夫死之后,则其家庭财产由妻子承替。但这种风俗习惯在元代统治者统治汉地之后则渐从汉法了。世祖至元三十一年(公元1294年)规定财产继承的法则。据《通制条格》卷4规定是:应争田产及财物者,妻之子各四分,妾之子各三分,私生子(奸良人及婢所生的非法子)各一分。兄弟依例均分。若有兄弟两人,其中一人早死,无子,依例均分的财产由其遗妻继承以作为生活赡养之费。即"寡妇无子合承夫分",为法律所认可。其他诸亲属不得非分干预。法令规定如此,但执行起来困难不少。实际上叔伯兄弟子侄人等,贫富不一,贵贱有异,强者贪图弱者家财,仗势欺凌无依无靠的孤弱寡妇,他们无力申诉只好吃亏忍受。这种非分染指家庭中的遗产或由此引起向官府诉讼的纠纷亦不在少数。

在社会上有些家庭富裕丰饶、人丁兴旺,也有些家庭中有鳏、寡、孤独、患有严重疾病而不能自存自活的人。这是历代社会所共有的现象,史书称之为"民之无告者"。对这类无依无靠、丧失劳动力的弱者,自唐宋以来政府都有一些抚恤、赡养的扶贫政策。

元代对此也不漠视无睹,政府规定出种种办法,诸如免除赋役、造"养济院"养老、济贫恤孤等。如免除赋役的规定是"孤老残疾免差发"、户籍上注明"不任当差老户"或"当差额内除豁"等字样,就可以免去赋役负担了。①

对孤老政府还设置孤老院,收养他们。他们平时食用的口粮,均由官府在官仓内支给,若有疾病则有官医调治,其治疗药物,由官府设置的惠民(药)局支给。又规定每州县各置"养济院"一所,有官房者就地取用官房,无官房处则由官府承担修造新房,专门收养此类鳏寡孤独,以及残疾老弱的贫苦群体,如应收养而不收养,不应收养而收养之事发生,皆由监察机构如御史台、按察司等衙门按法究治。其养济贫民的口粮规定为每日支米一升,幼小之口减半。②世祖至元三十一年(公元1294年)还规定每日支柴薪五斤。成宗大德六年(公元1302年)又续加规定:贫民冬衣布絮每名支给土麻布二匹,或给以相应的木棉絮子(棉花)。孤老病亡,则拨出城郭周围空闲官地为坟冢,并由官府支给棺材。孤老头目主丧,仵作行人应给付丧车埋葬。③其救济办法可谓周详备至了。

此外,元政府对于蒙古族人生活上陷于贫穷时,也常有口粮的救济。这恐怕是一种政治上扶助本族的措施吧!

二、 婚姻礼俗

1. 婚姻的各种形式

辽金元时期,婚姻形态基本上实行一夫一妻制,但这种一夫一妻制通常是以妃嫔、媵妾作为一夫多妻的补充。大体上说:在汉人地区仍继承着唐宋以来的传统,官僚地主中,盛行一妻多妾,但正妻只能一个,民间地主富绅通常也有小妻,普通平民百姓基本上是一夫一妻。④同时,由于各族

---

① 见《通制条格》卷17。
② 元初,定为月支口粮二斗。到至元三十一年增加到三斗,折合日支是每日一升。
③ 《通制条格》卷4。
④ 辽金时期居住在东北地区的渤海人其婚制较为严格地实行一夫一妻制。洪皓《松漠纪闻》记其独特的习俗说:"(渤海)妇人皆悍妒,大抵与他姓相结为十姊妹,迭相讥察其夫,不容侧室及他游,……一旦发现其夫有不轨之迹,则必谋置毒,死其所爱。一夫有所犯而妻不之觉者,九人则群聚而殴之,争以忌嫉相夸。故契丹、女真皆有女媪,而其良人皆有小妇、侍婢,唯渤海无之。"可说是一夫一妻制之严格实行者,但此仅为特例而已。

的传统及民情风俗的不同,在婚姻形态上还存在着各式各样的婚姻组合。兹分别予以说明。

世婚

所谓世婚,乃是某姓、某氏族部落之间世代相互为婚。这种婚俗在游牧部落中较为流行。在辽代,契丹皇族中世婚制实行最为严格。皇族耶律氏世代娶国舅族萧氏之女为婚姻。《辽史》卷71《后妃传》载:辽代帝王上起开国前的懿祖、玄祖、德祖,下迄末代的天祚帝,几无例外地娶萧氏为正妻。若即位称帝就尊立为皇后。后族萧氏,本为契丹族中乙室、拔里两氏组成,由于太祖阿保机汉化,仰慕汉高祖刘邦能布衣立国建汉,乃以皇族耶律俨称刘氏,而以乙室、拔里氏比附辅助刘邦成帝业的萧何丞相,遂更改乙里、拔里两氏为汉姓萧氏。及至太宗时,又以太后所出的述律氏为萧氏。因此辽贵族萧氏实由契丹的三个姓氏乙室、拔里及述律组合而成的。①

又辽史本纪载圣宗开泰八年十月癸巳诏:"横帐三房不得与卑小帐族为婚。凡嫁娶必奏而后行。"这种规定也是严别血亲在婚制上的表现。横帐三房即是指乙室、拔里及述律三氏。辽俗帐幕东向尚左,皇帝御帐东向,故称横帐为皇族之称号。《辽史·百官志》:"大横帐常衮司,掌太祖皇帝后九帐皇族之事。"又《耶律颓德传》:"德祖宗室号三父房,称横帐。"《辽史·外戚表序》称:"辽史耶律、萧氏十居八九,宗室、外戚,势分力敌,相为唇齿,以翰邦家……契丹外戚,其先曰二,审密氏:曰拔里,曰乙室已。至辽太祖,娶述律氏。述律,本回鹘糯思之后。大同元年,太宗自汴将还,留外戚小汉为汴州节度使,赐姓名曰萧翰,以从中国之俗,由是拔里、乙室已、述律三族皆为萧姓。拔里二房,曰大父、少父;乙室已亦二房,曰大翁、小翁;世宗以舅氏塔列葛为国舅别部。三族世预北宰相之选,自太祖神册二年命阿骨只始也。"此说略异,但可与《后妃传》相互印证。

---

① 太祖淳钦皇后述律氏,其先世本为回鹘人,约在契丹遥辇氏之世(唐五代之际)述律后之父婆姑梅里娶契丹匀德恝(音颊 jiá)王女,生述律后于契丹右大部。据此记载则述律氏混有回鹘与契丹结合的血统。

此外，在辽代还有世婚制的变型：甥舅婚、姊亡妹继的接续婚。如辽太祖女儿质古嫁萧实鲁，萧太后女儿齐国公主嫁萧继先，钦哀皇后女越国公主嫁萧忠孝，仁懿皇后女魏国公主嫁萧撒八，均为辽上层贵族间的甥舅婚。①不过，姊亡妹继婚仅行于契丹初期，是长期流传下来的习俗，但到了辽太宗时，受到汉化影响而明令废除了。②

辽人此种世婚制在蒙古族中也同样流行。成吉思汗所出的孛儿只斤氏族就是与以美女闻名的翁吉剌部为世婚。叶子奇《草木子》载："太祖与雍吉剌氏同取天下，约曰：'我男长为帝，汝女长为后。'"又云："元朝正后皆用雍吉剌氏。自太祖与其族帐设誓同取天下，世用其女为后，犹契丹有国，世用萧氏为后也。"③雍吉剌即翁吉剌的异译。又蒙古皇族之女，亦与地居漠南的汪古部为世婚。《元文类》卷23阎复《驸马高唐忠献王碑》载其家族世代娶蒙古皇室及宗王之女为妻，甚详。程钜夫《应昌府报恩寺碑》及元明善《太师淇阳忠武王碑》亦有此类蒙古宗室与汪古部世婚的记载，兹略而不论。附记于后。④

入赘婚

入赘婚是男子入赘于女家。通常男子要在女家劳动数年之后才能携妻自立门户。此种婚姻方式在契丹别种室韦部中就已实行过。《新唐书》卷219《北狄传》记载室韦"婚嫁则男先佣女家三岁，而后分以财产，与妇

---

① 参考冯永谦《辽史外戚表补记》，载《社会科学辑刊》1979年第3期。
② 《辽史》卷4《太宗纪下》。关于这两种婚姻形态的具体情况，可参考《中国风俗通史·辽金西夏卷》，上海文艺出版社2001年版，第106—108页。
③ 《草木子·杂制》篇。
④ 据碑文所记，高唐忠献王始祖为汪古部长，其子封忠武王，娶蒙古之阿里黑为妻，以兵助太祖，建有功勋，其子封武毅王，尚成宗祖姑阿剌海别吉，后封齐国大长公主，仍约世婚，敦交友之好，号"按达忽答"。忠武王侄孙聂古艜亦封王，尚睿宗拖雷女独木干公主。武毅王有三子：长子君不花，尚定宗长女叶里迷失公主；次子武襄王，尚世祖季女、成宗之姑月烈齐国大长公主；三子拙里不花，镇守云南而死，其子火思丹尚蒙古宗王卜罗出之女竹忽真公主。武襄王有四子：长子忠翊王，初尚成宗之姊忽答的美实大长公主，继尚成宗女爱失里公主；次子早死；三子阿里八艜尚宗王完伦女奴伦公主；四子木难忽先尚宗王兀鲁艜女叶绵干真公主，继尚宗王奈剌不花女阿实秃忽鲁公主。其家族"世缔国姻，奕叶封王"，实可看作元代皇族世婚制的典型事例。

共载,鼓舞而还"。辽太祖述律后的祖先系回鹘人,因入赘于契丹部,遂为契丹族人。

金代女真人中亦行入赘婚。完颜氏的始祖函普系从高丽流徙而来的移民。据称他入赘于完颜部时已年届耳顺。部人中亦有老女未嫁,函普遂入赘于其家。他由于处事公平,为部人所赞赏和推许,部人遂赠送给他一条青牛,允许他携妻自主门户。此后,函普遂复以青牛作聘,正式娶完颜老女并由此得到她的全部财产。①

在元代,入赘婚亦普遍流行于南北各地。但北方更突出些。它有两种方式:一种称"养老女婿",所招女婿入门后要为其家应徭役差发,操持家庭各种杂务劳动,对岳父母要尽侍奉养老之责;另一种称为"年限女婿",即入门做女婿有一定的年限规定。均在文书上写明,如六年、十年、十三年不等。女婿到了规定年限就可以归宗回家与父兄们完聚;也有年限已满,本人情愿依旧留赘于女家并不归宗;也有年限未满经本人提出并得到女家同意,亦可以另行出舍居住。这些都视男女双方自愿、定约立契履行。以上两种入赘方式又可称为"出舍婚"或"舍居婚"。自男方而言则为"出舍",自女方而言则是"舍居"。

凡招出舍年限女婿,通常办法是先经过媒妁介绍,然后下礼定聘,方能成婚。招召女婿通常是父母家贫而又多子女,娶不起媳妇为妻、只好把儿子出赘他家为婿。在女方来说则主要是民户年老无力应役,家庭中无子,仅有女儿,招召女婿入门主要是为了解决劳动力和老年供养之需。因之婚聘财礼比之于普通民户为少,且有女家下定礼给男方之事。至于年限女婿的聘财亦要比养老女婿减少。元政府规定:招召养老女婿参照民家聘财减半,年限女婿则为三分之一。政府虽作此规定,但无强制性。民间通常看具体情况酌情有所增减。有些人家亦有乘机"多余索要",但只

---

① 见《金史》卷1《世纪》。史家或说函普入赘女家是由母权制过渡到父权制时代的婚姻形态。此说只是推测之词。据本节所述入赘婚在北方游牧诸族中是一种通行制度。即使在元代,无论南北地区均盛行着入赘婚这当是与女家劳动力缺少而男子家中贫穷有关。无关于历史发展阶段中的初期父权制形态。

要两相情愿彼此同意,无论聘礼多少、即可下定成亲。其手续是先经媒妁介绍,议定聘财,下定后须写立"婚书",讲明是作为养老还是作为年限。若为年限女婿,还要写明具体年限。若年限未满,或者夫妇不合,或者男子无故离家出走,超过期限,长期不归,均可由其妇提出休离,"听从别嫁"。① 至于"婚书"的写立,要主婚人、媒人、证明人各方共同画押签字,作为正式凭证方为有效。但民间普遍无法律常识,往往仅凭媒妁说合、未写婚书,也可招召女婿入门,但这种方式却很容易引起婚姻上的矛盾和纠纷,以至离异。

招召女婿多数是男方家庭多子或家境贫寒,无力娶妻进门、不得已而出舍的。男方家中若仅有一子,法律通常是不允许出赘。若出赘为年限女婿,虽仅有一子,政府亦酌情允其所请,这对减轻社会上男旷女怨以及调剂劳动,男女双方均有得益。此外,政府为保障兵士来源,规定凡属军户中自立为户主的贴户正军,不能作为养老出舍女婿。

此外,政府还规定凡入赘女婿在已经下定而未成婚之时,男子亡故,或者外出,多年音讯全无,或者丈夫行为不轨,犯有盗贼远流发配之罪,法律允许妻子有权离异或再嫁。若再嫁之后、前夫突然回来由此引发争讼,则要看男女双方是否已经成亲为断。若当时未成亲不能重圆,若已成亲则从"夫妻之义",不得离异。不过这亦须视其离家年限是否久远,犯罪大小轻重如何而定。②

总之,由于种种复杂的情况而引起有关婚姻的诉讼,民间是屡见不鲜的。但大体上是依据当时当地的人情、风俗而断。

收继婚

收继婚,又称接续婚,即家族中的成员可以收继其已亡父兄叔伯之妻为婚,而不问其人伦长幼、辈分高低。这在以游牧为生的契丹、女真、蒙古诸族地区中均较盛行,它是一种与儒家传统观念相悖的婚制。

---

① 详可参考《元典章》、《通制条格》中《户婚》的记载。
② 关于元代赘婿婚制度的研究,可看王晓清著《元代婚姻形态》(武汉出版社 2005 年版)、陈高华著《中国妇女通史·元代卷》(杭州出版社 2011 年版)相关章节。

在辽代上层贵族中流行着收继婚。如秦晋国妃萧氏在妙龄时期出嫁给辽圣宗之弟耶律隆庆。隆庆亡故,圣宗下诏萧氏再嫁隆庆的儿子耶律宗政。又辽道宗第二个女儿赵国公主出嫁给萧挞不也,挞不也死去,其弟萧讹都斡逼娶公主,公主开始时不答应,后迫于旧俗,不得不迁就。

金代亦流行收继婚。《大金国志》卷39《婚姻》条记载:女真婚姻"父死则群母,兄死则其嫂,叔伯死则侄亦同,无论贵贱,人有数妻"。《三朝北盟会编》卷3亦载女真人"父死则妻其母,兄死则妻其嫂,叔伯死则侄亦如之。故无论贵贱,人有数妻"。又《金史·贞懿皇后李氏传》载:金国"旧俗妇女寡居,宗族接续之"。均为其例。但此婚俗由于女真人的汉化渐被抛弃,而采取汉族妇人"从一而终"的习俗。贞懿皇后李氏系金皇族大臣宗辅之妻,世宗之母。她在宗辅死后,未遵旧俗,而是削发为尼,居住在辽阳清安寺尼院中修行,终身不再嫁。

在元代统治下的北方地区,受女真、蒙古旧俗的影响,收继婚亦较流行。《通制条格》载至元十三年(公元1276年)蒲台人韩大身亡,其弟欲收嫂阿臧为妻。至元十六年,浚州李丑驴身亡,其弟李五驴欲收嫂刘乖乖为妻。平阳路人路重兴身亡,其弟路四儿欲收已下定之嫂崔胜儿为妻。元贞二年(公元1296年)李继先身亡,其弟李福证欲收嫂张保奴为妻。大德二年(公元1298年)德州军户潘二身亡,其远房之弟潘五欲收嫂于货儿为妻。大德四年,李五儿身亡,其从弟李四十欲收刘乖乖为妻。大德五年,陕西延安路人王安让身亡,其房弟王安杰欲收嫂赵穿针为妻。大德六年,彰德路人张大身亡,其弟张羊儿收嫂阿梁为妻。平阳路人李犇牛身亡,其房弟李安僧欲收嫂秀哥为妻。大德八年,蒙古军人王火你赤身亡,其亲侄王保儿欲收婶张秀儿为妻。诸此等等,从中可以看到收继婚乃是女真、蒙古人习俗在进入中原地区后的沿续。此种情况在元代江南地区,则较为少见。此当为南北婚制不同的表现。①

---

① 关于元代收继婚的研究,可参看杨毅《说元代的收继婚》(载《元史论丛》第五辑)、王晓清《元代收继婚制述论》(载《内蒙古社会科学》1989年第6期)等文。

收继婚与中国传统的婚姻礼法实相违背。从儒家伦理道德观念看来"弟继兄妻"、"侄收婶母"系"渎乱大伦"的不道德行为。在此情况下,元政府对之采取"因俗而治"的简便办法,亦即蒙古人依蒙古法,汉人仍依汉法处理。在执行过程中,还参酌人情,从礼、从权。如至元十三年,蒲台县人韩大身亡,其小叔欲行接续婚,娶韩大之妻阿臧。阿臧自陈不愿再嫁,小叔、政府认为她"守志"不移,"听从所守"。这就是从礼从权的体现。

自由婚

自由婚是金代女真人旧俗,通常是由女子唱歌向男子求爱,男女爱慕相悦即可成婚。它多在平民百姓中流行。其风俗是女子到了及笄之年,行歌于途。歌词大略是自叙家庭状况、自己身材容貌、家务操作能力,向男方自荐以表达爱情。听歌男子如果有意,便可将女子带回家中。然后具聘礼,男女共同到女家告诉两人相互爱慕之情,并正式提出求聘定亲,若获女方家长同意,婚姻即告成功。

金人婚俗也有富家子弟相互结为朋侣,骑着骏马携带杯盘酒肴来到男女欢聚之处。此时,女子们亦相邀做伴,成群结队前来会聚。男子们则约请她们共同进餐,饮酒谈笑,或互倾衷肠,若彼此动情,便起立歌舞。经彼此调笑欢谑,往返交谈,若心意相投,男子即可载其所悦女子归家成婚。若女子有意,男子并不钟情,那么,当男子骑马返程时,女子也会主动追逐在马足之后达数里之遥以求欢,女子的大方随意、热情奔放之态可掬。①

这种婚姻方式与宋元时代汉族妇女被限于闺门之内深受封建礼法束缚的形象很不一样,在迂腐的道学家看来,这种行为举止似有"奔淫"之嫌了。

抢婚

这是古老抢婚遗俗的流传。在渤海国及蒙古地区均有此类情况。据《宋史》卷491所载:渤海国中"男女婚娶多不以礼,必先攘窃以奔"②。蒙

---

① 《大金国志》卷39,《三朝北盟会编》卷3。
② 《金史》卷7《世宗纪》大定十七年十二月"以渤海旧俗男女婚娶多不以礼,必先攘窃以奔,诏禁绝之,犯者以奸论"。渤海在金朝统治中期仍流行着抢婚的习俗。

古初期亦行此俗。《蒙古秘史》载成吉思汗之父也速该在斡难河头放鹰，见一骑马男子携着一妇人乘车沿河边缓缓行来，此男子是蔑儿乞部人，刚从弘吉剌部迎亲回家。也速该见那女子年轻貌美，便回家邀了兄弟们一起前来抢这女子回帐幕内成亲，后来生下一子，便是铁木真，即后来名烁古今的成吉思汗。《蒙古秘史》把这段抢婚事实记载下来，并没有像儒家传统以抢亲为羞耻，而是把也速该视为大漠英雄加以歌颂。①这种婚姻上的观念反差是多么地令人惊异！

指腹婚与割衫襟婚

这是男女双方家长在子女未生育前，或在子女童幼时便彼此订定婚姻（称为"绾角儿婚"）的习俗。此种婚姻形态在金国女真族中颇为流行。《大金国志》载："金人旧俗，多指腹为婚姻，男女长大之后，虽有贵贱不同，亦不背约。"金人入居中原之后，仍继续流行不息。但到了元代，对这种落后的婚姻方式曾下令予以禁止。《通制条格》卷4载至元六年规定："男女婚姻或以指腹并割衫襟为亲，既无定物婚书，难成亲礼。今后并行禁止。"

异族通婚

这是指各民族间互相通婚，亦可包括异姓的族外婚在内。这种婚姻状态在辽金元统治时期普遍地存在着。如辽代前举的述律后之先世回鹘人糯思后裔婆姑梅里娶契丹匀德恝王女。这是契丹时期的情况。及辽人取燕云之地后，俘掠汉人徙居于辽的根据地，使他们与当地契丹人相互通婚。辽皇室亦有娶汉人女子为妃嫔。如辽世宗妃甄氏原为后唐宫人，世宗即位，以生母立为皇后，但正室仍是萧氏。辽先世肃祖曾说过："同姓可结交，异姓可结婚。"大体体现了辽人对婚姻的看法。《儒林公议》载幽州人刘三嘏系刘六符之弟，"以恩遇尚公主"。这是汉人娶辽帝室之女的例证。

金代异族间通婚，如前举之女真族始祖函普系高丽移民，入赘于完颜

---

① 《元史·太祖本纪》中，已删去元秘史所载也速该抢婚的事实，即是已受儒家礼法观念为尊者讳、为亲者讳的缘故。

部。但金代在章宗以前,对异族间通婚曾采取过隔离政策,这是金统治者为保持女真贵族在政治上的优越和血统上的纯洁所采取的措施,但这种限制异族间通婚乃是一项孤立自己的婚姻政策。事实上,女真人与汉人通婚已成为事实,且呈时间愈久而愈多之势。章宗明昌二年(公元1191年)尚书省提出:"齐民与屯田户往往不睦,若令递相婚姻,实国家长久安宁之计。"章宗本人接受汉化颇深,对此建议欣然同意。泰和四年(公元1206年)章宗下诏:"屯田军户与所居民为婚姻者听。"此诏令使大量内迁的女真族人与当地汉人通婚合法化,大大地加速了女真人汉化的过程。

金朝除允许女真族人与汉人通婚外,也允许女真族人与契丹人相互为婚。

在元朝统治下,各不同民族间相互通婚更为普遍。由于蒙古大帝国政治势力的影响,大批西方阿拉伯人纷纷来到中原,散居于腹里及各行省中。他们久居汉地,除在本族通婚外,也常娶汉人女子为妻。在元代不论汉族娶蒙古女子为妻、也不论回族人娶汉族女子为妻都是屡见不鲜。元朝在婚姻态度上,还是采取因俗而治的较为宽松的政策。

良贱不通婚

辽金元时代除上举种种婚姻形态外,存在着婚姻中的等级差别。以元代为例。元代百姓社会身份有高低良贱之分。官户、监户、驱口、奴婢等人口均为贱民,他们之间的婚姻只能自相匹配。法律规定:贱口不能与良人结亲,即使是地位比驱口、奴婢高的音声人(乐人)亦只能在同类间相嫁娶。如果良人之女情愿嫁给贱口,那么她的身份便要从良民改变为贱民,婚后所生子女即为驱口、奴婢。驱口、奴婢若要结婚成亲,不能自主,必须先取得主人的同意并须献上重礼给主人,经允许后才能婚嫁。驱口的身份只有经主人同意,并付给"放良"文书后才能改贱口为良民。[①]又地主所役使的佃户男女婚嫁亦常受到地主的干涉和阻拦,佃客亦须具备钞贯布帛礼数奉献给地主方许成亲。《南村辍耕录》说:"国初平定诸国日,以俘

---

① 参阅李锡厚《论驱口》,刊于《中国史研究》1995年第2期。

到男女匹配为夫妻,而所生子孙永为奴婢……奴婢男女止可互相婚嫁,例不许聘娶良家。若良家愿娶其女者听。"又《通制条格》卷3载至元十四年的禁令说:"今后禁治良人家女孩儿每,并不得嫁与人家驱口为妇,若是嫁与的便做奴婢"。这些都是禁约规定身份良贱婚姻不相匹配的例子。①

2. 婚礼与婚俗

辽金元时期,民间的婚礼与婚俗由于不同的地区和民族也有种种特殊的习俗。

辽代契丹人在结婚时有一种称为"拜奥礼"的习俗,拜奥礼规定男女双方定亲后,要在族人中选出最受人尊敬的长老一人在堂室的西南角设座而坐定,作为婚礼的主持人。凡送新妇进入堂奥的人,个个都要先向他跪拜致敬。②此外尚有"捧镜"、"跨鞍"之俗。唐宋婚仪中即有新妇跨马鞍的礼俗,皆是北朝以来的流行传统,而契丹与北族鲜卑系同源,因而这一风俗也被继承下来,并对后世婚仪婚俗也产生了重要影响。

女真族男女缔结婚姻的习俗通常是:男女双方家长认可后,先由新女婿行纳币之礼,先期由亲属陪同携酒肴到女家拜门,所携礼品视家庭经济状况而有等差。少者十余车,多者不计,可多至十倍。女家则盛设美酒待客。富贵人家多用金银器皿,次等人家则用陶瓷瓦器,均陈列于前,以多者为贵,至有百余件者。饮酒之时,先以乌金银杯互相饮酌,贫穷之家则用木杯。酒行三巡,进"大软脂"、"小软脂"等小食,犹如中原传统的"寒具"(即冷食),然后又奉上蜜糕,每人各一盘,称为"茶食",充作点心。酒宴既罢,富贵人家以上好建茗泡茶,留下少数嘉宾继续欢饮,其次等以下人家则以粗茶煎乳酪。饮毕茶酒,客人告退,主人则以所用饮食器皿分赠给来客以表谢意。

婚礼进行之时,女家不论大小老幼都并坐在炕上,新女婿等一行人则罗拜于炕下,俗称"男下女"。礼毕,由新女婿献上聘礼聘物,以马为主,多则有百匹,少亦有十匹之多,均陈列于庭前。妇翁(外公)则从所陈列的马

---

① 参阅乔志勇《关于元代良贱通婚的身份问题》一文,刊于《暨南史学》2015年第2期。
② 《辽史·杂仪》。

匹中挑选出若干匹好马留下,余马退回。通常所留马匹总计不超过十分之二三。如果所献之马都不如意,即使是新女婿所乘之马亦可充数留下,民间习俗以留马多少作为荣辱。若留马多视为光荣,留马少则以为耻辱。女家收礼时,亦看所收多少向新女婿回赠礼物。大致上一匹马回赠衣服一袭。女婿登门迎亲后,即可成婚。但要留在妇家执役操作,从事种种杂务劳动,即使是行酒进食之类亦必亲自动手操办。如此大约经过三年,才能携妇归家,自立门户。妇家亦量力而行以资财相助。富贵之家所赠有奴婢牛马等物,多的有奴婢数十户,牛马数十群。每群则九牝(母)一牡(公)。金人习俗夫称妻为"萨那",妻称夫为"爱根"。①颇使人捧腹。

在聘婚财礼方面,世俗很讲究排场。为防止过于侈靡,金朝廷曾作出过一般性的规定。其制是:一品官不得过 700 贯,三品以下不得过 500 贯,五品以下不得过 300 贯,六品以下及上户庶民不得过 200 贯,中下户不得过 100 贯。不过这种等级规定并不严格实行,只要婚姻之家有财力,经双方同意亦不限此数。②其主旨恐是为防止婚家多索聘礼的一种措施。这种据官品户等定聘财多少的办法后来在元代也有相关的规定。

元代民族杂居,各处所行婚礼有多种多样,"事体不一"。有立婚书文约、也有不立婚书,只凭媒妁之言为礼俗。③汉地百姓所行婚礼大体承袭宋代以来传统习俗,结合《家礼》内所定的婚礼,酌古准今为定。其中如新妇登车经行途中设次之礼就由于贫穷之家不能具办而取消。至元八年规定:婚礼进行先后过程为:议婚、纳采、纳币、亲迎、妇见舅姑(公婆)、庙见(拜谒祖先)、女婿见高堂(拜见岳父母)等项目。

元初,北方地区尚沿袭旧风尚,嫁娶时有"传席"、"障车"之俗。传席即在娶新妇时,舆轿到夫家,至大门前,家人则以地毯一席一席地传迎至新妇入门为止,使脚不着地。此制早在唐代就有。障车亦是唐代旧习。即在迎娶新妇到夫家途中,一批亲友及喜欢轧闹猛的人在途中拦住车轿,

---

① 《大金国志》卷 39。
② 《大金国志》卷 35《杂色仪制》。
③ 《通制条格》卷 3。

阻挡车轿前行、进门,同时三番五次多方向婚姻之家索要酒食财物,故意延迟其佳期吉辰。也有一些游手好闲之辈,不守规矩,吵吵嚷嚷刁难婚主,甚至由此发生冲突,导致互相斗殴。变喜乐之事为悲伤之事,从讨采成为讨打了。因此障车之风屡经元政府下令明文禁止,才渐有收敛。

元代在婚姻嫁娶时,民间盛行大吃喜酒。以太原路而言,民间多不量力,娶妻时相互攀比,酒馔丰盛,或者夜间开筵直至通宵达旦,佳肴美酒有荤素菜多至二三十道,按酒有多至二三十桌之多。陕西路一带,媒聘时有吃干羊的风俗。《通制条格》卷4载:"陕西民俗婚姻之家召媒求聘,未尝许肯、先吃干羊。此家未已,彼家复来。"这是一种比附拜门的吃喝风,不仅浪费钱财,而且也会使不富有的婚家超额负担而导致延误婚期。因此在大德元年(公元1297年)经御史台奏请行文禁止,此风稍息,但是否由此而彻底改变就很难定论了。

社会上嫁娶大讲排场,多要聘财,多办筵席,追逐奢华,这种奢侈日增的风气导致贫穷之家倾资破产不能成礼,以致嫁娶失时,争讼不休。对此,元朝廷也曾作出规定:除了要求蒙古、色目人各依本俗及官品另行定夺外,其民间聘财以户等高下定立等第高下为三等。上户金一两,银五两,彩缎六表里,杂用绢四十匹;中户金五钱,银四两,彩缎四表里,杂用绢三十匹;下户金五钱,银三两,彩缎二表里,杂用绢十五匹。①但此条令儿成虚文,民间据贫富自行其是,到了元末奢侈之风愈演愈烈。

离婚

辽金元初期,婚姻上夫妇离异比两宋宽松得多,但亦渐染儒家礼法。

元代在婚姻法上,提倡"人伦之道,夫妇义重,生则同室,死则同穴,期于永久之义"。礼法规定:男子弃妻,须有七出之状以及有三不出之理。此种约束,仍须遵守。②

---

① 《通制条格》卷3。
② 七出指无子、淫佚、不事舅姑、口舌、盗窃、妒嫉、恶疾,犯有其中任何一条,皆可提出离异。三不出指妇人已经持服舅姑(公婆)之丧、男子娶妇时地位低贱后富贵起来、妇人有所受而无所归宗,只要具有以上一条,男女就不得离异。

但是在现实生活中,男女离婚的状况比较复杂。大体说来,在封建家长制下,离婚绝大多数由男方主动提出,凡离异必须明写休书经官府认可方能生效。若夫妻不睦,彼此都自愿离婚,称为"和离",对这种好合好散官府亦予认可。元法制规定:男子不得重婚,若有所犯,其后娶之妻应离异,若后娶之妻已经生儿育女,自愿屈居为小妾身份,亦可以听从。法律还规定:"若已接受过聘财,女子年龄在十五岁以上,五年之内无故而未成婚,或者丈夫逃亡,或远出在外,长期无音讯,不知生死存亡,或者丈夫经商在外,另娶他家女子为妻,女方就可以提出离异或'另行改嫁'。若丈夫违法、犯有图财害命、反逆不道等重罪或远流在外,女方亦可以提出离异,若丈夫仅犯轻罪据法则不能离异。若女子已订婚、未正式成婚出嫁,其丈夫作盗作贼亦可以离异,这与已成婚者不能离异的规定显得较为宽松些。"

民间招召女婿的离婚,大体上与民间婚姻的离异相同。通常要在婚书上写明年限不满,在逃若干日"便同休弃,听从别嫁"之词,这应当是看作对入赘女婿的约束。

元代北方地区还流行着一种以金钱财物作交易的买休、卖休的习俗。男女双方不合,无法相处,或女子无七出及三不出条款而男方另有新爱,出一些财物进行买休,女方亦因贪图钱财予以接受而卖休,这在元政府看来是"有伤风教"的行为,曾下令禁止,不过法律上规定夫妇不睦可以和离,这就会有隙可乘,难免会出现买休、卖休之事。①

三、生育与寿诞

生育子女是人类自身繁衍、劳动力再生产的过程,在封建社会里,它又是家族主义的血统传承。父母年老多病,要有子女侍养,田地财产私有,要有子女后代继承。因此传宗接代的生育问题,自始至终被认为是人生中的大事。

在辽金元社会中,人们十分重视生育和庆贺生日的庆诞活动,并有种

---

① 《通制条格》卷4记载离婚的案例多件,详可参阅。

种风俗习惯。其中,重男轻女的现象十分突出而成为定势。生儿称"弄璋",生女称"弄瓦",以玉与瓦相比喻,形象地说明了对生育男子的重视,俗语所谓"不孝有三,无后为大",也是指男子在家庭接续中的重要地位。由于女子生育后要抚养,长大后要出嫁,要为她办嫁妆,出嫁后成为他姓门户中人,俗话说女子出嫁犹如"泼出去的水",说明社会上重男轻女的实际情况。

富贵人家生女孩不存在抚养和出嫁时赔门钱财的费用,但在贫穷的家庭里无疑就成为生计上的一大负担。因此在穷乡僻壤贫穷之家考虑到家计贫乏和劳动力的接续,往往愿意生男而不愿育女,乃至有弃婴溺女的行为发生。如《通制条格》卷4《女多淹死》条所载元代在西北地区的哈喇火州(今新疆吐鲁番)城子里,生女孩儿多有扔在水里淹死。在内地的江南及荆楚一带,也同样有这种溺女的事件发生。

在辽金元时期各族人民对于生日的理解并不一致认同,女真和蒙古人早期,根本就不知道生日有何等意义,他们仅知道有生年而不知道有生日。只朦胧地记得那一年草青时是他的出生年,而懵然不知道生日究竟在何时。但当他们渐渐接触汉族文明之后,便很快地接受了唐宋以来的传统,采取庆贺生日和祝寿的活动,以增添家庭的和乐与欢庆。

辽代贵族们有举行追忆生日的"再生礼"活动,这是契丹的特殊礼俗,本意是表达人子对母亲生育劬劳的思念,借行此礼以启发子女的孝恩之情。①再生礼即始生之礼,又称"覆诞礼",通常每隔十二年举行一次,有时也可以提前举行。此礼在契丹帝王、太后、太子以及统兵马的大官如夷里堇大王等贵族范围内广为流行。今以辽帝再生礼的奉行仪式为例,略见一斑。

皇帝在行再生礼之前,由有司预先选择好举行仪式的地点,设置产房,名为"再生室",再在室之东南方向依例设植三根岐木,到皇帝诞日,于再生室内置童子一人,产婆(一称"医婆")一人,又在室外置妇人一人,手

---

① 有关再生礼(仪)的意义内涵,可参见《契丹的柴册仪与再生仪》一文,载王民信《契丹史论丛》,台湾学海出版社1973年版。此外,艾荫范在所著《北狄、东夷和华夏传统文明建构》(光明日报出版社2011年版)一书中对辽代再生仪有新的解读。

执酒壶,老叟一人手持矢箙(箭袋)站立于外。此时皇帝慢步走出寝殿来到再生室,脱去朝服,赤着脚,手携童子绕过岐木之下三次,每过一次均由产婆默祷,喃喃致词,祝皇帝安好,并举行拭摩皇帝身体,继之童子又过岐木七次,然后皇帝躺卧在岐木侧旁,由老叟击打矢箙,口中喃喃说道:"生男矣!"于是由太巫捧着布巾覆盖在皇帝头上,产婆也从妇人手中接过法酒奉献,太巫再跟着奉上襁褓、彩结等包扎新生儿的衣服物品,口中念念有词,进行祝赞。又预选老人七人捧着写有皇帝名字的彩帛,跪地进奉给皇帝。然后,皇帝进拜祖先的图画御容,至此仪式完毕。此后举行盛大宴会,群臣百僚向皇帝庆祝再生。①

此种象征生育的仪式是契丹族早期传统。早在契丹先世阻午可汗时就开始实行,到契丹称帝立国之后,礼制更加繁缛隆重。此礼直到辽末仍一直沿承不息。

辽人再生礼定制是每隔十二年举行一次,这大概与北方民族以十二生肖如子鼠、丑牛、寅虎、卯兔每隔十二年轮转一次有关。因为北方民族有过十二年为本命年的风俗习惯。②不过再生礼定制虽为十二年,但亦可变通。据朱子方《辽代复诞礼管窥》一文的考察,辽代举行再生礼见于记载共有二十次。其中完全符合规定的仅有四次,年数虽符合十二年,而月份不符的有四次,不符合十二年的有五次,年岁不详的有七次。其中承天太后于统和二年至四年的三年时间里便曾三次举行再生礼,这就与中原传统每年庆贺生日大致相同了。③由此亦可见定制与实际施行并不一致而带有极大的灵活性,切不可一律看待。

再生礼作为庆贺皇帝生日的仪制,它是在契丹国俗基础上升华的产

---

① 《辽史》卷53《礼志》岁时杂仪。
② 参见赵翼《陔余丛考》卷34《十二相属》条。
③ 朱子方《辽代复诞礼管窥》(载陈述主编《辽金史论集》),认为辽代的再生礼大都是在特殊情况下举行。多与当时重大政治事件发生有密切关系。如祈求和庆祝战争胜利、优礼功勋重臣、居丧延期、因病或因事祭神祈福等。这些都是在传统习俗再生礼基础上赋予新的意义。它已由单纯的个人纪念再生而发展为纪念或预祝国家政权的再生。这是从再生礼的发展演变上看问题,值得参考。

物,但在契丹臣民中亦应有"再生礼"的传习。迄今东北民间还流行着过本命年的风俗。人们每届本命年,虽不举行纪念仪式,但以穿着红裤衩或腰系红腰带来表示纪念和庆贺,追溯源头,颇与契丹皇帝行再生礼时"奉襁褓,彩结"等物以祝赞的仪礼有相似之处。又这种过本命年的风俗在蒙古族、满族中间亦流传甚广。他们多在年初过本命年,届时举行一些带有纪念性的庆贺活动,如饮酒、宴会,亲属朋友间馈赠生日礼物皆是。又据满族老人记忆:居住在北京的满族前辈,一直过本命年,认为本命年为多灾多难之年。每逢此年,要身佩红腰带,为的是祛灾避邪、保佑平安。其中就寓有"祈福"之意。这种过本命年的习俗,看来是源流远长了。①

元代蒙古人的生育视其社会地位有不同习俗。帝王后妃们在生育期前的一个月便要从宫帐中搬迁出来,另行居住在宫外侧旁临时搭建的毡帐中,这种行为大概是为了保持宫帐洁净清爽,不受污秽血腥所染。届时王子、王孙出生则要举行庆贺活动,由皇帝赐给百官金银彩缎。蒙古语称之为"撒答海",即汉语所称的"洗儿礼"。及婴儿满月之后,生母抱着婴儿再搬回宫帐内寝居。此后,就可以过正常生活。②此即汉人习俗中所称的"满月"。通常仍要举办酒席以庆贺,亲戚友朋则馈赠礼物。

不过贫穷的蒙古妇人生育时则简单朴易、少有礼节。《黑鞑事略》载蒙古女子达婆在野地生子,才毕,用羊毛揩抹血污的婴儿后,便用羊毛毡包裹,捆束在小车内,"径扶之马上而行"。她们逐水草而生活,随时要移徙搬家,操劳家务,根本无暇在一定时期内好好休养身体,只能马虎地把小孩捆束起来,而自己则投入游牧生产活动中去。贵贱贫富的差别在生育中反映又是多么地悬殊!

辽金统治者重视生日的庆祝活动。他们沿袭着唐宋以来定皇帝诞生日为节日以示庆祝的传统。如景宗生日为"天清节",圣宗生日为"千龄

---

① 此外尚有与再生仪配套相继进行的柴册仪,参见《中国风俗通史·辽金西夏卷》第191—195页相关论述。又舒焚撰有《辽帝的柴册仪》,载《辽史涉步》(湖北人民出版社2000年版),论述颇详,可供参考。

② 见《元史》卷74《祭祀志》。

节"，道宗生日为"天安节"，天祚帝生日为"天兴节"等。①每逢生日，全国上下举行庆贺活动，"举宴设乐"，大事庆贺，有时且举行赦免罪囚活动，以示皇恩浩荡。《辽史》卷21《道宗纪》载清宁元年十月庚戌，以圣宗在时生辰，赦上京囚即是一例。在庆生日活动时，贵戚大臣以及国外使臣们均有贺表并奉献上隆重的生日礼物。礼物各视其礼数而有异。《辽史》卷95《耶律陈家奴传》载其在重熙年间"会太后生辰进诗，献驯鹿"。五代时北汉、后周及宋，每逢辽帝生日均特派专使前往道贺，使者称"贺生辰使"（一称庆贺生辰使），贺礼特别崇重。此外，辽贵族们包括王公、后妃、公主等亦各自有庆贺生日的活动。可说是君臣同乐、上下同风了。

金代初期女真贵族有用佳辰节日作为自己生日的习俗。在女真族兴起前，他们的生活十分俭朴，只记得生在哪一年，却记不清楚自己的生日究竟在何月、何日。自从他们与汉族接触之后，渐染华风，亦有了庆祝生日的活动。由于他们对出生日月毫无所知，便自作聪明，往往选择传统节日中的一个日期，如元旦、正月十五、端午、七月七日、中秋、重阳等佳节作为自己生日的标志。《大金国志》卷12载："女真旧绝小，正朔所不及。其民不知纪年，问之则曰：'我见草青几度矣！'盖以草青为一岁。"自兵兴以后，寻染华风，帅将生朝，皆自择佳辰。粘罕以正旦、兀室以元夕、乌拽马以上巳（三月三日）、国主亶（金太宗）以七夕。其他如重午、重九、中秋、中元（七月半）下元、四月八日（佛生日）皆然。此种以佳辰节日为君臣生日的活动可说是金人的特殊习俗。

金代皇帝每逢生日，亦必举行盛大的庆贺活动。如金太宗皇统七年生日，宋遣贺生辰使前来道贺。所献礼品就有"金茶器千两，银酒器万两，锦绮千匹"。②丰厚的贺礼对于辽、金两国的统治者来说，无疑是一笔可观的收入，但对宋统治者来说则是年年必须贡奉的沉重负担，不过就政治上来说，则是通过以钱物买睦邻，其目的是修好邦交以靖边庭的安全而已。

---

① 分见《辽史》8、10、27各卷。
② 《大金国志》卷12。

元代蒙古统治者庆生日不像辽代皇帝有具体的生日节名,而统称为"天寿节"。自元世祖忽必烈统一全国以来,凡遇天寿节,自京城大都到地方的路府州县纷纷举行庆祝活动。若以在京为例,届时在京大小官员一齐朝见皇帝进寿,祝"万寿无疆"。地方所在官吏亦率领僧道,在当地大寺庙中行香,遥祝皇帝长寿康健。各地还把庆生日活动与游乐结合起来。届时,搭建山棚、看台、广设百戏、歌舞,大张筵席,欢呼作乐以表庆贺。《通制条格》卷6记载州县庆贺皇帝生日时要勾集诸色社直、行户装扮成佛道神仙、人物故事等种种角色,又预先把设在寺庙中的"万岁牌"迎请到官衙正堂,然后由差役兵丁等抬牌到街衢坊巷及乡野郊村,便于百姓聚观的地方,官吏等一行人物则率领僧道人役抬扛仪仗、坛面,此时众音乐俱作,铙钹、鼓板、箫笛齐奏,幢幡、宝盖、旌旗拓展飘扬,由诸色行户所装扮的社直、娼妓、宫监之类杂七杂八的人员一齐出动,沿着街坊衢巷游行演出,观者如云,人山人海,极尽热闹。因此每逢举行皇帝生日的庆贺活动、国家和政府所花钱财为数甚巨,犹如流水般流淌不息。到了元代末年,国帑匮乏,顺帝为了节约开支,每逢诞日辄下令禁天下屠宰牲口,停止设宴奏乐。顺帝是个末代君主,但他禁杀生、不靡费的生日活动,仍是值得称道的禁侈从俭的举措。①

在辽金元时期,朝野官民也有过生日的祝寿活动。高龄的长寿老人称为"人瑞",由地方官衙申报朝廷,给予一定的物质奖励,如赐米、赐帛之类,并把此荣誉记录在史馆的册籍中。《陔余丛考》卷42载:"《辽史》霸州民李在宥一百三十三岁,赐束帛、锦袍、银带。金世宗次辽水,召见一百二十岁女真老人,其能道太祖开创事迹。上赐之帛。"这是最长寿稀有的老人,故能见之于史籍。

"人生七十古来稀",一个人活到八九十岁,子孙满堂,应该说是有福有寿了。显然这是可以大大地庆祝一番了。《元文类》卷33记载会川有两个尹先生,年皆九十岁,其昆弟二人,亦各自八十余岁,他们兄弟共有九

---

① 《草木子》卷3《杂制》。

个儿子,诸孙有十八人,又有曾孙数十人,可说是福寿双至、合族同庆了。因此,子孙们各尽孝道,每逢朔旦吉辰、举家上下、子孙亲戚、闾里乡邻无分远近,纷纷前来道贺,并"举酒为寿"。此时,连州郡长吏及退休家居的士大夫官僚亦车马连骑,联袂而至以庆贺人瑞。"父老幼稚咸集,莫不歆羡而颂祷焉"的赞慕,道出了地方乡里间庆贺高寿老人的习俗之一斑。

元代蒙古、色目官员多贪婪成性,他们往往借着过生日向下属人员打抽丰、索要钱财、名为祝贺,实为勒索。这几乎已成为一种常规陋习,但也反映出庆祝生日的活动在社会上已普遍成风了。

四、丧葬

死丧为人生大限,当人们执着于迷信时,就会求神拜佛、希图来生福禄双全,长生不老,但这些观念毕竟是虚无缥缈的事。任何人均无法超脱人生终限,不过向往富贵极乐、崇祖敬宗、光大门庭这又是人们普遍的心理状态。由于人们的信仰、观念、财富、权势,以及民族、地缘等条件的不同,人们在死后丧葬上也有各种习俗的差异。

丧事有奢侈与俭朴之别。葬时有大地阴阳之选,葬式是土木水火五行之法,因时、因地、因人而异。中国传统葬式多为土葬中的棺木葬。有钱人家据其身份地位,大搞排场把葬事看作为对死者的崇敬。对生者来说则是显示自己门庭以及尊祖重孝。

在辽金元时期,人们亦遵从上述的传统世俗行为。如近年在山西侯马等地发现的金代汉人墓葬,其墓穴颇似地下宫殿。又有一家为地主建造的砖墓,在四周壁上塑有墓主人和婢仆们的生活情景。又董氏兄弟建造的砖墓刻画、装饰颇为精巧华丽。其墓中四壁砌满雕画砖。北面墙壁雕有堂屋三间,明间设有脚花桌。桌上置牡丹盆花,桌旁坐着墓主人夫妇,两侧站立着一对侍童、侍女,北壁正中还砌有小戏台一座。戏台上有五名涂彩的杂剧砖俑,排成一列,正在作场演出。[①]看来,这对夫妇生前富

---

① 参阅白寿彝主编《中国通史》第6册第374页。

有钱财、追求享乐,酷爱杂剧,并具有一定文化修养。这些富丽奢华的地主建筑正是汉族财主在世时生活的写照。

除汉人外,契丹、女真、蒙古诸族对丧葬也有自己独特的葬俗。

以契丹人来说,他们在早期"死不墓,以马车载尸入山,置于树巅。子孙死,父母旦夕哭;父母死则否,亦无丧期"。这是极简朴的天葬法,也是贱老重幼观念的反映。后来渐渐流行土葬和棺木葬。亡者在死丧后入殓,移置于深山中就算了事。①

契丹人多崇信巫祝。他们认为人死后灵魂不灭。据《辽史》卷50《礼志二》记载:契丹帝族死后由小殓到大殓入葬过程中的礼仪大致如下述:

天子新崩之夕,新皇帝约在四鼓终,天色未明之际,着白色丧服,率领群臣到灵柩前临哭,致奠,完毕后奉灵柩出殿门,安置在辒辌车上的素缛上,由巫者祝告,祓除不祥。天明,发车至祭所,先后致奠达五次,再由太巫祈禳,参加吊唁者各以次第致祭于灵柩前,称为"食馂之次",然后以衣服、弓矢、鞍勒、图画、马驼、仪卫等所祭物品焚烧,灵车继续缓行至山陵所在。入葬毕,皇帝上哀册,致奠,东向再拜天地。次日天明,复举行初奠,升御容殿,授给皇族外戚及大臣遗物。又次日,举行再奠之礼,辞陵起驾回宫。葬仪前后凡三日。②辽代皇帝此种丧葬礼仪,已是采用汉制,但仍夹杂着契丹的部分遗俗。

契丹贵族也有以身殉葬的陈旧葬俗。如辽太祖死,葬于木叶山,述律后哀痛至极,欲以身殉。后经亲属百官极力劝说才未实行,但她仍挥刀斩断自己的右腕,置于太祖柩中。这种以腕代身的行为表示契丹初期仍有殉葬的遗存。

---

① 《新唐书》卷219《北狄·契丹传》。
② 《辽史·礼志》载辽道宗的丧葬仪制是:小殓之际,皇族、外戚诸官服"白枲衣巾以入,哭临"。吊唁者"各以次荐奠,进鞍马、衣袭、犀玉带等物,表列其数,读讫焚表……"先帝小殓前一日,皇帝丧服上香,奠酒,哭临。其夜小殓。次日,主丧事者以所赙器物置之幽宫(墓穴),灵柩升车,亲王推之,至"食馂之次"(路祭),皇族、外戚诸京州官以次致祭。至葬所,灵柩降车就舆,是夕,皇帝入陵寝,授遗物于宗室、外戚及诸大臣,乃出。行初奠、再奠之礼,辞陵而回。

金代女真贵族仍有沿承契丹人殉遗风。他们的习俗是把死者生前所宠爱的奴婢以及所乘鞍马及日常用品,随身埋葬,对所有祭祀饮食之物用火焚烧,俗称"烧饭"。此"烧饭"之俗蒙古人亦沿袭。叶子奇《草木子》卷3《杂制》云:"元朝人死,致祭曰烧饭。其大祭则烧马。"看来元人"烧饭"之俗乃是契丹、女真习俗的遗传。①

以上所述主要是讲契丹贵族丧葬之俗,但契丹普通平民则十分俭朴。通常他们在父母死后三年,要收敛父母尸骨加以焚烧,并向鬼神祷祝。其辞云:"若我射猎时,使我多得猪、鹿。"这是相信灵魂不灭,向已死父母祈求托福,使自己在现实生活中多获得猎物的一种表现吧。后来火葬成为辽代社会主要丧葬形式。

女真人对人生看法是"贵壮贱老"。人到老年在田猎社会中被认为价值已逐渐丧失,于社会无用。他们对疾病的发生也缺乏正确认识,不像汉族那样采取医药治疗。他们尚巫祝,有病时则请巫者祈祷、袚除不祥,又宰杀牛羊猪狗以禳灾消祸,所用牲畜毫不痛惜。贫穷之家甚至有出卖子女,买来牛羊祭祷,或者用车载病人到深山大谷中以避灾祸。其人一旦死亡,家属和近亲则痛哭流涕,大声高叫,且会以刀劙面,血泪齐下,称为"送血泪",以此表示哀痛。至于富贵者则杀所乘马匹以祭。

女真人死后直接以尸体入土埋葬,而不是行汉人的棺木葬,故通常无棺柩。又女真人死后亦有用火葬。《三朝北盟会编》载宋使臣陈过庭出使金廷得病身亡,金人即以"北俗焚之"。其随从卒役痛哭不已,自割股肉投于火中,曰:"此肉与公同焚",以表悲哀。这是行火化之俗,也是杀殉中一种变型。②

此外,女真人且有一种夺尸之俗。如太祖祖先完颜部长石鲁死于行途中,其尸为乌林答部抢走。完颜部人获讯后,发动族人前去抢回,但未

---

① 陈述《谈辽金元"烧饭"之俗》(载《历史研究》1980年第5期)、贾敬颜《"烧饭"之俗小议》(载《中央民族学院学报》1982年第1期)、宋德金《"烧饭"琐议》(载《中国史研究》1983年第2期)可供参考。

② 《宋人轶事汇编》卷14引《三朝北盟会编》。

到家,又被加古部夺去。①这种夺尸之俗当是部族间寻仇的一种报复行为,也有一说是指部落间为表示自己部落强大、以抢尸方式用以威慑他部以取得他部拥护的一种习俗。

契丹富贵人家的葬俗随葬品颇多。辽穆宗时期一个贵族的墓葬中便发现有大量随葬物品。其中有精美的金银器、玛瑙器、丝绣织品、服饰和大批成组的马具与盔甲、刀剑、矛镞等武器以及各类生活用具等。②

辽代契丹族还有一种特殊的葬俗,多用在贵族身上。其法是在死亡人身上穿着铜丝网络,和各式银铜面具,以及鎏金冠、铜底靴、铜胸牌等物。有的尸上自头到脚凡头、胸、背、左右臂、手、腿、足都缠上铜丝网络。铜面具外部鎏金,上额有丝织品帽额装饰,里边有丝织品衬垫,后部和下颚有丝织品带结。铜胸牌表面上还刻有佛教经文。铜靴底用薄铜片打制而成套在尸者足上,尸体东向陈列在石床或木床上。③这种奇特尸葬即是在人死后用净化方法作"木乃伊"式处理后在尸体上再加富丽装饰。这种葬俗据文惟简《虏廷事实》记载,乃是契丹富贵人家死后,将尸体用刀剖开腹部、取出肠胃、洗涤干净、腹内充实以香药、盐、矾,然后以彩线缝合,又用尖苇筒刺皮肤,使体内的膏血一点一滴地从小孔中流出,俾使尸体收缩,然后以金银为面具,铜丝网络缠其手足,制作才算完成。又辽太宗耶律德光军行至河北栾城得病身死,"契丹人剖其尸、摘去肠胃、以盐沃之,载而北去。汉人目之为帝羓焉"④。即是上述方法的简化处理。又《辽史拾遗》卷3记载:宋末元祐七年(公元1092年)辽贺正使耶律迪死于滑州。契丹人"倒悬其尸,出滓秽口鼻中,以笔管刺皮肤出血水,用白矾涂尸令瘦。但令支骨以归"。也是用这种防腐法处理。至于用"金银为面具,铜

---

① 见《新唐书》卷219《北狄·靺鞨传》。
② 《赤峰县大营子辽墓发掘报告》(载《考古学报》1956年3期)、金毓黻《辽国驸马赠卫国王墓志铭考证》。
③ 见厉鹗《辽史拾遗》卷3。按穿着铜丝网络、戴面具、念经咒这当与契丹人崇尚巫觋及信佛等宗教迷信有关。
④ 见《旧五代史》卷137《契丹传》。

丝网络其手足",这在辽人墓葬中屡有发现。①

与契丹、女真处地邻近的渤海人其葬式也是入土葬和棺木葬同时存在。初期他们不用葬具,保持着传统的"以身衬土"的遗俗。后来才采取棺木葬。其贵族墓室多用砖筑成,有碑刻壁画并埋有许多随葬品,这与汉族地主葬法基本无多大差别,所不同的是他们墓上建筑物仍保持着"冢上作屋"的特殊风貌。②

再说元代蒙古人葬法。

元代蒙古人葬俗前后期有所不同。前期常从事征战,若从军战死,即用马牛驮其尸以归,否则就倾其所有资财就地埋葬。若从军时有奴婢随从,奴婢能自驮其主尸以归乡土,则给以畜产作为赏赐。若由友人搬送回籍则死者之妻及畜产尽数归其所有。不过这种不尽如人意的奖励办法仅行于蒙古初期,到了元朝统治时期已不再多见了。③

元代丧葬不大讲究唐宋以来的礼法仪制。民俗所盛行注重形式,不仅在祭祀时铺张浪费,甚至不惜倾家荡产以追求声乐、器玩的侈盛,而对死者棺柩衣食等物则不甚讲求。又崇尚迷信、极喜欢做佛事。人死后,家属广招佛徒,作法念经,须经旬月作斋布施,而对于礼法中的缞麻哭踊这类则视为虚文。

祭仪之设对有财势的贵人是不难做到的,但做佛事则无论贫贱富贵,人人都要应付这种习俗,认为若不如此就有亏于祖宗。丧祭重佛事,这当与蒙古人上下崇信佛教有关。

元初蒙古人死后还保留着一种奇特的习俗。他们在亲人死后,不问父母子孙以及上下辈分,必将尸体搬出庐帐摆好,家中人不论长幼,依次对尸体各鞭打七下,又对着尸体发咒道:"汝今往矣,不可复入吾家。"这当是蒙古人素信鬼魂之说,害怕入屋作祟的观念反映。接着他们还用刀把

---

① 杜承武:《辽代墓葬出土的铜丝网络与面具》,载《辽金史论集》。
② 《旧唐书·北狄·浮海靺鞨传》。
③ 见《黑鞑事略》。

尸体分割为手、足、肢体成三四段,又用刀剜搅尸腹肠胃,据称这是为了使魂魄不再滞恋在腹内不去。在洗涤之后再把水银和盐纳入尸腹,用线缝好。其刀断手足肢体部分一一叠好,再用马革包裹尸体放入棺中。此种葬法见之于《识余》卷1引《大义略叙》。

在元代蒙古帝后也有其特殊的丧葬礼俗。其法是:凡帝后有重病,猜度已无法治愈,便预先把病人移到宫帐之外为之特设的毡帐里,与生者隔离开来。若一旦死亡,立即行殡殓之礼,每日用羊两次、"烧饭"作祭,佛事要做七七四十九日,俗称"做七"。此礼记载于《元史·祭祀志》中。

蒙古皇帝入葬所用棺材系采用香楠木特制而成,在大木中间分剖为两大片,刳削如死者形状,长短广狭恰好能容纳尸体。入殓时,衣服用貂皮袄、皮帽,其他随身靴袜、系腰、盆、钵等物品俱用白粉皮制成。葬物有金壶瓶、盏、碗、楪、匙、箸等日常用具。入殓毕,用黄金三四条为箍,由上而下紧箍棺木,然后加油漆。出葬时,灵车用白毡青色缘边,以织锦"纳失失"制成帷幕,棺上覆盖棺衣也用"纳失失"笼罩。灵柩前行,用蒙古巫媪一人服新衣、骑白马,又牵着一匹以黄金装饰鞍辔的马,亦笼以"纳失失",俗称之为"金灵马"。每日三次,用羊奠祭。至葬地深埋。棺材入土时,把预先开墓穴时所搬出的土方一一重复填没。余下土方则远运到其他地方。既葬之后,即用万马蹴平,到明年春草既生,则解禁、撤去护卫人员。此时,丛草已漫布平坡,其所葬陵墓究在何处,已是无法辨认了。至于送葬致祭官员,不逼近陵寝之地,系居停在五里之外,每日一次以所祭物品焚烧。致祭凡经三年,然后返程。①

元代蒙古帝王此种丧葬法早在成吉思汗时即已行之。成吉思汗在征讨西夏时,途中病死。其灵柩远道运送回漠北营葬,一路之上逢到行人即杀之灭口。灵柩入土后用万马践踏,使不可辨认,在远离葬地周围数十百里范围内布满军马驻守。周年之后草木丛生时,军队始解严。但此时已

---

① 《草木子》卷3《杂制》篇云:"以黄金为圈,三圈定,送至其直北园寝之地深埋之。"则是用金圈三条。又棺木材料作"桄木"。桄木,出岭南苍梧郡。所记不一,因传闻不同。

不知葬地究竟在何处了。①故成吉思汗葬地只能略知其大概方位而已,其确切地点究竟在什么地方,迄今仍是一个永远揭不开的谜。今日内蒙成吉思汗陵寝,只是作为象征性的"衣冠冢"。其气魄宏伟只是后人的一种装置,以志纪念而已。

中国历代帝王送终之礼至秦始皇时可说是登峰造极、最为侈靡。聚穷天下财力以崇山陵所藏,甚至以后宫宫女殉葬。但坟土未干而国亡陵盗。其后如汉、唐、宋诸帝葬时埋藏宝物亦多。汉代所用葬费,自新帝即位之年起便以"上供"钱帛的一半以经营陵园。唐代前期帝王则在生前预作陵园。但多埋珍宝,当国家变乱蒙难之际,帝王陵墓多遭盗掘,以致形体暴露,财宝被掏尽,非但无益,而且有害。元代帝王这种特殊的丧葬法,无疑是蒙古人的特创,是汉唐以来所未见的。它不让人们知道确切的埋葬地点,严守秘密,恐怕是与为了安全,防范陵墓被盗有关吧!

五、 妇女在家庭中的地位

契丹、女真、蒙古人的生产关系以渔猎畜牧为生,妇女在生产劳动中所占的时间比较多。她们在家庭和社会上所处的地位也比之以农业为基础、以儒家伦理道德观念为精神支柱的汉族妇女有着很大的差别。她们除负担家庭中妇女应做的事以外,还随着其家庭进行渔猎牧放、逐水草而居、放养牧群。有些贵族妇女甚至参加社交和政治活动,若有外敌来扰则上马弯弓射箭、参与战斗,故其主动性特强。②

辽代太祖阿保机的建国立号,与他的妻子述律氏的积极活动分不开。史称太祖每逢国家军旅之事,无不与述律后商量。即使在接见外国使臣

---

① 《黑鞑事略》云:"其墓无冢,以马践踏使如平地。若铁木真之墓,插矢以为垣,阔余三十里,逻骑以为衡。"蒙古初起时西方传教士加宾尼对蒙古丧葬习俗有细致的记载,可参见《出使蒙古记》第13—15页。

② 关于辽金元时期妇女的社会活动情况、社会阶层地位、在政治生活中作用的论述,可参考张国庆等著《中国妇女通史·辽金西夏卷》,以及陈高华著《中国妇女通史·元代卷》相关章节的论述,杭州出版社2011年版。

谈话时,述律后也与太祖同榻共坐,参议政事。《辽史·后妃传》称:述律后行兵御众,亦尝与太祖共谋。太祖出兵远击党项时,室韦部众乘虚前来攻袭。述律后指挥自若,勒兵奋击,大破室韦,名震诸夷蕃落之间。她又能知人用人,识别汉士韩延徽有治国才能,向太祖推荐并礼用韩延徽知政,引为谋主。太祖平定渤海时,述律后亦参与其谋。及太祖死,述律后且称制,总摄军国大事,使辽国渡过危难时刻而获得稳定。再则辽太宗皇后萧氏,也是一个"虽军旅田猎必与"的人物。此后世宗皇后也继承这一传统,每当军国有事,则"与参帷幄,密赞大谋"。圣宗的母亲承天太后,亦颇有才略,她在景宗死后亲摄国政,在"子弱族雄、边防未靖"的情况下,引用耶律斜轸、韩德让等人,共参大政。她以"明达治道、闻善必从"、"习知军政"闻名,使辽国臻于兴隆。与宋交兵,澶渊之役,亲御戎军,指麾三军,赏罚明信,将士用命。史书称圣宗为辽一代盛主,这与承天太后躬与军政是密不可分的。又兴宗仁懿皇后,亦参与政事,办事明决果断。道宗即位后,宗室权重,屡有谋反作乱之事发生。仁懿皇后襄赞道宗,预先作好防备,当耶律重元谋叛时,她亲率卫士,大破逆党。辽代妇女这类参与军国要务,且能指挥若定,这在汉族王朝的历史上却是少见的。《辽史》卷71《后妃传论》云:"辽以鞍马为家,后妃往往长于射御,军旅田猎未尝不从。如应天之奋击室韦,承天之御戎澶渊,仁懿之亲破重元,古所未有,亦其俗也。"①说明了契丹族生产形态与风俗习惯、妇女在社会中的地位彼此间是紧密相连并互为依存的。

元代蒙古妇女的习俗亦有与契丹妇女相类似的记载。如蒙古初期成吉思汗(铁木真)先世蔑年土敦妻莫拏伦,夫亡,主持家事,札剌亦儿部人欺其寡居子弱,欲掠夺其家牲畜。莫拏伦即率诸子妇戴甲负弩与札剌亦儿部人战斗。此事见于《蒙古秘史》。又成吉思汗之母诃额伦(《元史》作月伦)在其夫也速该死后,躬自抚养诸子,部人看她夫死,贫弱不济,纷纷

---

① 辽代不仅后妃如上所述,即使是皇家公主,亦多具有政治才能。《辽史》卷65《公主表》中即有此类事迹记载。文多,此不备举。

离开本部帐幕去投奔泰赤乌部,诃额伦怒其叛离,便"麾旗将兵,躬自追叛者,驱其大半而还"①。

蒙古时期每逢大汗死亡后,新汗未产生前,宗室诸王聚集,在库里尔台大会上推选出新可汗,在此期间,凡国家军政大事,皆由皇后承制而行。从此制度中也可看出游牧族妇女的社会地位。她们参与军马之事,刚健有为,果断行事,远非汉族妇女讲究三从四德、不出闺门、坚守妇节、纤弱无能的状况所可比拟。

辽金元妇女由于较少受到儒家礼教的束缚,其婚姻的离合,亦比较汉族妇女自由,行亦较活泼、放浪,公主再嫁、三嫁之事屡有所见。据《宋人轶事汇编》下引《儒林公议》所载:刘六符之兄刘三嘏系幽州人,以恩遇尚辽公主。约当北宋庆历年间,三嘏携妾、子南奔投宋。自称理由是"伪公主凶狠,皆有所私嬖,今久已并离异……虏主逼之再合,恐妾、子会被其所害"。又同书引《轩渠录》说:"(南宋)绍兴辛巳(公元1161年)女真兴兵南侵宋境。宋遣将于淮南劫寨,于军幕中得到寄自燕山的来书一束,约十余封,其中多是女真军队将卒所寄。内中有一封函件,并无其他多余语言,只是一首诗、二十六个字。书云:'垂杨传语山丹,你到江南艰难。你那里讨个南婆,我这里嫁个契丹。'"诗的内容吐露出妇人垂杨的心声,丈夫山丹从军远别,我守闺门已不耐烦,我要另找新欢了。这说明在金人统治下北方幽燕地区妇女在婚姻离合上是比较随意。

辽金妇女婚姻离异既比较自由、不受束缚,另一方面他们的节烈观念也相应较为淡薄。《辽史》卷107《列女传》说道:"辽据北方,风化视中土为疏,终辽之世,得贤女二、烈女三",这与唐书、宋史的烈女传中所载守节之事众多的情况可说是天壤之别、不可相比了。

在元代统治下,汉族江南地区的妇女与北方辽金妇女相比,则颇不一样,她们由于长期受到儒家思想影响,尤其是经宋元道学家所鼓吹的"三

---

① 《蒙古秘史》。又《元史》卷1《太祖纪》亦载此事。此亦可见蒙古妇女刚健之风,与汉族妇女柔弱无能,迥不相同。

从四德"、"从一而终"、"饿死事小,失节事大"等思想教育,自小到大,已深入人心。她们的身心早受到家庭和社会思想束缚而不能自拔,她们行为保守、谨慎,践行妇德教育,不出闺门、男女授受不亲,并以贞顺、节烈自相标榜。据《元史·列女传》记载,传中就有187位女性以贞顺、节烈的事迹被载于史册。其数量之多,事迹范围之广,可说是历代所无。这些妇女绝大多数受到舆论推崇和官府恩奖。她们或被"旌表门闾",或被"录付史册"并作为妇女的榜样而传名于世。

元代妇女效法前代贞女、节妇的行为,突出地表现在自愿为丈夫殉节。此类事例,在《辍耕录》和《草木子》一类书中多有记载,而在《元史·列女传》中亦屡见,其中节烈妇人就有五六十人之多,其范围甚广,遍布于妇女各阶层中,她们上自皇室妃嫔、百官妻室,下至城乡社邑平民妇女,几乎应有尽有。例如汴梁儒生孟志刚妻衣氏,夫死无子,衣氏招匠人作大棺,当天夜里,她具备鸡黍等食品祭奠亡夫,又把家中所有财物分送给邻里及同居老媪,说道:"吾闻一马不被二鞍,吾夫既死,与之同棺共穴可也。"遂自刎而死。这事例发生地点在河南开封,为北方地区,但南方亦有与此相似之例。如元初在今福建漳州有万户府知事阚文兴与乱军作战身死,其妻王氏被乱兵所掠。她"义不受辱",在逃脱后,亲负夫尸还家,自己亦"积薪"自焚,以身殉夫。此外,亦有妇人已过门尚未合巹为未婚夫殉节的事例。如有柳氏之女许嫁给户部主事赵野为妻,未成婚而夫死,其兄长强迫她另嫁他门。柳氏哭泣甚哀,誓不再嫁,并对其兄长说:"业已归赵氏,虽未成婚,而夫妇之礼已定矣。虽冻饿死,岂有他志哉!"此后柳氏遂守志不移,及身患疾病,不肯服药而死。又当元末社会动乱之时,也有多起女子守节殉志的事发生。如余阙,守备安庆,军败城陷,余阙自杀,妻子同时自尽。衢州龙游县妇女何氏为乱兵所掠,"义不受辱,投江而死"。江西吉安敖城有旷家妇人,为盗贼所掠欲妻之。妇人不愿受欺凌,乃"守节自尽"并自写"遗书"以寄其志。又绍兴路有一及笄女子,其父母闻朝廷欲招天下女子入宫的讹言,遂乱点鸳鸯谱,强逼她随便嫁人。及定情之夕,此女怨愤自杀。又《闻见偶录》记载元末朱元璋攻苏州张士诚军,张士诚女婿潘元绍守城不敌,自杀身亡,其家眷中一妻六妾合室自缢而死。①

从以上诸例中,可以看到,辽金时代契丹、女真族妇女参与军国之事,对待婚姻离合上比较自由,不受束缚,反观元统治下妇女的节烈观比较突出,思想拘谨自守。这种差别只能从生产形态的差异和接受儒家思想文化的深浅程度上加以解释。

当然在各时代也有个别相反的妇女为夫殉节之事。《辽史》卷107《列女传》载耶述律之妻萧氏,夫亡,萧氏"极哀毁……既葬……自刃而卒"。又耶律中娶妻萧氏,与金兵战,死于军。萧氏跃马突出,至中死所,自杀。均不能以儒家伦理思想规范之。

---

① 清褚人穫《坚瓠补集》卷3《七姬庙》亦记其事。又有张羽为七姬作传、宋克为之撰碑并作诗赞颂。其节烈事迹经文士们宣传广布民间。又《坚瓠九集》卷1《元宫女》条引《逐鹿记》称:元亡,宫人被明军解送至京。其中有一女子,义不再生,"留诗触石"而死。元掖庭中有宫女殉节亦为少见。

第六章 社会交往

一、社交礼俗

人们在社会活动中,总会发生一定的社交方式,有一定的礼仪和习俗。如名字称谓、送往迎来的礼节、事物的忌讳、社会各色人物的交往等等。这些在契丹、女真、蒙古诸民族中都有鲜明的反映。

1. 姓名称谓

姓是标志氏族家庭的称号。早在周代即已用之。

契丹、女真、蒙古诸北方民族,当其初起时生活质朴粗犷。他们的姓名称谓受各自传统习惯的影响,与汉人颇有不同,其特点是以部族为姓,命名比较俚俗,多以生活中常见词作为小名。在辽代初期契丹人并无用姓的习惯,他们系以部落为姓氏。辽的先世分为八部,先后有大贺氏、遥辇氏、世里氏(一称涅里)。这三个氏族,部落相继执掌氏族部落的军政权力,最后由世里氏的后裔耶律阿保机统一诸部,建立辽国。自此,凡契丹族之大贺、遥辇与世里三氏部落被统一起来,以耶律为姓,号称"三耶律"。

又契丹行部落世婚制。辽代外戚先世为审密氏,后分为二支:一支为"拔里",另一支为"乙室己"。至辽太祖娶述律氏为皇后。大同元年,太宗南征中原,以述律之弟外戚小汉留镇汴州,任节度使,乃采中原姓氏习俗,改为萧氏,名萧翰。自此之后,辽代凡"拔里"、"乙室己"、"述律"三个氏族部落统统改姓为萧氏。

从上举两例中可以看出:在部族制社会中,氏族以部落为单位,其称呼是以部落或居地的名称来称呼其氏族成员的,及其进入农业定居区后,接受了汉文化的影响,遂以部落的"氏",改称为"姓",如耶律氏、萧氏。故凡称同一姓的人只是表明其氏族部落的并合关系,它并不相同于汉族社会中出于同宗、共祖的血缘关系的承袭。

在辽代,耶律氏被尊为国姓,以区别其他姓氏。但在耶律国姓之中也有亲疏的区别。凡皇族世里氏这一支族,在辽代史书中通称为"横帐",亦即汉人习俗所称的帝室、皇族。在横帐里,又有"三父房"、"五院"、"六院"的亲疏之别。其祖先肃祖以下宗族称"五院"、"六院",德祖以下宗族称"三父房"。因此姓耶律氏只是表明他是契丹贵族的国姓,他们与横帐之五院、六院、三父房并无直接的血胤关系。犹如唐代国姓李氏,系出于北族鲜卑之大野氏,而国内尚有陇西李氏、赵郡李氏以及其他李姓。对于契丹的姓,亦当作如此理解。在《辽史》诸列传中,常见有很多人物传记的姓称耶律、萧氏便是有这个缘故。

在中国历史上凡由部落制进入到农业社会并实行汉化后,必然会产生改易姓氏的过程。金人初起前,女真有十二部之多。其后完颜部兴盛,于是诸部皆以完颜为姓氏。在金史中,有宗室完颜、疏族同姓完颜两种。例如石土门、迪乃古是疏族同姓完颜,欢都则是完颜部的异姓完颜。大抵在世宗、章宗之世,皇族一般称呼为"宗室"或呼为"内族",书名不书氏,用此以与一般的完颜部人分别开来。但到了宣宗以后,凡皇族、疏族、部族不问亲疏宗庶,一概统称完颜为姓。于是遂相混通而不加区别。①

金人初起时,女真诸部又各以居地为姓氏,有二字、三字的姓。《金史》中所载如乌林答、乌古论、纥石烈、温迪罕等均为三字姓。②

《辽史》卷69《部族表》说:"部落之名,姓氏之号,得其音而未得其字,历代踵讹,艰于考索。"这不仅指辽代而言,在金元时代又何尝不是如此。金代章宗之世,由于病北族姓氏书写繁复,同音异译,曾下令改从汉人文字,"命有司定著而一之。"看来,辽、金、元之北族由于部落姓氏的改变以及北族的汉字音译的不统一,致使辽、金、元的北族姓氏很难得到一一的辨认与考索,这正是由部落制走向汉化过程中在姓氏上的一种反映,因而

---

① 《金史》卷59《宗室表序》。
② 如乌林答姓氏有乌林答晖、乌林答复。乌古论有乌古论蒲鲁虎、乌古论粘没合、乌古论忠德升。纥石烈姓氏有纥石烈胡剌、纥石烈良弼。温迪罕姓氏有温迪罕蒲里特、温迪罕移室懣均是以部落居地称呼而改为三字姓。又金人有孛尤鲁定方,到元代又有孛尤鲁翀、孛尤鲁亦为三字姓。

这种"历代踵讹,艰于考索"的现象,终于是不可避免的事。

再以蒙古初期的姓氏来说,元太祖铁木真是蒙古(一称蒙兀儿)部人,姓"奇渥温"氏,妻族"弘(一作翁)吉剌"氏,元成宗后及文宗之后妃为"伯岳吾"(一称伯牙吾)氏均是以氏族部落名称而称呼其姓氏。《黑鞑事略》说:"其称谓有小名而无姓。"其实,非无姓,而是以部落之名为姓氏。诸如此类的事例甚多,此不多述。

由少数民族的姓氏改为汉姓是一种文化认同。它是历史过程中由二元走向一元的融合过程中必然会产生的事。元初,著名文士廉希宪本是维吾尔人,父亲为回鹘王,后归附于元朝,官拜廉访使。这时适逢其妻生子,取姓名为廉希宪。其父自称:"吾闻古者以官为姓",遂择廉访使官名的头个字"廉"字为姓,名其子为廉希宪便是一个循汉化而改姓名的实证。①

2. 取名命字

辽金元人取名用字颇多俚俗,通常以僧道神仙、吉祥喜庆、贱字丑字乃至用牲畜之名来称呼和命名。

以僧道神仙命名的例子很多,见于记载的有:和尚、丑和尚、陈和尚、老和尚、佛留、大佛留、顽僧、山僧、道僧、记僧、福僧、万僧、观音、观音保、仙童、道童、三宝、谷神、神土门等。有些人且在佛道神仙之名后再缀以"奴"字,用此以表明他们对佛道神仙的崇拜和虔信的态度。如史籍中有观音奴、文殊奴、普贤奴、老君奴、金刚奴、大悲奴、罗汉奴、药师奴、佛奴、三宝奴、僧家奴、佛家奴、寺家奴等等。这些命名当与他们的宗教信仰以及祈求神佛仙道保佑的心态有关。

再则,辽金元人以吉祥喜庆福寿之类的美字命名也属不少。见于史传的有:庆童、庆孙、福海、福兴、福童、福寿、鹤寿、长寿、海寿、寿童、寿孙、松寿、山寿、延寿、可喜、合喜、阿喜、重喜、宝哥、宝宝、长吉、长乐、太平等等。

除上举以佛道神仙命名下缀"奴"字外,还有在称某姓或其他称呼之

---

① 《元史》卷126《廉希宪传》,又《辍耕录》卷2。

下再缀以"奴字"也有很多例子。史载有张奴、张家奴、王家奴、韩家奴、金家奴、谢家奴、汪家奴、李家奴、高家奴、文家奴、大家奴、众家奴、百家奴、千家奴、万家奴、天下奴、高山奴、官奴、元奴、万奴、丑奴、乞奴、留奴，诸此等等不一而足。又称某某奴者在史传上通常也不止一二人。以见于《元史》为例，称"众家奴"有四人，"李家奴"有六人，称"买奴"且有九人之多。

奴为身份极卑贱者的称呼。如汉人之称奴婢、奴仆。但以奴为名字，从某家某姓到百家、千家、万家乃至天下皆缀以奴字，可见在社会上确是已成一种风气。从人们的生活和心理上看，奴虽是最卑贱，但卑贱者也最容易成长。这当是北族人为祈求子孙容易成长成人的一种心理慰藉吧！

辽金元人也常以普通的俗语如阿、哥、儿、留、住、乞、买、得等字来命名。如以阿为名的有阿力、阿台、阿失、阿禾、阿沙、阿保、阿利、阿剌、阿束、阿钵、阿黑、阿怜、阿撒、阿营、阿聒等。其中阿里之名在《元史》名录中就有十七人之多。又以哥字为名的有五哥、七哥、八哥、九哥、十哥、小哥、长哥、宝哥、贵哥、喜哥、忙哥、羊哥、定哥、乞哥、速哥、蒙哥、秃哥、桑哥、铁哥、盆哥、蛙哥、遂哥、赛哥、留哥、僧哥、常哥、刘哥、燕哥、化哥、涅哥、刺哥、达剌哥、银尤哥、铁木哥等。又以儿字命名的也很多。如六儿、乞儿、抄儿、朵儿、羊儿、马儿、狗儿、驴儿、牛儿、猪儿、山儿、丑儿、兀马儿等。又以住、留、乞、买、得等字为名的如九住、咬住、拜住、善住、改住、换住、锁住；留奴、佛留；乞儿、乞奴、乞住、乞哥；买奴、买驴、拾得等等。这当是小名从俗，从卑贱者易活起意，表示新生儿能留得住，能平安过日子的俗态吧！

从以上这些命名来看，游牧族命名虽受到汉族文化的影响，但鲜明地带有本民族的固有传统的特色。他们为人质朴无华，文化根基较浅，极易受生活环境以及宗教迷信如佛道神仙之类的思想影响，这些名字还多沿用习惯而称呼小名，后来即使入朝做了官，地位上升到统治阶级的行列之中仍沿用不改，并不由此而感到卑贱和羞耻，也不感到文化上的不雅驯。因此，这小名、贱名、丑名亦保存在堂堂的官修史书中。当然也有一些人在接受汉文化影响后，觉得名字并不雅驯而改为汉名。如金代完颜三宝改名为完颜奕,完颜谷神改名为完颜希尹,便透露出由崇信佛道神仙转而崇重儒学文化的信息。再如上述元代文士廉希宪的名字也是同属这一类例。不过更多的人仍是保留着本族习俗而命名的时代特色。

金元时期汉族中庶民百姓的命名也有值得称述的地方。如元代朝廷规定:庶民百姓不得正式取名,民间习惯上采用数字记名法。即在数字中寓寄有次序排行,藉此分别上下长幼,为了避免与别人的数字记名有重复雷同之嫌,又把父母年龄加上合计。清人俞樾在《春在堂随笔》卷5中记载徐诚庵所见《蔾氏家谱》,其中有小注云:"元制,庶民无职者不许取名,此以行第及父母年齿合计为名。"这类数字记名法实例颇多。如元末朱元璋的父亲叫"五四",二哥叫"重六",三哥叫"重七",朱元璋叫"重八"。他做了明代的开国皇帝之后,才正式改名为元璋。又朱元璋的将领常遇春的曾祖叫"五一"、祖父叫"六一"、父亲叫"七一"。元末割据江南苏州一带的张士诚,小名叫"九四"都是极为明显的例子。

此外,金元时期还有在数字加缀斤两中的"斤"字与数字连名。如称五斤、六斤、七斤、八斤、九斤等。在《九史同名录》中,就曾列举同名字者有十一个"六斤";十个"七斤"的名字。鲁迅小说中耐人寻味的九斤老太其儿子叫"七斤",儿媳叫"七斤嫂",七斤嫂的儿子叫"六斤"。这个在民国初浙江绍兴人仍以数字下缀斤字的习俗,若上溯其渊源至少可以推算到元代。

元代在数字命名之下,也有缀以郎、官、秀等字以称呼其人的。《柳南随笔》卷5引江阴汤廷尉《公余日录》所载云:明初间里称呼有二等:一曰"秀";一曰"郎"。称秀的人是故家大族,有门第名望;称郎的人是寒门单族,在社会上处于无地位、无名气的群小之辈。至于称"秀"字的常称曰某几秀、称"郎"字的常曰某几郎。彼此均由地位身份的高低而定,互不逾越。此类现象即是沿承元代而来。如元末明初南京有个大富豪,家财富可敌国。他出资助朱元璋修筑大半个南京城,他的名字就叫沈万三秀,简称沈万三。另有一个送坟地给朱元璋的富户名叫刘大秀,当是排行老大。上举两人名称都叫秀,就是由于他们身份是有钱有势的缘故。此外,元代女子也有称秀。如元大都勾栏妓院女子有珠帘秀、天生秀等皆是当代的著名歌妓。①至于以郎、官称名的，如小说施耐庵《水浒传》中所载便有景阳冈打虎英雄武松，其小名称武二郎，其兄长即称武大郎。即是以排行称郎。在明清时代，社会上骂人不成材俗称为"不郎不秀"，就是元代以来把庶民阶层中人分两等称郎、称秀的历史沿承。

又元代民间俗称小名为"哥"也为数不少。如见于宋元平话称客堂店的堂倌、酒食店的酒保为小二哥。《水浒传》中有沿街卖梨、被西门庆一脚踢伤的郓哥皆是。可见在命名上汉族与非汉族间的习俗又是相互影响着的。

在元代称谓中颇有妇女称"娘"的习惯。这是沿承着唐宋而来的通俗称呼。陶宗仪《南村辍耕录》有《妇女称娘》条称"娘"为妇女通称。儿子称母亲为娘，世俗间称稳婆为老娘，女巫为师娘，妓女为花娘，蒙古人又称作草娘，苗族人称妻子为夫娘，而南方人却把行为不端的妇女称作夫娘，对妇人的鄙称则称曰婆娘。又说"都下自庶人妻及大官之国夫人皆曰娘子，未尝称夫人、郡君等封赠者"。在小说中称娘的也不乏其例。如《水浒传》中梁山泊有三位女英雄，其中便有母夜叉孙二娘、一丈青扈三娘在娘字上缀数字。这应该是元代妇人称娘的社会生活的现实反映。

又元代妇女也有以重叠字命名的习惯，尤以青楼中风尘女子为多。如见于《青楼集》的元代名妓重名的就有于心心、李心心、于盼盼、班真真、赵真真、荆坚坚、刘关关、魏道道、汪怜怜、冯六六、刘宝宝、刘匾匾、顾山山、孙秀秀等。②此外，元代宫人也有用双名的，如有女才人杨采采。官僚妻女中有贾聘聘、余安安等，均有其例。可见用重名涉及各阶层的普遍性。不仅妇女中有，男子亦用重名。元末著名的宰相脱脱及王保保就是一例。③

---

① 见《辍耕录》卷24勾栏。
② 可参阅《姓名与中国传统文化》中有关名目。
③ 《坚瓠广集》卷3《美人双名》。又元代男子亦有双名者。如见于《元史》的人物有散散、巎巎、马马，俱为元学士；回回为元平章；咬咬为枢密院官；定定为中丞；脱脱为宰相；保保为太傅。见同书卷《男子双名》。有关元代社会称谓习俗的研究，可参考陈高华著《中国风俗通史·元代卷》第492—510页相关论述。又《浙江学刊》2000年第5期刊有《论元代的称谓习俗》一文，亦可资参考。

总之,称娘和双名是唐宋以来妇女命名的传统习俗,到了元代仍一以贯之盛行不息,可见只要是社会基本的生产结构没有发生重大变化之前,命名的习俗仍会长盛不衰地传承下来。

3. 社会交往中的礼仪习俗

在等级社会中,社会交往会有等级差异。礼就是这种差别的具体表现,俗则是流行的传统习惯。但各民族间又有其本身的礼仪和习惯。

在辽代,君臣间礼节颇多,详见于《辽史·礼志》。其中有一种礼称为"执手礼"。这是辽帝与将帅们相见时所行的礼节,属于军礼,系用以表示君臣同契、亲密无间的关系。将帅们若见辽帝行执手礼便认为是对自己的一种尊重,是一种无上的荣誉。①

金人行礼,在其初起时因生活质朴、等级差别不严,君臣上下之间,感情比较融洽,对礼仪不甚关注。《大金国志》载:"金初出征,上自大元帅、中至万户、下至百户,饮酒会食,略不间别,与父子兄弟等。所以上下情通,无闭塞之患。国有大事,适野环坐,画灰而议,自卑者始。议毕,漫灭之、不闻人声。"说明君臣间议事时犹如家人一样,不讲究君臣的礼节。此点在宋人的史书中亦有相似的记载。《三朝北盟会编》云:金人在日常生活中"君臣同川而浴,肩相摩于道"。百姓们亦可以自由出入于皇宫周围,车马往来不停也不会受到禁止。此种习俗与汉族皇帝高居深宫,出入车马隆隆、禁卫森严大相径庭。这种上下融洽无间的君臣关系对于金人在战争中战则能胜有着很大关系。

金人的社交礼俗中有所谓"拜见礼"。这是十分常见。其礼是:拜见时,拱手、退身、作喏、跪右膝、蹲左膝着地,拱手、摇肘,通常以三拜为止。又据《金史·礼志》所载:跪拜时先袖手,微微俯身,稍回到平常状态后,再

---

① 《辽史》卷116《国语解》载:"将帅有克敌功,上亲执手慰劳,若将在军,则遣人代行执手礼。"执手寓有亲近、优遇之意。但据此解释,皇帝还可派遣特使代行,当然,规格可能降低些。这就与汉族君臣相见行礼有差了。或称辽代执手礼不仅是属于军礼范畴,而且还包含了契丹民族的祭祀仪式,参见武玉环等《辽代军礼考述》(载《黑龙江民族丛刊》2012年第5期)。

退跪左膝,左右摇肘,有如舞蹈形状。"凡跪,摇袖,下拂膝,上则至左右臂。"如此反复作四次,再以手按右膝、单跪左膝方算成礼。上举两种说法稍有一些差异,但大同小异,当是在拜见时不同身份的人在礼数上有繁简的差别。此礼的特点是单跪一膝、摇手而拜,故亦称为"摇手拜",是金人独特的相见礼。金代在立国之后仍沿袭不改,直到章宗承安五年(公元1200年)朝廷上对百官到底行女真旧俗的拜手礼还是行汉族拜礼仍有着一番争议。①

金代在行跪拜礼时,除上朝公服行汉礼仪制,在通常情况下是汉人随汉俗、女真人随女真本朝俗,即仍旧行单跪一膝的摇手拜。

又金人习俗还有一种奇特的丧礼。他们在亲人亡故,或逢重大丧故如国丧、国难之际,心情处于极度悲伤之时,往往以随身佩刀割脸面出血以表示哀痛,是谓"剺面"。《金史·太祖纪》载:辽金之交,辽恃大国之威,凌轹女真族人,出兵宁江州,进行讨伐。金太祖阿骨打不胜悲愤,就曾以刀剺面,仰天大哭,表示要誓死战斗的决心。就是一个例子。②

蒙古人初起时,社交礼俗亦颇质朴鲁直。《长春真人西游记》载全真教主丘处机受诏到漠北时所见的情况道:蒙古"俗无文籍,或约之以言,或刻木为契,遇食同享,难则争赴。有命则不辞,有言则不易"。这是说蒙古人朴实无华,无文字书籍,实事求是,言必有信。又《黑鞑事略》载蒙古之俗"记年月以草青为一年,新月初生为一月,人问其庚甲若干,则倒指而数几青草。其相互交谈则地坐无别"。《大义略叙》也说:"鞑人法:凡相见,来不揖,去不辞。卑求尊,跪而语。鞑礼止于一跪而已。双足跪为重,单足次之。"这就比金人的跪拜礼简便得多。

---

① 《金史》卷35《礼志》8《本国拜仪》载朝廷上对行拜礼的议论云:"承安五年礼官奏曰:'乞自今,凡公服则用汉拜,若便服则各用本俗之拜。'主事陈松曰:'本朝拜礼,其来久矣,乃便服之拜也。可令公服则朝拜,便服则本朝拜。'平章政事张万公谓拜礼各便所习,不须改也。司空完颜襄曰:'今诸人祇发皆从本朝之制制,宜从本朝拜礼。松言是也。'上乃命公裳则汉拜,诸色人便服则用本朝拜。"当是行"从俗而治"的礼俗。

② 此事又见于《大金国志》卷1《太祖纪上》。剺面属丧仪,但又不止于此,但凡表示情绪极度悲愤时亦可。阿骨打剺面誓师事,即为一例。

又蒙古人相见行礼与金人作"摇手拜"不同,而是行"拥抱礼"。其法是相见时,张开两臂、双肩斜分上下,两人互相交叉拥抱而揖,称为"交抱",又称为"厮搂"。这是平辈间相见之礼,若拜见尊长时则左跪为拜。①

又蒙古人在接待宾客时有尚右的习惯。其位置以正中为尊,右次之,左为下。若单分左右,则以右为贵。凡朝廷百官分设左右官位,均右比左贵。这种以右位为尊的习俗与辽金尚左的礼俗恰恰相反。②

辽金元统治者汉化不深,他们对于汉人的礼法仪制不甚讲究,对唐宋以来制度上行之严格的皇帝谥号、尊号、避讳,以及官员回避等仪制均不甚注重。《草木子》载:元人对于谥号、尊号、避讳等"皆绝而不为,及死,而始为之,谥亦止一二字而已。初不掩其行之善恶是非,此亦可以为法也"。又说:"元起朔漠,风俗浑厚质朴,并无所讳,君臣往往同名。后虽有讳法之行,不过临文略缺点画而已。然亦不甚为意也。初不害其为尊,以至士大夫间,此礼亦不甚讲。"又《大义略叙》也说:蒙古人初起时,君臣间无上下礼法等级之差"虏氏咸可造穹庐与鞑主通语"。又说"铁木真暨忽必烈、伯颜、阿尤之称皆其小字,众皆得而称"。

当然这是蒙古人初起漠北时状况,但自进入中原之后,建国立号,采唐宋制度,亦渐行谥号尊号等仪制,但比之唐宋的传统则显得简朴,乃至被宋人认为是不可以为法了。

在官员的回避上,自唐宋以来法规上有入仕做官的人要回避本籍所在地。但在金、元时代不仅仕宦上不甚讲求回避,而且常有做官的子孙长期承袭不替。赵翼《陔余丛考》卷27《仕宦避本籍》条记载此事说:"《金史》所载李晏,泽州高平人,年老致仕,乃诏其子昭略出守本州为泽州刺史。张大节代州人,徙知太原府,以并、代乡郡,故时人荣之。"《元史》载"世祖时许衡归老河内,特命其子师可为怀、孟总管以便养。吴当抚州人,为江西肃政廉访使,后左迁抚州总管。……赵雍湖州人,松雪(赵孟頫)之

---

① 见《大义略叙》。
② 有关蒙古人相见、待客礼仪可参见《中国风俗通史·元代卷》,第467—476页。

子,为昌国、海宁守"。指出金、元间有不避本籍的情况。此类官员不避本籍,以及军官们长期世袭不替这当是金、元统治者在政制、礼制上保留蒙古习俗的反映。后来虽欲有所改革渐行汉制,但始终行之不严,直至明初,对不避本籍才明令严行革除。这也反证出元代礼法制度的粗疏。

二、士风与官场习尚

1. 士风一般

辽金元时期先后都曾采取过传统的科举取士的办法,从读书人中通过习读经书、诗词文学进行考试以选拔任官的人才。所谓科举制度即以科目取士,倡于隋、盛于唐、推行于宋,受到举国上下的重视。一旦科举得捷,不及旬日,声名传扬于海内。科举之俗有雁塔题名、杏园盛会、琼林之宴,走马簪花,极尽风光荣华。"春风得意马蹄疾"的诗句,明快地描述士人及第时欢乐得意的情景。故时人誉之为"登龙门"、"攀蟾宫"、"折桂枝"。至于未仕之前,他们的身份地位已是高人一等,普遍受到社会尊重。即便是身为高级长官,对士人们也是刮目相看,概加礼重,或为他们延誉推奖,或出资赞助行囊车旅之费。入仕之后,士人们彼此间互称"先辈"、"同门",座主(主考官)与门生、弟子,同年同科之间,彼此桃李相攀,引为同道,礼义往来、诗酒相酬。他们入仕之后,升品登级也较容易,台省清望要官,非进士出身莫属。故那时士子,能不辞青灯黄卷诵读之劳苦,也不羡家世门荫之荣华,宁愿纷纷奔竞于科举一门。

可是,在辽金元时代,科举之制虽仍沿袭,但已失去昔日的光彩,只是政治上、仕途上聊备一格而已。它既不受统治者的重视,也无唐宋以来每逢一年或三年开科一次,备受礼重。士人们的身份地位,犹如青云之上直落在粪土厕坑之中。

辽金元统治者原出于草原游牧民族,受生产环境以及思维方式的影响,他们认为读书作文作诗无用于时代,无用于国家,要托付办理各项事务及处理国政有自己本族的亲信"梯己人"。在整整数百年的统治时间里,科举取士制度时断时续,很少能持久开科举行。即使在听取汉官建议开科取士之后,也是旋行旋止。而且,所选拔取用之人囿于族别、地域,往往持有偏见。如金代太宗天会十年,由粘罕主持科举考试。开试之日,粘罕趾高气扬地呼喊着年老举人入场应试。老儒们闻命,争着走马前跪、叩头问安。粘罕令译人对他们说道:"尔无力老奴,何来应试?尔等若有文章,何不及第少年?尔等今苟得官,自知年老死近,向去不远,必取赃以为身后计,行乐以少酬晚景,安有补于国?又闻尔等之来,往往非为己计,多为图财假手后进者,如此则我所取老者少者,皆非其人也。我欲杀尔死,又以罪未著白,复欲逐尔等,亦念尔等远来,故权令尔等终场,当小心报国。不然,苟有所犯,必杀无赦!"一个堂堂的主试官,口出此极尽揶揄嘲笑,这是何等的无识,而受训斥的老儒又何尝不认为是奇耻大辱,又焉能使天下士人之心不寒而栗。此不成体统的语言,或许是宋人对敌国仇视的夸大言词,但于此亦可窥见金人对待士人及科举考试态度之一斑。后来通过海陵王时期对科举制度的改革,乃至金世宗、章宗时进一步发展完善,这种极端的民族偏见现象大为减少,在制度上超于汉化。当然,到了金代晚期,随着朝廷政治的混乱不堪,科举制度也走向下坡路,文风趋于衰落了。

据称,就在天会十年中的考试,中原汉人仅取胡砺一人,其余一概落榜,被罢黜。事后有士人作赋讥笑说:"草地就试,举场不公。北榜既出于外,南人不预其中。"明显流露出在人才录用上有南人北人的地域偏见。故在金代是重吏员而不重儒士。因此,士大夫家中有子弟,往往不令他们攻读诗书,在科举中入第做官,而是改学吏道去应台省寺院的胥吏令史。他们若一旦登上台阶为官作吏,便会忘却自身过去,反与士人们寻仇问隙,行动举止,趋走言谈,无不仿学吏胥之辈的样子。

当然在金代也有少数儒士们兢兢业业,通过科举之途入仕,但其仕进调官,升迁极慢,或有在职守候十余年,终身不得升一阶半级之事。故士大夫在失望之余往往遁隐道佛,栖身山林,或者躬耕农亩,自寻田园之乐。其贫穷无米之炊者,只能在乡间学校教生童以糊口度日作个老学究。故当时有谚云:"古人谓'十年窗下无人问,一举成名天下扬'。今日'一举成名天下知,十年窗下无人问'。"①这是金代士人对科举制衰落的悲叹和心声的流露。②

金代士人地位如此,元代儒生地位更是不堪当年。在金元交替之际,兵戈连年不息。中原士人或死于兵,或死于饥寒,侥幸留得活命,不是混身于杂役、屠沽,挂籍于佛道名下,靠寺院的施舍养活,或者是被蒙古的将帅们俘获成为"驱口"贱民。主人们颐指气使、视同奴仆,终日操劳服役不得休息,生命犹如草芥。他们所企盼的不是做官作吏,而是求得活命,苟延残喘而已。

南宋人徐霆出使蒙古人统治下的北方,曾亲身目睹士人们生活的悲惨状况。他感叹地说:"亡金士大夫混于杂役,堕于屠沽,去为黄冠(道士),皆尚称旧官。王宣抚家有推车人呼运使、侍郎。长春宫(道观)多有亡金朝士,既免跋焦贱役,又得衣食,最令人惨伤。"③又《元文类》卷37元好问《上耶律中书书》一文中也写出那时士人生计困苦、衣食难求的窘状:"乃今不死于兵,不死于饥寒……诚以阁下之力,使脱指使之辱,息奔走之役,聚养之,分处之,学馆之奉不必尽具,饘粥足以糊口,布絮足以蔽体,无甚大费,然施之诸家,固已骨而肉之矣!"元好问是金末士人,他眼见士人贫困及受凌辱的情况,上书宰相乞求关心他们的生活。但社会对待士人的风气并不是少数人呼喊乞求所能解决的。

此后,元兵南下,直入临安,俘获三馆学生,他们之中"饿死或逃亡者无数"。留在临安的少数人被释放,充当"诸路教授仅余十七八人而已"。其留于南都(杭州)诸生"亦多衣衫褴褛,囊中羞涩,甚至有流浪街市坊巷乞讨度日"④。又《遂昌杂录》的作者说:亡宋遗民中故官、贵人等,多是"隐居山林,遁于佛道",便是兴亡之际儒生乃至士大夫的生活实录。⑤

元统一全国后,开始尊重儒学,士人们的社会地位稍稍得到一些改

---

① 参阅《归潜志》卷7。
② 关于金代科举制度发展历程,可参考张希清等主编《中国科举制度通史·辽金元卷》相关章节,上海人民出版社2017年版。
③ 见《黑鞑事略》。
④ 《宋人轶事汇编》引《雪舟脞语》。
⑤ 《辍耕录》载元人廉希宪之语云:"国家起朔漠,斯文不绝如缕。我朝更不尊礼,则儒术且扫地矣!"又说"宋之士在羁旅者(指被俘掠在北方者)寒饿狼狈、冠衣褴褛。"亦说明金元之际士大夫生活的艰辛状况。

善。所谓"尊重儒学"虽屡见于诏令,但实际施行却大打折扣,往往成为政治上的装饰品。以科举制度而言,元代前期,科举一直停顿不行,一直到仁宗延祐年间,才听从汉人建议,开始举行科举取士。即使是科举取士,所录取的人数很有限,名额上分配虽称各色人等平均分配,实际上很不平等。如考试实行分榜制度,蒙古、色目人为一榜,汉人、南人为一榜。考题内容蒙古、色目人容易,录取后放官待遇从优。汉人、南人考题内容深奥,录取后待遇视前者为差。不仅如此,这种科举考试且时开时停。由此从儒士出身,经科举考试入仕做官在元代只是官僚队伍中的万分之一、千分之一而已。叶子奇在《草木子》中说:

> 元仕途自木华黎等四怯薛大根脚出身分任台省外,其余多是吏员。至于科目取士、止是万分之一耳!殆不过粉饰太平之具。

他又说:"天下治平之时,台省要官皆北人为之,汉人、南人万中无一二,其得为官者不过州县卑秩,亦仅有而绝无者,后有纳粟、获功二途,富者往往以此求进。令之初行,尚犹与之,及后,求之者众,亦绝不与南人。在都求市者,北人目为'腊鸡'。"腊鸡是南方人馈送给北方人的礼物。乞求做官、趋走权贵门庭,被人讥弄嘲讽为腊鸡,其被人瞧不起的形状可见。

元代儒士地位的低落在历史上是少见的。

谢叠山(枋得)有《送方伯载序》称:"今世俗人有十等。一官二吏,先之者贵也,七匠八娼、九儒十丐,后之者贱也。"宋末元初人郑所南也说:"元制:一官二吏三僧四道、五医六工、七猎八民、九儒十丐。"其文虽无七匠八娼之说,元制诏令中也无如此明文规定,但儒士们地位却排列在"七猎八民"和"七匠八娼"之下,成为乞丐之上的第九等,几成为众口一词,其在社会上被人轻视,其地位的轻重高低于此可见。这反映出宋末元初,中国传统士人对异族统治下重吏、重工、轻文化、轻学术的激愤态度。

元代的时俗所贵的是那些有根脚的皇帝宿卫人员和精通于吏道簿书文案的吏胥,他们可以为官作吏,上下交通,贿赂公行,以饱私囊,有技艺的匠师、画师、医师亦可以靠着一技一艺之长养家糊口;和尚、道士们由于得到朝中权贵的崇信与庇护,受他们供养施舍生活也过得自在逍遥。唯独儒士们生活清寒,受尽人间白眼,岂不咄咄怪事?

与上述儒生九等之说相近似,社会上还流传着下述一些讥讽俗语。

东家富财,车马接踵;西家富德,风雪满门。

画工数笔,术者片言,僧家一经一咒,动博千金;文士刳精呕血,不博人一笑。

耕尧田者(指读尧舜之道的儒生文士)有九年之水;耕舜田者有七年之旱;耕心田者(指宗教界中的僧人道士)日日丰登。①

读圣贤之书的儒生既不如匠师、画工、医生、巫术占卜之士,亦不如谈空说无、终日念经吃斋游走权门的和尚道士。这与七匠八娼、九儒十丐之说有着异曲同工之妙!

元代士风如此,可不哀哉!

这种时代风尚的取向,又何尝不是元代速亡的一个要素呢?

2. 官场习尚

辽金元以武立国,军事组织与生产组织相结合,以十进为单位编序。金有猛安谋克,元有四怯薛、万户、千户、百户,还有下属领十人的十夫长、牌子头。及其向四周扩展,进入中原之后,承袭着本民族遗风,以本族宗亲勋贵充当各级行政长官,称为"自家骨肉"、"梯己人",又以本族军队作为基本骨干,分布四方,实行驻屯戍守,军官皆由父子兄弟世代相袭,无罪不替,是为"世荫"。在政治制度上,他们又以民族、地域划分其统治下的各族人民。如在元代即以归附先后把各族划分为四等级:第一等是蒙古人,第二等是色目人,包括西域欧亚各色人种,第三等是包括契丹、女真、高丽以及北方的汉人,最后的第四等是原属南宋统治下的南人。各等级中,蒙古色

---

① 见《草木子》卷4上《谈薮》篇。

目人最高贵,备受各种优待,汉人次之,南人地位最低下。其中央台省机构多由蒙古人充任长官,路府州县各级地方长官及诸王、驸马、公主投下分地,均设有掌印信的最高长官称为"达鲁花赤",照例亦是由蒙古人担任。其下诸官则分别参用色目人、汉人,使他们互相钳制、彼此约束。如以色目人任总管,汉人任同知。而蒙古勋贵们均出自莽莽草原,接受汉文化程度较之契丹、女真为浅。他们不懂汉人文词,不懂行政管理方法,每每签字画押也不甚理解,唯用象牙或木刻图章盖印了事。①

蒙古人语言不通、方音难晓,在世祖忽必烈统治期间的江淮行省高级长官中,竟无一人通文墨。因此,凡遇事必依仗通事即翻译人员和精通人情世故、文书简牍的吏胥来经办,这些通事、吏胥多是汉人、南人。②这种状况导致行政效率低下,政事易受通事和吏胥欺蒙、上下其手,狼狈为奸,以致赃污百出。《大金国志》卷 12 载:"北人官汉地者皆置通事,即译语官也。而通事之无法尤甚,上下轻重,皆出其手。招权纳贿,二三年皆致富,民俗苦之。"又《黑鞑事略》亦记载元初燕京通事恣作威福的情况说:"燕京市学多教回回字及鞑人译语。才会译语,便做通事,便随鞑人行,打恣作威作福,讨得撒花,讨得事物。"撒花是宋元间的俗语,意思是好做好事。讨得贿赂或人情银便是"撒花银",③便是路路通了。

---

① 见《辍耕录》。元代蒙古、色目人例多不能执笔画押,以象牙或木刻图章而印之。他们用图章盖印以代替唐宋人执笔画押、能写有韵的判文截然不同。实开始了一代押印的流行风气。

② 关于元代"通事"的研究,可参见萧启庆《元代的通事与译史》一文,见于《内北国而外中国:蒙元史研究》下册,中华书局 2007 年版。一般来讲,"通事"指的是翻译人员,而在宋元时期,还有一类特殊群体,因其本为士人避罪逃亡或被掳掠而寓居他国,多为异族驱口贱民而为通事者。可参见刘晓《宋元时代的通事与通事军》一文。

③ 蒙古语称好为撒花。撒花银意为好银子。彭大雅《黑鞑事略》云:"撒花者,汉语好也。"《宋诗抄》汪无量《水云诗抄醉歌》:"北师要讨撒花银,官府行移逼市民。"又宋人李昂英《文溪集》卷 6《端平丙申召除赐金奏札》云:"边臣当如刘锜所谓背城一战,于死中求生而并力拒敌,毋徒靠撒花以为缓围之策也。"这里说的撒花即用钱财来买和平。又《坚瓠广集》卷 4 载:宋时三佛齐国使人前来朝贡,"即请绕殿撒花。初撒金莲花,次撒真珠、龙脑,布于御座。所携顷刻俱尽,盖胡人至重礼也。后金兵犯阙,索民财与之,亦谓撒花钱,以重礼媚胡耳! 今人谓善费者曰撒花,义本此。"据上引可知撒花是俗语,宋金之际即已有,非起始于蒙古人。或云元代始有撒花,系误解。

通事利用其有利地位和人们语言上的隔阂,往往采取欺诈方法设立各种名目,巧取豪夺,向人勒索钱财"讨得撒花银子"、"讨得事物",这还算小事一桩,其弊害大者且会制造出种种骇人听闻的人命案子。如金代燕京城里有个阔和尚,出借钱财给人家达六七万之巨。债期已到,借贷人无力偿还。只得向通事贿赂,请求帮助解脱。通事得到撒花银后,便捏造谎言,向燕京长官银珠哥大王报称:"和尚因大旱不雨,欲焚身动天以苏百姓。"长官信假为真,便不问青红皂白,下令堆柴筑坛,把这位放高利贷的阔和尚活活烧死。此事见《大金国志》卷12《纪年》中。又如在金熙宗时,欲举行天下大赦,呼唤学士张均书写草诏。张均在制草中写有"顾兹寡昧","渺予小子"等词语,这两句话,出自经典《尚书》中的典故,是帝王文诰中常用的自谦之词,可是翻译的通事知识浅薄,不晓词义,便擅自向熙宗说:"汉儿强知识,托文字以詈我主上耳。"接着便解释道:"寡者孤独无亲,昧者不晓人事,眇为瞎子,小子为小孩儿。"熙宗闻言大怒,以为张均戏侮于己,大逆不道,遂亲手拔佩刀把张均杀死于殿廷之中。[①]

从以上两个例子中可以看到少数民族统治者知识浅陋,不读汉文经典,愚昧无知,且偏听偏信,通事则刁钻奸诈、包藏祸心、以私害公,它对于社会的危害也就可想而知了。

辽金元统治者任用官吏多信赖本族人。通常从侍卫人员中选拔任用,如辽有"著帐郎君"、金有近侍局"局使"、"奉御"、"奉职",元有备宿卫的怯薛歹人员,均为皇帝的亲近侍从,他们的出身多为皇亲国戚、膏粱豪富家的子弟。他们入则宿卫宫禁,随值左右;出则传宣诏命,以供使令。他们自恃是皇帝心腹爪牙,奉使四方时口衔天宪、手握牌符,声势显赫,权重如山。地方长官对之无不低声下气,唯命是从。如金代近侍局人员每到地方上采访民情风俗,号称"行路御史"。他们一路上威风凛凛大讲排场,驰传而来。地方帅臣守将无不千方百计逢迎拍马,唯恐得罪了导致乌纱帽不保。即使在京公卿百官,对近侍人员亦得视其脸色行事。其罢免退黜亦

---

① 见《宋人轶事汇编》卷19引《桯史》。

多出于局中人的私访密察。堂堂的乌台御史权势反处于他们之下。

元代近卫人员怯薛为入值宫帐的禁卫亲军,系皇帝的"梯己人",号称"四大根脚",①其子孙后裔拥有特权,世袭不替。其中稍有才识者,常出任枢要大臣,后台很硬,一般官员不敢得罪。

辽金元统治者任用官吏还多从吏胥中选拔任用。吏胥亦称吏员,是笼统称呼。具体而言,又有掾史、令史、书写、铨写、书吏、典吏的不同,此类人员乃是在衙门中具体办事的下属人员。遍布于中央台省寺监以及地方路府州县的各类机构中,名目繁多,人数广泛。②他们虽系从事一般行政工作,但由于长期任事,熟悉法令、条章和业务操作过程,洞察官场中利弊得失,他们任职经一定年限后,若无重大公私事故,亦可以逐级升迁。如金代州郡有都吏一职,若出职则可补授录事、判官、市丞等职。若部吏缺人,亦可以从州县吏胥中挑选拔用。若十年无公私事故,亦可以授县令或录事,资历高者,时间久了也可以升迁至同知官。其在中央机构中的吏胥,若为人老到、圆滑、簿书精练,亦可以由省令史升迁左右司郎中、员外郎、首领官等五品司局级的官。如果其人"奏对详敏"、"言辞瞻达",能得到皇帝赏识,亦可以入选为执政官。③

元承金制,亦重用吏员。如元初有汉人名王文统,因办事能干,由吏员出身而被拔擢,官至平章政事,执掌国家政柄即是一个鲜明的例子。

元代蒙古、色目人不甚懂得汉人官场的种种奥秘和风俗人情,遇事常依赖吏胥办事。吏胥们悉熟法规事例、公牍判案,办事时利用公牍条例中

---

① 成吉思汗时分怯薛歹为四部分,各入值宫禁,称为"四怯薛"。元代入统中原后,仍沿袭此传统。歹字为怯薛人员的多数之义。

② 《元文类》卷34载元代入仕之途有三种途径。一由宿卫,言出中禁,中书只能是"奉行制敕而已",占官吏人员中约十分之一。一由儒生,由中书选用,约为人员"十分之一半"。一由吏胥,由吏部择用,"十九有半"。

又《草木子》载:"元仕途自木华黎等四怯薛大根脚出身分任台省外,其余多是吏员。至于科目取士,止是万分之一耳!殆不过粉饰太平之具。"

据此可见元代吏员人数之广及怯薛的任用之专。

③ 刘祁《归潜志》卷7。又可参考许凡《论元代的吏员出职制度》,载《历史研究》1984年第6期。

的迷糊之处、两可之说可以上下其手,夹带私货。官员迁调,或援例、或借资、或优升、或回降,纵情破律、假公济私,种种狡猾手段不一而足,这非精明而又熟悉吏情的长官是无法洞察其中的重重黑幕。由此之故,在金元时期的行政实权实际上是操纵在各级吏胥手中。官场中的通病是长官无知、权在吏手。官被吏欺、彼此勾结、欺上瞒下,营私舞弊、卖情弄法,狼狈为奸染成时代风尚。①

金元吏治的腐败、儒生士子的被轻视,便是这一时代的官场特色。

金元官场腐败成风,主要还表现于下列诸端。

一是官吏贪残。元朝当政,官员文化程度不高,素质低下,唯知利用权势发财致富,多得撒花银,故居官者无人不贪,无所不贪、无所不要,横征暴敛的手段和名目不胜其多,极度败坏了社会风气。

元末叶子奇《草木子》记载元官贪污的种种情况,读之令人有啼笑皆非之感。他说:元末官吏贪污"始于蒙古,色目人罔然不知廉耻之为何物。其向人讨钱各有名目:所属始参曰'拜见钱',无事白要曰'撒花钱',逢节曰'追节钱',生辰曰'生日钱',管事而索曰'常例钱',送迎曰'人情钱',勾追曰'赍发钱',论诉曰'公事钱',觅得钱多曰'得手',除得州美曰'好地分',补得职近曰'好窠窟',漫不知忠君爱民之为何事?"②

监察官是检察监督官员违法渎职侵民不法的官,应该是清廉公正者,可是贪渎无厌的风气也侵染到了他们的身上。在同书中又记载说:元末,"台宪官皆谐价而得,往往至数千缗。及其分巡,竞以事势相渔猎而偿其直,如唐债帅之比。于是有司承风,上下贿赂,公行如市,荡然无复纪纲矣!肃政廉访使官所至州县各带库子,捡钞秤银,殆同市道矣"!

商人唯利是图的一套方法,也同样沾染到了职司劝农官和检察官的

---

① 《元文类》卷40《经世大典序录》入官条载:"国朝入官之制,自吏业进者为多,卿相守令于此出焉。"又卷15《马祖常建白十五事》记有一则吏胥的自白云:"我等身无品级,子无荫叙,舞文弄法,操制长官,倾诈庶民。"皆可见金、元时代吏胥恣横之常态。有关元代吏胥的研究,可参考许凡著《元代吏制研究》一书(劳动人事出版社1987年版)。

② 《草木子》卷4下《杂俎》篇。

身上。他们出差分巡,本应劝农、恤农、赈农,减轻农民过重的赋役负担,关心农民的生活疾苦,可是他们所企望的事就是讨钱要钱,甚至带好专管银钞库存的库子来收取,还要称斤问两,打量着银钱的多少。

官场如此腐败当然会引起民间的不满,士人中有一首隐姓埋名的民谣对此种贪渎行为作出辛辣的讽刺,其诗云:"解贼一金并一鼓,迎官两鼓一声锣,金鼓看来都一样,官人与贼差不多。"元代官场中廉访使按察州县,依照常例系用巡尉、司弓兵鸣锣喝道、旗帜金鼓导从迎送,其音乐节奏是二声鼓、一声锣,若逢官差起解越货杀人的强盗时则用一声鼓、一声锣。诗中讽刺官与盗差不了多少,这真是辛辣的写照。

宣抚使是朝廷派往地方宣扬朝廷美意和考察官民、关心民瘼、抚慰民生疾苦的官员,可是在江南的江西、福建路宣抚使的行为是到处搜刮民财、民脂、民膏。民间也有几首歌谣唱出了他们的泣血般的心境,其一云:"九重丹诏颁恩至,万两黄金奉使回。"其二云:"奉使来时惊天动地,奉使去时乌天黑地,官吏都欢天喜地,百姓都啼天哭地。"其三云:"官吏黑漆皮灯笼,奉使来时添一重。"灯笼是夜间照亮的用具,用皮灯笼已是够昏暗无光,还要用黑漆涂上,这真是黑上加黑,这岂不是民间对奉使到后官场黑暗情况的有力鞭挞!

元代官员任职期满其行囊总是车马络绎,饱载而归。也有一首诗专门讽刺罢官返乡的贪官墨吏,其诗云:"铃丁当,铃丁当,大车小车摆成行。问渠捆载有何物?云是官满非经商。蟠螭金函五色毯,钿螺椅子象牙床,美人娇娇如海棠,人生富贵归故乡。"①

这种官吏的腐败贪敛,在曲词中也颇有揭露与反映。元杂剧《魔合罗》中描写官吏彼此勾结的情况说:"官人清似水,外郎(指吏胥令史之类)白如面。水面打一和,糊涂成一片。"又有一首云:"我做官人单爱钞,不问原(告)被(告)都只要,若是上司来刷卷,厅上打的鸡儿叫。"剧中还借着六案都孔目,掌六房事务的胥吏头儿上场时的说白云:"我想这为吏的扭曲作直、舞文弄

---

① 尹廷高《玉井樵唱》卷下《车中作古乐府》。

法,只这一管笔上,送了多少人也呵!"诗词曲调反映着现实社会的生活景况,它唱出了元代官员腐败黑暗之风,又是多么地普遍!多么地黑暗恶劣!

其二是军官世袭,在官僚队伍中形成高踞于官府之上的特殊势力。

元初用兵,得一城一地即封授其亲贵子弟一人,使之世代相守而不替。若对方军将们以其所属州郡归附,即以其地的官爵相付,使之世守不替。及元取中原、统一江南之后,仍继续实行此世守之制,因此,这些军将们在各自的封地或任内,凭恃着"世守不替"的特权,专断独行,凌轹有司事务,且非法赋敛向百姓多取多要。他们的子弟则凭藉着祖先及父兄的"福荫",恃仗权势,专做鱼肉人民、横行不法之事。各级衙门对这些子弟们亦奈何不得。这些大大小小的"衙内"纨绔子弟,遍布全国各地作恶多端,可说是罄竹难书。元杂剧中颇有对这些子弟的描述,如《生金阁》中一个姓庞的衙内自白,"我是权豪势要之家,累代簪缨之子,我嫌官小不做,马瘦不骑,打死人不偿命。若打死一个人,如同捏杀个苍蝇相似",其穷凶极恶的样子令人作呕。又《陈州粜米》中记一个小衙内的自白说:"我做衙内真个俏,不依公道只爱钞……小官刘衙内的孩儿小衙内,同着这妹夫杨金吾两个来到这陈州,开仓粜米。父亲言语着俺二人粜米本是五两银子一石,改做十两银子一石,斗里插上泥土糠秕……斗是八升小斗,秤是加三大秤。"在斤两上作弊,上下其手可说是无所不用其极。又如《便宜行事虎头牌》杂剧记载金代有个名叫山寿马的万户,任行枢密院事,敕赐双虎符金牌,是个有权有势的显赫人物。他有个小叔名叫银住马,年龄已届六十耳顺,还以门荫世袭千户,戍守边城。他老眼昏花,既不会带兵打仗,又终日不理事务,只是不分昼夜喜欢喝酒,过着无所事事、醉生梦死的生活。一日,敌人来袭,他却喝酒沉醉,不经战斗,便糊里糊涂地弃城逃走,可是他有个侄儿充当他的后台,上级对他也就不了了之。此剧讲的是金人故事,借事影射元代实况也是有很大可能性。

政治上横行霸道、鱼肉人民,经济上百般牟利,生活上奢侈腐化、放纵酒色,活脱儿刻画出贪官污吏、军将世袭及衙内恃势的种种行径,文学戏剧是现实社会的一面镜子,反映出这类人物的丑恶嘴脸,《草木子》作者说道:"元平南宋后,太平日久,民不知兵。将家之子累世承袭,骄奢淫佚,自奉而已。至于武事,略不之讲,但以飞觞为飞炮,酒令为军令,肉阵为军阵,讴歌为凯歌……此元之所以卒于不振也。"实道出了元代官场腐败的实况。虽然在元代也颁布了所谓《赃罪十二章》作为惩治官员贪赃的反腐败法典,但由于整个官场贪赃之风盛行,特权阶级垄断,强取豪夺,加之作为监察考课的台省官员也加入了贪污行列,整个官场一片乌烟瘴气,法律形同虚设,由此政治愈趋腐败,激发了社会矛盾,必然导致了元朝的速亡。

三是长官与地方豪门子弟相勾结,形成黑恶势力网络,专门做鱼肉百姓之事。

元代官员既拥有政治权势,必然会引起都市中游手好闲之徒、奸吏恶棍之辈、权门富家子弟之流向他们讨好,替他们出谋划策出馊主意,以盘剥平民百姓。这些人恃仗官势,充当着各种差使,或听使唤、或奔走于官府与权门之家、或操办各种事务、或管理田庄税收杂务等等。他们到处钻营,渔利取巧,无所不用其极。他们彼此勾结,在地方上形成一股特殊的势力网络。他们无视法律、法规、公道,唯我是从,不把政府官员放在眼里。诸王、公主、驸马、百官、宦侍、寺观诸色人等拥有大量庄田、赐田,便专为此类土著的奸吏恶少充当催甲、斗级之类的庄田税吏。这些人恃仗主人权势,巧名多取,又驱使邮传、征求吃喝,折辱州县官吏,征来租米则不向有司缴纳,长期拖欠,及进仓之际,粮食轻重如意,上下其手,偷盗食粮到市场上变卖。官府无可奈何,农夫亦叫苦连天。①

对元代官场习气,元人吴澄曾概括地说过:"数十年来,风俗大坏。居官者习于贪,无异盗贼,己不以为耻,人亦不以为怪。其间颇能自守者千百不一二焉。"②宋末元初人郑思肖更说得形象露骨,他说:"鞑人无义,不论道理,纯是力、财、色、食四事。彼极'恃气力'三字,为集事之本。言力也,势也,财也。其所用法律为金人旧律,……夫君臣、父子、夫妇、兄弟、

---

① 《元史》卷175《张珪传》。
② 吴澄《吴文正公文集》卷14《赠史敏中侍亲还家序》。

朋友,人伦也。鞑人皆悖其天。"又说:鞑人"上下好色贪利,如蝇见血,如蚁慕膻"①。这些言论无不表明元统治下官吏贪馋成风的恶习。求其故,这当与蒙古人原来居处漠北,生活简朴,及其接触到社会经济高度发展的江南地区之后,眼界顿被打开,贪婪的欲望随之不断增涨,在两种社会经济文化的激荡下,无可避免地会造成特权者的一种为个人利益着想的极端特异作风,即官场上的贪婪。②

三、 民族与地域的文化差异

1. 少数族统治者的汉化

民族移徙的直接结果带来了民族间的共处,使他们在生产方式上、在衣食、住、行等风俗习惯上,相互参照,逐步靠拢、接近,不断趋向同化、融合,这是一个长期的历史过程。

契丹、女真、蒙古贵族的上层分子,由于统治汉人,与汉人官僚士大夫接触较多,他们所受的文化浸染程度较之民间百姓也就较多、较敏感、也较迅速。如辽太祖耶律阿保机的汉话便说得不错,他曾对后唐遣派来的使臣说过:"吾解汉语,历口不敢言,惧部人效我,令兵士怯弱故也。"③至于阿保机的长子突欲,汉文化比父亲深得多了。他不仅通汉文,而且能解读《史记》、《左传》,且活学活用,引"牵牛以蹊人之田而夺之牛"的典故面折后唐使臣,且能吟诗作画。④突欲之弟耶律德光即辽太宗,统兵灭后晋"建国改元,号令法度皆遵汉制",⑤把契丹族的汉化向前推进了一大步。

---

① 郑思肖《大义略叙》。
② 《辍耕录》卷28载有张明善一首北乐府《水仙子》词,讥讽官场时俗无识,惟妙惟肖,不妨录之。其词云:"铺眉苦眼早三公,裸袖揎拳享万钟,胡言乱语成时用,大纲来此都是烘。说英雄,谁是英雄,五眼鸡岐山鸣凤;两头蛇南阳卧龙;三脚猫渭水非熊(指文王渭水逢姜尚的故事)。"实令人莞尔,哭笑不得。
③ 见《旧五代史》卷137。
④ 《辽史》卷72《宗室义宗倍传》云:"突欲以其弟即位见疑而投后唐。作诗曰:'小山压大山,太山全无力。羞见故乡人,从此投外国。'"他又善于作画喜画本国人物,如画马上骑射、猎雪图及千鹿图等,均为佳作。
⑤ 《辽史》卷70《属国表·序》。

他们父子兄弟可说是辽统治者汉化的第一、二代的典型。大约到了辽中期、契丹人汉化更深入。兴宗重熙年间(公元1032—1054年),兴宗先后下旨重开科举,"亲策进士,大修条制",又下诏依唐典、追赠前代祖宗帝号,翻译汉典《通历》、《贞观政要》、《五代史》等传统之政治历史书籍,并着手修撰辽的国史。①到这时,辽代上层可说是已彻底汉化了。

在统治者接受汉化的同时,契丹贵族妇女们的汉化也令人惊异。如道宗咸雍年间(公元1065—1074年)耶律适鲁的妹妹常哥,能诗会文,读《通历》能评论前人得失,又能撰政论文以批评时政。枢密院使耶律乙辛爱其才学出众,屡次向她求诗,常哥撰回文诗寄赠以表达心中情怀。一个契丹妇女在文学上有如此造诣,其汉化程度可说是很了不起。②

金代女真族的汉化比辽人似乎晚些。大体上经太祖完颜阿骨打和太宗完颜晟两代,基本上完成了向四方征战,在熙宗完颜亶、海陵王完颜亮时期,女真族的汉化又推上关键性的一步。熙宗把大批女真户"辽阳渤海之民"从东北南迁到华北平原使之成为屯田户,杂处于汉人之间。他们在与汉人接触交往中,很快地学会汉族语言文字,熟悉汉族文化,接受其风俗习惯,彼此相识、相融。有些女真人且与汉人通婚,服汉人衣裳。海陵王依辽、宋旧制,确立政治制度、倡导学习汉文化,且自作诗文。他还是藩王时,就曾在扇面上题诗,有"大柄若在手,清风满天下"之句。登极之后他有统一天下之志,当南下驻兵扬州时,作诗以申其意,内有"屯兵百万西湖上,立马吴山第一峰"之句,③可见其襟怀。

这股潜移默化的潮流,必然会使企图保存女真旧传统的人士感到恐惧,金世宗就是反映了这思潮的典型代表。他从维护统治利益出发,力求保持女真旧俗。他对契丹大臣移剌子敬说:"亡辽不忘旧俗,朕以为是。

---

① 《辽史》卷20《兴宗纪》,同卷103《文学·萧韩家奴传》。姚从吾先生撰有《契丹汉化的分析》文(载《宋辽金史研究论集》,台湾大陆杂志社1967年版,可供参考)。
② 《辽史》卷107《列女·耶律常哥传》。
③ 刘祁《归潜志》卷1。清褚人穫《坚瓠五集》卷2对海陵王诗词有较详细记载。读者可参考,此不多赘。

海陵习学汉人风俗,是忘本也。若依国家旧风,四境可无虞,此长久之计也。"又曾对太子、诸王说:"汝等自幼习惯汉人风俗,不知有女真纯实之风,至于文字语言亦不通晓,此是忘本。"据此他还规定:皇宫卫士不通女真语者必须学习,并不准讲汉语。其子完颜璟封原王,在国子学里,既学汉文经典,也学女真语和女真小字。世宗感动地说:"朕曾命诸王学习本朝语,唯有原王说得好。"对原王不忘本俗、坚持学女真语大加赞赏。在大定四年(公元1164年)他设立女真学于京师及诸路,选女真贵族子弟入学读书。大定二十六年(公元1186年)又规定女真贵族不能读女真字经书就不准承袭门荫充任猛安、谋克的职位。大定二十四年(公元1184年),世宗驾幸上京故乡,说是为了让子孙们看看旧俗,不忘始初。他在宫中与诸王公主及亲近侍从官僚们欢宴,宗室妇女和女真长老依女真旧俗起舞进酒,借此机会,世宗仍喋喋不休地对他们说:我来了数月,没有一个人唱本族曲子。我来为你们歌唱!到临别之际,他又谆谆告诫上京的宗室贵族们,"勿忘祖先艰难"。世宗一而再、再而三倡导保存女真风俗习惯中的淳厚、质朴、刚强、重武之风,避免汉人柔弱之习,但是汉文化使女真人不自觉地受到熏染,进而学习,甚至抛弃了本俗而务求追新,其势不可遏止。故时任尚书右丞唐括安礼对世宗说:"猛安人与汉人今皆一家,皆是国人也。"表示对世宗一系列做法的异议。唐括安礼是西夏人,他上朝时依汉人礼朝拜,不遵女真风俗,是个坚持汉化的人物。他敢于对世宗抗议,说是汉化潮流不可阻挡。此后,章宗继位,立即纠正了世宗时所制定的反汉化政策,汉文化得到了更广泛的接受。①故到了金代后期,女真贵族的汉化已基本完成了。即使诸世袭的猛安、谋克亦往往好文喜诗,与汉人士大夫交游,彼此吟风弄月、诗酒相酬。诸如完颜斜烈兄弟,移剌廷玉、温甫总

---

① 如世宗子宣孝太子"好文学、作诗、善画人物,马尤工"。世宗第四子允中"好文,善歌诗,有《乐善老人集》行于世"。世宗之孙完颜璹"能诗工书,自号樗轩居士"。至于章宗本人亦好文,其诗词有《宫中绝句》《聚骨扇词》问世,多有可称。可参见刘祁《归潜志》卷1、卷6。关于女真汉化问题的研究,可参考[日]外山军治著,李东源译《金朝史研究》(黑龙江朝鲜民族出版社1988年版)通论部分,以及陶晋生著《女真史论》(台湾食货出版社1981年版)一书。

领、夹谷德固、尤虎、遂士元、乌林答、肃孺等人作诗多有可称,亦有愿放弃门荫世袭的政治待遇而去参加科举考试,与汉士比论高低。至于其将帅世家膏粱子弟也多浸染汉人侈靡习尚,终日醉生梦死以饮酒、打球、歌舞作乐过日子,完全失去了初期女真人尚武刚勇的气概。①至此,女真人连"用兵之道"的特长也丧失了。

元代蒙古、色目人也与契丹、女真人一样经历着汉化的进程。他们也学习汉语、诗文,名字称号、生活起居都仿照汉族传统习俗。如廉希宪,祖先是回鹘人,父亲归顺于元,出任廉访使,便改从汉俗,改姓为廉氏。察罕帖木儿系出北庭,以祖父家于颍州,遂改姓李,字庭瑞。丁鹤年本西域人,以父职马禄丁的最后一字改为丁姓而字鹤年。②马祖常,汪古人,以诗文擅于文坛。小云石海涯(一作牙),维吾尔人,自号酸斋,亦工诗文,擅长乐府词曲。巎巎,康里人,号正斋恕叟,能写一手好字,凡真草行书均十分出色。萨都剌,答失蛮人,别号直斋,其文章豪放奔恣,著有《雁门集》问世。③

不过似上述一类人物在元代人物列传中并不算多,而在元高层统治阶级中,其汉化程度似不及辽、金皇帝宗室贵戚之深。除世祖忽必烈及其子真金、元中期的仁宗和末代的顺帝接受汉化较多外,④元代其余帝王贵

---

① 刘祁《归潜志》卷6载:"南渡之后,为将帅者多出世家膏粱乳臭子,若完颜曰撒,止以能打球称,完颜讹可亦以能打球号'杖子元帅',又完颜定奴,号'二脆羹',自以忮忍,号'火燎元帅'。"亦可见一代时风。

② 参阅赵翼《陔余丛考》卷18《元制蒙古色目人随便居住》条附注。

③ 以上诸人事迹分别参见《元史》卷143诸人本传。及杨瑀《山居新话》。

又元末大臣伯颜亦能作诗文。他在一次宴会上作《喜来春》词。说道:"金鱼玉带罗襕扣,皂盖朱旛列五侯,山河判断,在俺笔尖头。得意秋,分破帝王忧。"见《草木子》卷4《谈薮篇》。可见蒙古贵臣的汉化面貌。至于色目人的汉化,可详见陈垣著《元西域人华化考》。

④ 元代帝王中以元顺帝汉化最深。他为梁王时,得密诏赴京都,登大位。在途经建康时,曾感怀作诗云:"穿了毡衫便着鞭,一钩残月柳梢边。两三点露滴如雨,六七个星犹在天。吠竹篱,人过语,鸡鸣茅店客惊眠。须臾捧出扶桑日,七十二峰都在前。"无论对仗、声韵、写景、言志都不落文人之下。见《草木子》卷4上《谈薮篇》。

戚在日常生活中尚保存着很多的蒙古旧俗而未变。①

2. 民族与地域的差异及其表现

（1）语言文字

辽金元时期契丹、女真、蒙古、色目、汉人诸族杂居是一种普遍现象。在他们还未趋于融合之前，由于各有其语言、文字、生活、风俗、习惯的差异，从而会产生种种隔阂和猜疑乃至发生纠纷、冲突，甚至战争，这是矛盾转化中势所难免的历史过程。

各民族均有各自的语言，以及因山川地理、风土人情殊异造成乡音、方言、俗语均各不通晓。彼此间的交流，还须通过译语人的翻译，有的乃至产生几度辗转重译。因此在辽金元的初期，若无译语人的沟通，就多少妨碍了彼此间交往，乃至产生出种种矛盾。

译语人起着语言文化联通的作用，他们在史书中亦称为通事。凡在语言文字上交流有阻碍的地方，无论是中央机构还是地方路府州县，都有译语人普遍存在的必要。这时他们在沟通各族中起着积极的作用。

可是亦无可讳言，由于译语人文化素质不高，且存着如何处理个人利益，因此他们亦常借其语言上的有利条件乘机图利，以瞒上欺下、上下其手、弄虚作假、奸诈欺伪等种种手段或办法多索要撒花银子。他们在大小官吏间盘剥、鱼肉平民百姓的过程中，塞上私货，乘机加码，增加一层中间剥削，甚至有以公济私、草菅人命的事发生。这就是译语人在社会上起到消极作用的一面。②

在利用通事的同时，辽金元统治者也在积极创造供本族使用的文字，这是随着他们军事、政治势力扩大以及文化需求，才创制出各自的文字。因之，辽有契丹字，金有女真字，西夏有西夏字，元有维吾尔字和蒙古字。这些文字初期主要在各族地域内流行，后来当他们统治着中原

---

① 参见赵翼《廿二史札记》卷30《元诸帝多不习汉文》条。
② 《文献通考》载金章宗承安五年翰林修撰杨庭修所言：州县官往往以权势自居，喜怒自任，听讼之际，鲜克加审，但使译人往来传问，罪之轻重，成于其口，货赂公行，冤枉有至二十年不能正者。这类情况在社会上当有一定的普遍性而存在着。

广大地区之后,也想采用自己的语言文字以扩大其政治文化影响,且曾不断下令强力推行。但是汉语毕竟是流行悠久,而且又为占人口绝大多数的汉人长期通用,势难抑止其流传。因此统治者通常是采取各族因俗而治的办法各从其语言文字,同时仍以汉语作为各族人民相互交流的主要语言。

《大金国志》卷40载上京黄龙府"杂诸国俗,及聚会处,诸国人言语不通则各为汉语以证,才能辨之"。可见以汉语作为交流共通的语言工具,它起着"传其意通其义"的作用,这在社会生活的实践中是不可或缺的。

当然,在辽金元时期,统治者也在竭力提倡使用自己的语言文字,而且把它定为"国语""国书",勉励本族子弟学习,以示不忘本初、不忘立国之艰难。故在此时期中,各国除行用本国文字外,亦把汉文作为主要文字,两者并行不悖。在元代"行于回回者则用回回字"、"行于汉人、契丹、女真者只用汉字"。①当蒙古人采用维吾尔文字书写自己的语言之后,其所行文书"必以回回字为验,无此则不成文书"。故蒙古初期在中原地区的燕京市学也多教"回回字及鞑人译语",同时,女真文字由于金国政权衰落,学习者少,逐渐泯灭而使人们不能辨认了。及元代忽必烈统治时,以帝师八思巴所创造的"蒙古新字"作为国字,也曾通行一时,但亦是把各族的文字附在国书之后。如行于契丹、女真汉地用汉文;行于西域地区用回族文字,行于蒙古地区则用蒙古字。两种语言文字并列一起,同时行用,这对于仅掌握本民族单一语言文字来说,有利于相互学习和交流。故当时社会上颇流行着一种用蒙古音译汉语的字书之类的书籍,如骨勒茂才的字书《番汉合时掌中珠》就是两种语言的合译简本。他在序中说到用这种音注的方法和作用道:"不学番语,则岂和番人之众。不会汉语,则岂人汉人之情。番有智者,汉人不敬。汉人贤士,番人不崇。若此者,由语言不通故也。"

---

① 参见《黑鞑事略》。

互通语言文字,对于沟通和了解双方思想及心理状态,具有十分重要的意义。故在辽、金、元时期契丹、女真、蒙古人除了学习使用汉语,也使用本族的语言文字、或通过翻译汉人经典、诗文,以便于相互间的对话、学习、交流、融会。

不过,由于语序结构的不同,文字翻译有时也会出现一些困难。如洪迈《夷坚丙志》所记契丹人译唐诗中的"鸟宿池边树,僧敲月下门"这一名句时,便读写成"月明里,和尚门子打。水底里,树上老鸦坐。"在字面上虽基本上表释了文词的内容,但意境诗情全无,味同嚼蜡。

此类情况,在初期的翻译过程中是在所难免。

由于蒙古人文化程度低,他们通行的公文书,与中原传统的制敕文字,既有典故、又有音韵和美丽文词的特点相比,大为失色,他们通常用极通俗的语言来表达,如皇帝的诏书中,往往用"长生天底气力里"等字来表示天意、天命的意思。这是此期中语言文字在使用上的特色。

但是,汉族语言文字毕竟有其魅力,经长期演化之后汉文字毕竟取得绝对优势。随着辽、金、元王朝统治的覆灭,契丹、女真文字渐次泯失而不闻,元初,就宣布废止契丹、女真文字的行用。元朝灭亡后,蒙古语言文字也只能在其本土继续保持流传,但在汉地的蒙古人则完全汉化,反而采用汉族语言文字进行彼此间的交流了。

(2) 法律实施

契丹、女真、蒙古诸族原本各有本民族的传统法律。当他们建国之后,在司法上亦多采取因俗而治的办法,即以契丹法治契丹人,女真法治女真人,蒙古法治蒙古人,对汉人则治以汉法。

如辽初期以夷离堇掌法律之事,元初以断事官掌刑法诉讼各有所属。各族诸法并存,难免在判案处理上轻重出入不一,并由此产生出种种矛盾。其后,统治者亦采取唐、宋之法及本国之俗制定出法律条文,如金国的《泰和律》、元朝的《大元典章》,便是想把司法的阐释与定罪调和统一起来。但是,终金、元之世,法律在实践上却是异常混乱。一方面是各族传统法律仍行之有效,另一方面,各部门、各种法令条规繁多而又无完备、严密的法律可以遵循奉行,甚至无统一的司法执行系统。①

以元代为例,诸王、公主投下均有自己设定的断事官,行使着各自属下的司法权力。在军队里、官府工匠机构里、佛道寺庙里,由于他们所属系统有别,有关诉讼审判也各由枢密院、金玉府、宣政院、道教所等机构自行处置,形成司法上"家自为政"、"人自为国"的混乱局面。由此不同属别、不同系统人员之间一旦发生诉讼纠纷事件便会牵涉极其复杂的人事关系,便需要会同各有关部门一起会勘断案。这种情况也就造成主持者办事拖拉、不能早断,对本系统的下属人员犯法则多方隐庇、包容,以及在量刑上产生你出我入、倚轻倚重的种种弊病。②

在司法上,终元一代,其间虽有《元典章》的编纂行用,有《通制条格》的条例制定,并没有真正地把司法严密地统一起来。判案无明确的律文可依,有司只能检讨格例办事,而格例颁布纷繁,前令后敕前后很不一致,同罪异科是判案中常有的事。故官吏借法律的不一,得以因缘为奸。元人陈祐对此状况曾一针见血地指出:

> 今之所以未臻于治者,良由法无定体、人无定分,政出多门,不相统一故也。③

这种状况早在辽代便已存在。《辽史·刑法志》载,道宗六年,"帝以契丹、汉人风俗不同,国法不可异施,于是更定条制。……条约既繁,典者不能遍习,愚民莫知所避。犯法者众,吏得因缘为奸……乃复用汉法"。

---

① 姚大力在《论元朝刑法体系的形成》一文中指出,元朝的刑法体系始终没有形成一个统一完整的有机体,实际上是包含了蒙古、汉、回各族律法的一个混合体。参见《元史论丛》第三辑,中华书局1986年版。

② 辽代法制上也有类似情况。《辽史·圣宗纪》载统和十年(公元992年)更定法令,载此前"契丹及汉人相殴致死,其法轻重不一,至是一等科之"。同书《耶律庶成传》载兴宗时,"诏耶律庶成修定法律"。内称:"方今法令,轻重不伦。"又道宗雍熙六年时,复以"契丹、汉人风俗不同,'国法不可异施',诏耶律乙辛更定条制"。这些都说明一个事实:在圣宗前后统治时期各族异法、处刑不等乃是普遍现象。

③ 见《元文类》卷14《三本书》。

便是一个很好的说明。

这种旧法、新法掺杂而用,再加上各系统间法律的不齐同,其结果也就造成了"政以邑异,法以县异,文以州异,案以郡异。议以六曹异,论以三省异"的极度混乱局面。同样是斗殴,出现在法律上:诸蒙古人与汉人争,殴汉人,汉人勿还报,许诉于有司。同样是杀伤,据法杀人者死,但蒙古人因争吵及乘醉殴汉人致死,仅断罪出征及赔偿"烧埋银"了事。这种法不健全、权重于法、各机构长官对法可以任意解释,以及官员枉情卖法、吏胥舞文弄法的乱象,乃是辽金元三代的通病。《元史·刑法志》说:

> 其弊也,南北异制,事类烦琐,挟情之吏,舞文弄法,出入比附,用谲行私,而凶顽不法之徒,又数以赦宥获免。至于西僧,岁作佛事,或恣意纵囚以售其奸宄,俾善良者喑哑而饮恨。识者病之。然元之刑法,其得在仁厚,其失在乎缓弛而不知检也。

施行法律的目的是格邪止非,以刑去刑,旨在维护国家的社会秩序和安全稳定。在辽金元时期,对社会上有碍于国家安全的一切言论和行动都在禁止之列。尤其对于妖言、妖行、聚众结社的活动更是严厉禁止。如在元代,法令上便禁止民间抄写及印造妖书、妖言,禁止天文图书,禁止阴阳人出入王公权贵宅舍邸第,禁止祈神赛会、扶鸾祷圣,禁止俗人做道场,禁止白莲教徒聚众烧香,禁止民间搬唱词话学习散乐,禁止汉人南人不得执弓箭及买卖军器供神,甚至连民间农耕叉草用的铁木钗也有人提出要作为禁止之列。诸此种种禁令,处处束缚着百姓的手脚。这些表象上看来颇是民族压迫,但实质上仍是为统治者服务的阶级压迫。

在法律的精神及量刑上,大体说来,辽金比较严厉,元代则失于宽纵。

辽代刑罚保留旧俗较多。犯罪者有"籍没之法",把家属没入官府或供给贵族官僚为奴婢。有"黥刺之法",犯有重罪处终身服役者,除捶楚鞭打之外,还要加以黥刺。而黥刑又有刺臂、刺颈、刺额、刺面之别。"有沙袋之法",凡用杖刑时,以沙袋打击犯人。沙袋用熟皮合缝制成,长六寸,宽二寸,其中盛沙,柄长一尺余,专用以鞭打。有"木剑大棒":凡大臣犯重罪而欲行宽宥时用以击打,以示惩罚。此外,其酷刑有犯谋反谋逆,投高崖处死;犯淫乱用五车辗杀;犯讪詈以铁锥捶口而杀之;又有枭磔、生埋、射鬼箭、炮掷、肢解、炮烙、铁梳、断手足、烂肩股、射燎、折腰胫、划口碎齿、弃尸于野、鸣镝丛射、纵骑践踏等种种杀戮,其用刑的残酷可以推想而知。

金代女真统治者在用刑上亦多承辽制。在初期行法时,尚能刑赎并行,犯罪应没为奴婢的人,家属可用财物赎免,重罪也可以自赎,但要削去鼻子、剜去耳朵作为惩罚,使人终身不忘罪过。收禁罪人时则掘地为牢作为监狱。处置杀人剽劫罪极重,以大棒敲击脑袋使破裂而死。其家属人员没入为奴婢,若亲戚欲得,亦可以用马牛等大牲畜赎归。若犯重罪,承辽制鞭以沙袋,犯轻罪通常用柳条鞭打,也有用财物赎罪。笞杖时,笞背不杖臀,这是由于女真人多在马背上生活,若笞臀则有碍于骑乘。又金代行严刑,州县官以下有官位的人经常遭到刑罚。犯罪要决杖时,先赐给酒肉饮食,然后行刑。官尊者决杖于堂上,行杖已毕,便坐衙视事如故,不以受杖为耻辱。

元代亦有五刑之制。但其笞杖与中原传统有异。传统记数法是十进。如笞杖有五十下,一百十下的数量。忽必烈在定制时说:"天饶他一下,地饶他一下,我饶他一下。"自此之后,凡应合笞五十止行笞四十七下;合杖一百十则杖一百零七。又天下死罪囚审讯完毕之后,再不加刑,长期囚禁,甚至老死于囹圄之中。又元代人崇信佛教,年年做佛事,值此之时,经常行赦宥。纵观元代统治期间,民间很少有见到公开杀戮之事,偶尔见到有一个人头挂出示众则惊骇异常,奔走相告。元人对此有"胜残去杀,黎民在海涵春育之中矣"的赞颂之语。① 不过,元法虽宽纵,但法之弊端亦甚大,汉族人民在民族与阶级压迫的双重压力之下,并没有什么好日子可过。元末,浙东地区有民谣流传着说:"天高皇帝远,民少相公多,一日三

---

① 见《草木子》。

遍打,不反待如何?"说明他们受到官吏压迫的苦难情景。①

(3) 民族与地域差异所产生的矛盾

辽金元时期在民族关系上有统治者国人、被统治者汉人、南人的民族差别。元代把全国人民在法律上区别为蒙古、色目、汉人、南人四等,其中以蒙古人、色目人最高贵,汉人次之,南人最低下。在社会上各阶级阶层来看,官吏僧道最受优待。在十等级之中,有一官二吏三僧四道之说,官吏处在尊贵地位。统治者所实行的是"以北治南"的统治方式,由他们派遣到江南地区做官的多由北方的蒙古色目人充任。对汉人南人则不甚重视,故在台省部院中担任高官者犹如凤毛麟角,十分稀少。故北方人常鄙视南方人,讥之为"腊鸡",称之为"蛮子"。呼老人为"老蛮子",幼童为"小蛮子",且屡见于官方颁行的官文书中。又蒙古、色目的王公贵族、富商大贾们,对物质生产富庶的江南之地,恣行掠夺,所征敛的各种税收名目百出,花样繁多。这种社会等级和地区的差异在民间诗文、谣谚中有着强烈的反映。宋末元初人邓中斋《鹧鸪词》中有:"天长地久多网罗,南音渐少北语多。"汪无量诗中有"南人堕泪北人笑,臣甫低头拜杜鹃"之语。②说出了大量北方蒙古、色目人南下为官作吏,南人备受压迫与剥削下的一种无奈的心声。南北地区社会经济的差异刺激着北方到江南来做官的人,他们多利用权势,作威作福,搜刮民脂民膏以饱私囊。更有一等江南的地主富豪子弟或无赖帮闲,转而投靠北来官员为虎作伥,相互勾结,狼狈为奸。他们或替主子们出谋划策、肆意敛财,或为主子们的侍从,充当爪牙,彼此利用、共同奴役良民百姓。《大义略叙》说:

> 屡闻于人谓北人受鞑主之害者曰:"我本金人降鞑,受害六十年,近始稍苏! 汝江南富庶,郎主无厌。鞑靼、回回皆嗜财嗜色如命,富者破

---

① 关于元代司法制度及其特点,可参考陈高华等著《中国政治制度通史·元代卷》第八章,李明德《元代司法制度述略》(载《法学研究》1995年第1期)。

② 分见《遂昌杂录》、《辍耕录》卷5,又《宋人轶事汇编》亦引此词。

家,贫者死无日矣!"我闻此语更惨然泪落。……南人狡,北人贪。南人今无聊赖,卖智活家,率教北人狡,颇济其贪酷,暴虎生翼,恶何可当。

北方贪得无厌的蒙古色目人与南方刁钻狡猾之徒如土棍地痞、乡里豪强与官府贪官污吏相结合,在这里被揭露无余了。

《癸辛杂识》还记载着一段南人投靠北人,作恶多端,其魂魄被勾到城隍,受到谴责警诫的故事。说道:

括(州)之缙云有业医者……忽梦追至城隍。主者戒之云:"凡今北人虐南人,盖由数定。若南人倚北人势以虐南人,此神明所甚怒,罪无赦。"

作者对现实中的无奈,借梦境来警告南人中的无耻之徒投靠北人,彼此互相狼狈为奸的愤恨心理,足见当时社会人际间腐败之风气。

中国地域经济自隋唐以来,南北早已出现地区发展的不平衡状态,宋代以来江南地区的社会经济已大大超越出北方地区。南富北贫的地区差别日益明显。如金代统治下的汴州原为北宋都城,工商业十分繁盛,自从被金人占领后,几经战争,大量居民南逃,都城繁华顿失旧貌而荒残冷落。南宋范成大《揽辔录》载:

旧京自城破后,疮痍不复。炀王亮徙居燕山,始以为南都,独崇饰宫阙,比旧加壮丽。民间荒残自若,新城内大抵皆墟,有犁为田处,旧城内粗布肆,皆苟活而已。四望时见楼阁峥嵘,皆旧宫观。

但这不仅指汴州一城一地而已。元初有人把北方城市与南方城市作了比较后说:

北地称真定府最为繁华富庶。有南人北游归而言曰:"曾不及吴城十之一二",他州城郭更荒凉不足取。

由此,他慨叹地说:

> 宜乎北人来南,遇有所见,率私欢喜嗟讶,意极睥睨江南子女玉帛,谓安得变乱恣打虏之志耶!

南方社会繁华富庶刺激了北人的贪婪和掠夺性,"打虏"是俗语,意为军队所到之处的任意掠夺。元初之制,凡军队出征时,对所攻取的城市允许军人公开抢掠,把民间财富据为己有,称为"乾(干)打虏。"后来,稍加禁止,然这种抢掠之风,地区间贫富差别在民谣、民谚上便有充分的反映。元末,河北彰德路有童谣说:

> 塔儿黑,北人作主南人客。塔儿红,朱衣人作主人公。①

这是南贫北富的阶级矛盾酿成南人朱元璋起兵反元在民谣上的反映。朱元璋在起兵后在声讨元朝罪恶的檄文中也有"穷极江南,富跨塞北"之句。又《草木子》载民间有一首《吊宰相伯颜》诗。诗中有"虎视南人同草芥,天教遗臭在南荒"之句。伯颜为宰相时,曾出令:北人殴打南人,不许还报。故当他在遭到贬谪之后,人们作诗来加以嘲笑。从这些诗文的字里行间不难看到在元统治下南北地区的差别,南人颇受北人的歧视、欺凌与压迫。"穷极江南,富跨塞北"之语,含有极其丰富的内涵,民族地域间的差别是元代社会生活中的实录,元末农民起义的背景当从这里探索。②

---

① 《元史》卷51《五行志》。
② 参见王崇武《论元末农民起义的社会背景》(载《历史研究》1954年第1期),丁国范《元末社会诸矛盾的分析》(载《南京大学学报》1963年第1期)。

第七章　宗教信仰与鬼神迷信

辽金元时期统治者对宗教基本上采取兼容并蓄、因俗而治的办法,社会上各种宗教可以自行流行传播。本土的、外来的,各种各样的宗教与迷信林立并进,宗教信仰极度活跃、仪式纷繁,佛寺道观、教堂祠宇遍布于全国各个角落。

这时期的宗教在传统的佛教、道教中又产生出种种派别。佛教有新兴的喇嘛教,又有头陀教、白莲社、白云宗(弥勒教),道教又有全真教、正一教、大道教。在蒙古及东北一带地区还流行着原始的萨满教。此外,外来宗教也随着大批色目人、回族人来中原,蜂拥而至,回教、也里可温教的流传就带来了异地的宗教信仰。因之,许多宗教信仰的仪制五光十色,也相应地在民间广泛流传,从而深刻地影响着这一时期人们的社会生活以及心理状态。

一、各种宗教信仰的并行

1. 佛教与喇嘛教

契丹、女真、蒙古人初期信仰巫教,及其势力向四周扩张,吸取外来宗教以充实精神文化,因之,佛教应运而渐被吸收,成为他们的主流宗教。

在辽、金建国时期,传统佛教在东北地区已盛行起来。上京东京诸地均有规模宏丽的大佛寺。辽太祖阿保机就是一个虔诚的佛教信仰者,他在建立上京城邑的同时也兴建佛寺。太宗取燕云十六州后,佛寺则已遍布五京地区。①一些著名寺庙各有贵族们支持和布施大量钱财,且能雕印大部

---

① 五京中寺庙有:兴中府灵岩寺、阳台山清水寺、易州涞水县金山演教寺、蓟县独乐寺。西京大同府下华严寺,均梁枋彩画,飞甍连栋,寺塔高耸有八角十三层的规模。金代上京著名佛寺有庆元寺、储庆寺、兴王寺、宝胜寺、光林寺等。近年来城内还出土不少金代小铜佛、铜佛龛、千手观音等许多佛教文物。又在绥滨地区金人墓葬中出土有玉雕飞天随葬。这些都反映佛教由内地深入到边远的黑龙江地区。金中都大兴府(今北京市)城内,佛寺更兴隆,城内"刹庙林立,僧居佛寺冠于北方"。参见阿城都僧录《宝严大师塔铭志》。

帙的佛藏经典。有些寺庙还拥有朝廷赐给的税户，替他们服役、耕作田地，缴纳赋税。不过那时出家为僧尼多数还是汉人，契丹人则为数极少。

金代统治者多有信奉佛教者，金初宗室大臣斡离不（汉名宗杰）就是一个"喜谈佛道，军中号为菩萨"的人物。章宗太后崇佛十分虔诚，临死前还遗命要在和龙建造庙宇替她祖先荐福，以求庇护。及章宗继位后，即遵照遗命在京城营建宏伟庄严的大明寺和九级浮屠，①付给度牒的僧众达三万人。百姓风闻，趋之若鹜，愿剃度出家为僧尼且达五万人之多。为了容纳如此众多的僧尼，章宗又在寺旁四侧再建八个寺院作为僧尼持业净修的场所。一些贵族官僚崇佛弥笃，也有让家属出家，"舍男女为僧尼"。由于统治者的佞佛和竭力提倡，辽金时期佛教得到蓬勃发展，香火日益隆盛。由于信佛，崇拜神灵护佑，契丹、女真的显贵们多有以佛取名的社会风俗，如小名有称"观音"、"菩萨"、"佛留"、"佛哥"、"佛奴"等，于此亦可见辽金人信仰、佞佛的普遍程度。②

金代有名望的僧人地位很高，待遇也十分优渥，有朝廷赐号的僧人称"大师"、"大德"，披御赐的紫袈裟。在京高僧称为"国师"，服红袈裟，其出入威仪犹同帝师，统治者无不对之顶礼膜拜。在地方上各有僧官统辖僧众，在帅府地区，称"僧录"、"僧正"，在州郡地区称"都纲"，在县一级称"维那"，自上而下，逐级管辖。若僧徒犯法，杖以下罪由县维那审治，杖罪以上，申报都纲、僧录处理。僧官拥有对僧尼的司法权，地方政府一般不得干预，他们在社会上具有信仰上的权威，是一种特殊阶层。

在元代由西藏地区传入的喇嘛教受到统治者的特殊尊崇，奉为"国教"。忽必烈时，尊西藏萨迦派首领八思巴为帝师，亲自接受他的法戒，并封他为"一人之下、万人之上、西方佛子、大元帝师"，后又加尊号为"大宝法王"，统率西天（藏）十三万户人众，又特建崇政院作为全国佛教的最高

---

① 参见《大金国志》浮屠。又日人野上俊静《辽金佛教》。
② 刘浦江撰文指出金代统治者虽礼佛而不佞佛，对于佛教的政策主要是利用与限制并重。此说见其所著《辽金的佛教政策及其社会影响》一文，载《佛学研究》1996年第5辑。

机构,以帝师为院使,管理全国僧徒。又下诏令天下郡国皆建立帝师殿,其仪制略同于先圣先师孔子的文庙。此后国师世世相承袭,每逢新帝将立,必亲身到帝师处灌顶受戒,执弟子之礼,方能正位大宝,登上皇帝宝座。

在帝王崇佛之风的浸染下,除贵族官僚外,宫廷后妃、公主等贵族妇女亦无不风靡事佛,向帝师顶礼膜拜,或迎请到宫廷府邸宣传佛法,大做佛事,甚或削发剃度作为佛弟子。①

统治者的信佛、佞佛,使西番喇嘛僧享有种种政治上和经济上的特权。宣政院管理着全国僧徒,有关词讼由各级僧官判断。喇嘛僧时常出入官府衙门,有些僧官,恃仗权势,且有咆哮公堂、闯入官衙寻衅闹事、殴打长官。专横者甚至敢与诸王、公主争道,指使侍从僧众持棍打人。他们从皇权中取得对神权的庇护,由宣政院拿到圣旨;凡平民殴打西僧要截手、骂西僧要断舌。

他们为皇帝祈祷祝福,大做佛事。做佛事时,则要求赦免罪人称奏释罪因为"荐福"。凡奴婢杀主、妻妾杀夫等触犯刑律的事发生,只要有僧官做后台、或作说词、或加包庇,都可以"夤缘幸免"。他们还领有朝廷颁给的金银牌符,所到之处可以乘驿传站赤周游各地。所乘驿马任意取索,多时竟达数十百匹,所过之处,强索民夫车马、酒食、连官府也不敢有丝毫怠慢,否则就会横遭不测之祸。一些大寺院的僧人亦恃仗着权势,在经济上大捞好处。他们可以容隐人户、可以开设店铺、可以放高利贷、可以做买卖不纳税,还可违法夹带商贾做偷漏税的勾当,从中图谋私利。有些僧人还假借做功德、造佛寺的美名,私自做着抽阄赌博等非法的摄利活动。②

喇嘛教属佛教大乘密宗,其宗教仪制名目繁多。做佛事俗称"做好事",几乎年年月月都有。如至元二十四年做佛事,设三十三会,次年,大护国仁王寺做佛事,设五十四会。佛事的名目有"佛顶金轮会"、"三禅会"、"资戒大会"等等。至元中,内廷佛事名目每年达百余次,平均约三日

---

① 详可参阅《陔余丛考》卷18。《元时崇奉释教之滥》。
② 参见《通制条格》卷29《商税·地税》条。

便有一次。此后逐年还有增加。到了成宗大德七年,做佛事且增多到五百余次。仁宗延祐四年统计为做佛事所花费用的食用物品仅面 439 500 斤,油 79 000 斤、酥 21 870 斤、蜜 27 300 斤,其他各物尚不计算在内。次年各寺庙又大肆铺张地做佛事,仅用羊一项即达万头之多。诸佛寺还多次缮写金字藏经,每一次缮写就要用去金 3 000 余两。元贞元年,国忌日行香,单供僧众的斋饭一次就达 7 万人的供应量。统治者对各大寺庙的施舍也十分慷慨,每次赐田少则数百顷,多则千万顷。所赐财物有金、银、钞、杂彩缎等,动辄百千两、数十万贯匹。这些施舍养肥高级僧人,他们所拥有的财富惊人,即使是藩王、国戚也不能与之相比。忽必烈时,江南释教总统杨琏真伽获朝廷宠遇,除拥有大量赐田外,由他役使的佃户即多达 50 万户之多,却不向国家缴纳一粒的租赋。他甚至在临安挖掘南宋历朝皇帝的坟墓,从尸骨堆中大发横财,真是骇人听闻。①

  元代僧寺之多,僧人之滥、僧徒之骄奢,做佛事之靡费,役使民户之多可说是历朝历代所无有。所谓"今日诵藏经,明日排好事;今年造某殿,明年构某宫;凡天下人迹所到精蓝胜观,栋宇相望",形象地勾画出喇嘛教盛行之风。②

  元代西番僧人的日常生活与中土传统佛教徒颇有不同。高僧常加"吉祥"尊号,他们着红衣,头戴形状似兜鍪的红帽子,或顶笠、着靴及透籍析居。③他们还可以娶妻生子、饮酒食肉,不戒荤腥。西北的河西一带风俗,女子出嫁前夜且有请和尚破红的陈旧习惯。时俗认为妇女受帝师法戒或与喇嘛交合,不是淫佚罪恶,而是"赐福种"。《草木子》记载此俗说:"都下受戒,自妃子以下至大臣妻妾,时时延帝师堂下,戒师于帐中受戒,

---

① 张养浩《归田类稿》卷 2《时政书》。
② 详可参见陈高华《元代佛教与元代社会》。
③ 参见《十驾斋养新录》卷 9,《大义略叙》。又瞿佑《归田诗话·宋故宫》云:"元西僧皆戴红兜帽。"《宋人轶事汇编》下引。《大义略叙》则记元僧"衣黄衣",疑误。今案元《通制条格》卷 29 有《汉僧红衣》条,云:"汉儿和尚每穿着'土钵'(当是吐蕃异译)和尚红衣一迷(疑作'昧')地行有,钦奉圣旨,那般着拿着。"据此,则明载西番僧人服红衣而汉僧则禁止着红衣。否则就是犯法,官府要捉拿问罪。

诵咒作法。……妃主之寡者,间数日则亲自赴堂受戒,恣其淫佚,名曰:'大布施',又曰'以身布施'。"其流风所行,中原河北僧皆有妻(室),公然居佛殿两庑,赴斋称"'师娘',病则于佛前首鞠,许披袈裟三日,殆与常人无异,特无发耳"。又《大义略叙》载西僧奇异之俗云:

(西番僧人)供佛则宰杀牛马,刺血涂佛唇为"佛欢喜",斋僧则僧妇僧子俱来,皆僧形僧服。人家招僧诵经,必盛设酒肉恣餍饫归为有功德。

又说:

(大都)镇国寺……有佛母殿,黄金铸,裸形中立,目瞩邪僻,侧塑妖女,裸形斜目,指视金佛之形。旁别塑佛与妖女裸合、种种淫状,环列梁壁间,两廊塑妖僧或啖活小儿、或啖活大蛇,种种邪怪。右又塑一僧,青面裸形,右手擎一裸血小儿,赤双足,踏一裸形妇女,颈擐小儿骷髅,名曰"罗睺罗佛"(相传此教妖僧时杀人祭而食,手持人指节骨数珠,此妖乃西蕃人……曰"帝师")岁岁四月佛诞日、二月哪吒太子诞日,佛母殿四角置大瓮,贮杀童男女血,殿角塑立裸佛,仗剑俯视瓮中血。僧裸形作法,祷佛取血涂佛唇为祭,与房主以次分银瓮血饮。……四月八日留僧宿于穹庐,房主妇焚香跪礼。僧始与同寝,众僧与鞑主群雌(指妃嫔)亦然。至抚摩咒唲金佛男形(指阳具)无所不至,谓之"度佛种"。僧惑郎主曰:"若郎主、郎妇眷属,若我之身皆同出于佛所生。"鞑主惑为然,敬信过真佛。愿生佛为子,故建佛母殿。

《大义略叙》为宋末元初人郑思肖所撰,他身经亡国之痛,具有强烈的民族思想,嫉恶元朝的统治,其叙录所记或许带有偏见及失实之处,但这里所叙佛母殿种种绘图以及"度佛种"仍大体可信。喇嘛教此种习俗,与传统佛教戒律正身修己有异,元人佞佛信佛的后果之一便是导致元统治的迅速腐败与衰亡,喇嘛教在中土的影响亦随其统治垮台而衰落。①

2. 民间宗教

与元统治者崇信喇嘛教不同,中土民间百姓则多信仰头陀教、白云宗、白莲宗等民间宗派。兹分述于后。

头陀教是金元间流行于民间中佛教的一个别派。头陀二字系从梵文直译过来,意思是舍去贪欲意念。一些佛书中也有把头陀意译成"杜多""斗擞""抖拣""洮汰"等不同写法,此教一称"糠禅"是金代天会年间和尚刘纸衣所创立、糠禅意即为吃糠坐禅,是正统佛教徒对信仰此教的异教徒的耻辱称呼。②不过,头陀之称,更为通俗流行。

头陀教的教义要求信奉此教的僧徒要清心寡欲、舍去贪心,信守头陀行中的十二条教规:大体说来,在衣食起居的日常生活中保持艰苦朴素。衣要穿常人所不穿、缝纳而成的"扫粪衣",不能多置,也不能多穿,只能用供替换的三件衣,不用其余长衣;食要向人乞讨求食,不吃僧寺和施主专供的斋饭。每日只吃午前一顿正餐,其他时间不吃正食,不能多吃,乞讨得来的食物盛满一钵便要停止,不可多受多要,称为"节量食"。否则就是贪心的表现。住要住在远离人家烟火的僻静空旷闲地。坐要坐在荒野坟墓之侧或树木下露天地方,席地瞑目而坐,不横卧。据该教所称,信徒们若能奉行这些教规,修习精勤,便能解脱现世间的苦难而成佛。据称,信奉此教者在北方燕京地区多为市井工商之徒,进入到元代,信徒则多为下层平民,士大夫阶层则绝少信奉。③看来,这些头陀僧在入教前多数是贫苦无依、生活遭受磨难,即所谓受苦受难之人。入教后则成为沿街挨户、托钵求食、号为头陀的苦行僧。④在施耐庵小说《水浒传》中我们就可以看

---

① 关于元代在番僧的种种形象及其活动,详可参阅沈卫荣《想象西藏:跨文化视野中的和尚、活佛、喇嘛和密教》(北京师范大学出版社 2015 年版)。

② 《行事钞·头陀行仪》篇说:"头陀者,汉言抖擞,谓抖擞烦恼,离著滞著。"《大乘义章》卷 15 称:"头陀、胡语,此方正翻名为抖擞……如衣斗拣能去尘垢,修习此行,能舍贪著,故曰抖拣。"

③ 《雪楼集》卷 21,又见《元典章》、《礼部·释道》。

④ 头陀教在金代流行于北方,入元之后,亦向江南地区流传散播。元朝政府且在江南诸路设头陀教门都提点之官进行管辖。有关头陀教称糠禅,可参看周良霄《元朝史》。

到这类托钵头陀敲打木鱼沿街乞讨的一些形象和踪迹。

白云宗是主要流行于江淮以南广大地区的一个佛教派别,相传该宗创立于北宋末年,因其创始人居住在杭州白云庵修行而得名。白云宗尊《华严经》为最高佛乘,把修行成佛分为十个等级,称为"十地",主张儒、释、道三教一致,提倡以忠孝慈爱为本,早夜持诵修行,亲自耕作田地自活,生活上蔬食,不吃荤酒、不娶妻房。僧徒自称"道民"、"庵主"。到了元代时期,白云宗僧徒增多,约有十万人。少数信徒中亦有蓄发娶妻,这可能是受西番喇嘛教的影响。不过元统治者认为白云宗不是正统佛教组织,曾下令禁止流行。由此白云宗势力渐衰,不少僧徒多转投到白莲宗门下去修业。

白莲宗是佛教净土宗的一个门派,该宗创教晚于白云宗,据称为南宋初期江南吴郡茅子元所开创。该宗劝人皈依三宝、接受五戒,只要诚心诚意口念阿弥陀佛,代众生礼佛忏悔,即使"不断烦恼、不舍家缘、不信禅定",在死亡之后也可以往生极乐世界。该宗还强调信徒们素食,"谨葱乳,不杀,不饮酒",民间称其教义颇与禅宗、净土宗相似。其仪式也简单易行,只要口到心到,便可成佛,由此之故颇为城乡平民百姓尤其是贫苦大众所乐意接受。史称"愚夫愚妇"、"聚落田里"皆乐从其教。

信仰白莲宗教徒经常烧香聚众,讲说佛法,男女混杂一起、昼夜出入。元统治者最怕群众聚会,滋事生非,目为异端,曾屡次下令禁止其流行,地主老爷们则诬称他们为"吃菜事魔"。但是思想意识中的宗教信仰是不可能用行政命令消除的。教徒们为了生存,转而去崇拜弥勒佛。于是白莲宗与弥勒教相混合起来,声称弥勒佛是释迦牟尼子弟,即将化身降生人间,解脱世人苦难。此说众口流传,到处蔓延,实际上是贫苦大众借着宗教的信仰、语言对现实世界的腐败所发出的不满呼声。平民百姓彼此心息相通,互相交流,彼此争相趋附,信徒不断增加。到了元末,白莲教徒便成为反抗元朝统治的基本群众了。

元代民间还流传着一种称为"明教"的宗教组织,它渊源于唐宋以来的祆教,不事鬼神、不立寺庙,只供奉摩尼为天神。它受到正统佛教徒的排挤和打击,被统治者目为异端,把摩尼中的"摩"字换易成"魔"字,故民间亦混称作魔教。北宋末年,方腊在浙东地区举行起义,就颇有"吃菜事魔"的魔教徒参加,故受到政府的迫害,由此逐渐衰落下去。其信徒遂转而混合于白莲教中,并与盛行于广大群众之间的佛教、道教的成分相混,另创明教组织。明教徒既尊摩尼(一作牟尼)为光明之神,礼拜日月,又崇信白莲宗所提倡的佛教弥勒佛降生人世之说,还把东汉末年五斗米道教主张角尊奉为教祖,在宗教教义上可说是个大杂烩。

明教徒服色尚白色,亦提倡蔬食、戒酒,主张裸葬,讲求团结互助共济,彼此称为"一家",相信世界上存在着光明与黑暗,两种势力在斗争着,光明的力量终将战胜黑暗的力量。这些主张给崇信此教的信徒们增加斗争的信念。元末在皇觉寺做小沙弥的朱元璋就是一个明教徒,他后来推翻元朝建立国号为"明",便是与明教崇拜光明的"明"有着密切的关系。①

白云宗、后称白莲教的白莲宗、明教的僧徒都主张艰苦朴素的生活,他们不饮酒、不茹荤、讲互助团结,又常成群结队、烧香拜佛,用符水替人治病。同时他们又受到正统佛教徒的排压和打击,被视为异端邪说,被诬为吃菜事魔,但哪里不平就有我。吃菜事魔在江淮以南民间有着广泛生息的土壤,统治者虽屡加禁止,但信仰者却日益增多,到处有他们的秘密组织在布道传言,进行着各式各样的活动。当元末社会阶级矛盾尖锐化、人们思想上有动荡不安的焦虑时,他们便乘机互相联络彼此沟通,通过预言、谶语,喊出了"弥勒佛降生"、"明王出世"的宣传口号,并用"石人一只眼,挑动黄河天下反"、"不平人杀不平者,杀尽不平方太平"等歌谣以鼓舞人心,增添斗志,从而把各地以烧香聚众的信徒们从四面八方集结起来,向官府地主豪绅及其代表者元王朝发起了震天撼地的反抗斗争。②

3. 道教的传布

道教是中国传统宗教,在历史长河中多有演变。在辽金元统治时期

---

① 详参吴晗《朱元璋传》。
② 杨讷著《元代白莲教研究》(上海古籍出版社 2017 年版)探讨了元代白莲教的渊源、发展,以及与明教的关系,可供参读。

其崇信地位仅次于佛教,但人们对道教的信奉程度则不如元代崇尚喇嘛教那样举国如狂如痴。

金元时期道教分为两大派。一派是流行于北方的全真教,另一派是流行于南方的天师道正一派。

全真教是金世宗时陕西咸阳人王中孚所创立。王中孚一名喆,又号"重阳子",故人们亦常称为王重阳。①其教主要流行于今山东文登、宁海、莱州沿海一带,教旨以识心见性为本,提倡"全神炼气""出家修真",又主张道、佛、儒三教兼修,劝人读道书老子《道德经》,奉为经典,又读佛书《心经》、儒书《孝经》,即可修正成道。

金世宗大定年间(公元1161—1189年)全真教得到发展,先后创立三教七宝会、三教金莲会、三教三光会、三教玉华会等会道门,宣传三教同归可以修正成道的宗旨。他们持业的特点是淡泊自适、不尚符箓、不事烧炼,履行道士出家的规则。他们中的上层道长也多接近官僚士大夫,彼此间常有诗文唱和。金章宗明昌元年(公元1190年)金朝廷见此教发展迅速,惧怕有"五斗米之变",以"惑众乱民"为由,与五行、毗卢等会道门一并禁止,但不久即解禁。

王重阳收有高徒七人。以丘处机最著名。②约当金元之际,长春真人丘处机曾奉元太祖成吉思汗所召,前往漠北,并伴同成吉思汗西行至中

---

① 王重阳,士人出身,早年参加科举考试,中举后,思想上嫉时愤世,抛弃功名,周游各地。自称于今陕西户县之甘河镇逢仙人吕洞宾的化身,受指点,得到修炼秘诀,乃弃家别妻,云游终南山。后传道至山东昆嵛山(今牟平县东南)一带,为当地人马钰、孙不二夫妇所信奉,为之建屋舍、立庵堂,遂创立教名为全真教。此后,凡信奉其道的人皆称全真道士。

全真道的宣传主张"以无为体、妄言为用、柔弱为本、清静为基"。此见于《丹阳真人语录》。

② 道书中称为北七真。据王粹《七真赞》所述:北七真为王重阳及其弟子马钰(号丹阳子)、谭处端(号长真子)、刘处玄(号长生子)、丘处机(号长春子)、王处一(号金阳子)、郝大通(一名璘,号广宁子)。后来,以王重阳为开教之祖,不列于七子之内,而另增马钰之妻孙不二(号清静散人)是为北七真。其派别有"遇仙""南无""随山""龙门""嵛山""华山""清静"七派。

亚,赐号神仙,拜"大宗师",掌管天下道教。①故当元之世全真教在北方门徒众多。世祖忽必烈在位时,王重阳及其弟子七人均被赐封为"真人",待遇优渥。但此后在佛道的相互斗争中,终不敌喇嘛教的排挤打击。②

与全真教并峙的道教派别有正一教,它是金元时期道教中符箓各派的总称。它渊源于东汉张陵所创建的五斗米道,因张陵曾被历代统治者尊封为天师,故亦称"天师道"。此教主要流行于大江南北,自唐、宋以来分散行道于南北各地区,因此,道教符箓各派诸如"上清""灵宝"等派遂与天师道合流。

元世祖忽必烈平定江南后,为统治需要立即对此教派进行抚慰,封第三十六代天师张宗演总领江南道教。张宗演死,其子张与棣继封为三十七代天师。张与棣死,由其弟张与材继承为三十八代天师。正一教主,总领三山(龙虎山、阁皂山、茅山)符箓,此后凡道教符箓各派均归其统辖,遂改称为"正一教"。③

正一教主要奉持道经《正一经》,崇拜鬼神,用画符念咒等方法降神驱鬼,替人除妖捉怪,祈福消灾。江湖上那些驱鬼役神、烧符念咒的道术之士多属于这一类人物。道徒们还可以结婚生子。历代张天师便是后房侍妾众多的大法师。

全真教和正一教两大派别在教义、仪式、宣传方法上各有不同特点,

---

① 此时正值蒙古兵南下中原,兵戈不息。中土士民遭俘虏者甚多。蒙古人以奴虏待之,备遭苦难。丘处机利用其宗教地位,解脱士民,使他们挂名道籍,人数多达数万,又劝成吉思汗"止杀"。故全真教颇得到当时士大夫的赞颂,其教又借此得以广泛传播,成为道教的主流。丘处机事迹详可看《元史·释老传》《长春真人西游记》。

又近人陈垣有《南宋初河北新道教考》亦可参考。

② 详可参阅郑素春所著《金真教与大蒙古国帝室》以及《元朝统治下的金真道派,1260—1368》两书,(台湾学生书局1987年版)。

③ 正一教第三十六代天师张宗演于元世祖至元十三年奉召进京,元政府即命总领江南道教,待遇优渥。其徒张留孙亦随从入京。元帝先后授以"玄教宗师""大宗师""大真人"封号,又任江南诸路道教都提点。至元二十八年,张与棣袭掌江南道教,后成宗即位,命设醮于圆殿及长春宫,并命天下行其醮典。其弟张与材嗣为第三十八代教主封天师,故正一教在元代历久不衰。至英宗时,张留孙弟子吴全节继授大宗师、弘文崇道玄德真人,总摄江淮荆襄等处道教,知集贤院道教事。

大抵全真道教讲炼气,不事外丹烧炼,不重仪式;正一教专讲符箓、驱鬼役神,仪式繁琐。在传习方面全真教讲求德行清修,择徒而授;正一教则以家传世袭为职,代代相传不替。

道教除全真、正一两大宗派外还有大道教、太一教,亦流行于金元之世。大道教为金代沧州人刘德仁号无忧子所创建,其教旨以见素抱朴,少思寡欲、虚心实腹、守气养神为主,与全真教义略有相似之处。金世宗大定年间,刘德仁以其道行得朝廷认可,赐号"东岳真人",后弟子相继五传至郦希诚时,乃定名为"真大道教"。①

太一教的流传似比真大道教为早,早在金初太宗天眷年间,由河北卫郡道士萧抱真所创立。该教传太一三元法箓之术,以符箓、祈禳、驱神弄鬼为务,出入王侯后妃及权贵之门,为他们作法祈祷,自称"专以笃人伦、翊世教为本"故受到金统治者的礼敬。②

总之在金元时期,道教虽不及佛教盛行,但仍继续得到发展。金代在燕京南北皆设立道观,朝廷亦设有专门管辖道徒的机构。在帅府所在地置"道录司",从道士中挑选精专法箓的人充任,道录司正官称"道录";副官称"道正",任期三年,满期后调转,另择他人。熙宗时又设置道阶六等,有"内侍宸""授经"等名目以安置道教中的上层人物。金贵族中信奉道教者常为施主,时常向道观供奉斋银,所施动辄有千缗之多。元代统治者虽尊奉喇嘛教为国教,但对道教亦因俗而治,加以扶持优奖,尊为天师、真人。全国各地道观祠宇、宫坛林立,其"琳宇之穹崇,璇宫之宏邃,出于国家之经费莫之靳",道徒与佛徒得优待可免赋税。其挂名于道籍的人数,据称有30万以上,民间一般信徒,还未计算在内,可见道教流行之广泛。

4. 萨满教的流传

除佛道各宗派外,在东北一带民间还信仰着萨满教。它流行于民间,

---

① 《元史·释老传》云:"其教以苦节危行为要,而不妄取于人,不苟侈于己。"六传至孙德福,元世祖命统辖诸路真大道教。又三传至张志清,其教益盛,元廷授以"演教大宗师""凝神冲妙玄应真人"等尊号,其教徒除流行于北方黄河流域外,在江南地区亦有信仰者。

② 以上见《秋涧先生大全集》卷40、47、61诸篇。

一称珊蛮教,系音译的不同。它是原始宗教的一种,因主持仪式的巫师称萨满而得名。萨满原意是指"因兴奋而狂舞的人"。主要生存在社会经济发展比较落后的地方。该教信仰鬼神,认为万物有灵,人死后灵魂不灭,宇宙万事万物、世间一切祸福皆由鬼神主宰着。神灵能赐福人们、魔鬼能降灾人间。萨满神是保护族人的神,是族内选派出的代言人,巫师就是人与神之间沟通的化身,能替本族人护财消灾、治病求福、保平安。

萨满教还有种种宗教节日和繁杂的仪式。每逢宗教节日,或本族内发生重大事件时,巫师便举行祭祀、主持祈祷仪式为本民族成员向神灵求福佑、保平安,使六畜兴旺、财运亨通。若人们有疾病,巫师们则跳神舞,舞之蹈之,以符水、草药替病人治病。据称萨满巫师还按照其神通、法力大小,各有不同的名称和职位分工。他们世代相传指定授受,其法具有神衣、神帽、神鼓以及靴、刀、杖等仪物和各式各样的奇怪偶像,这些东西都被赋予有超自然的神秘力量。

在辽金元统治下,契丹、女真、蒙古人多尊崇萨满宗教,其习俗和仪制一直被保留下来。尤其在边远辽阔的广大牧民中,信奉者更多。契丹族人的祭山神、射鬼箭、再生仪的活动,蒙古族的祭天拜祖、庭燎跳神等等,都是萨满巫术的保留,其有关仪制习俗将在以后的章节中交代,这里略不备述。

总之,佛教创设种种神佛,勾画出天堂地狱,因果报应、六道轮回,以人世间不同劫难作为宣传,通过念佛持诵、布施财物作为手段、以勤修善行,来世能生净土乐地作为说教。道教则讲求炼丹养气,求长生、登仙界,以符箓咒水、役使鬼神、替人治病除祟,又设立种种仙界职位宣传诸位神仙主管天条,而设坛斋醮祈禳则可以使人转祸为福。种种奇谈怪诡之说无非是把人们的思想引导到非世俗的、梦幻般的道路上去。这对于富贵者来说,既可以满足其骄奢淫逸的生活欲望,又可以寄托希望于来生来世,成佛成仙的心理要求。对于贫贱的士民来说,生老病死以及人世间种种磨难,通过修今生、获善报,也是一种心理上的慰藉。因此,佛道既能获得统治者的扶持和优遇,也能获得士民广众的敬仰和崇信。

辽金元时期,统治者文化程度相对滞后,宗教气息就显得浓厚。加上辽金元时期长期兵戈不息,社会动荡不宁,一些知识分子屡遭政治上压抑,仕途艰难,为获得心态平衡、转入于佛道中求生活,开山门、立仪制,招弟子宣教旨,这就是此期中宗教信仰活跃的社会基本因素。①

5. 回教与也里可温教

回教和也里可温教都是外来宗教。回教即今日所称的伊斯兰教,在元人的官文书中称为"答失蛮",这是波斯文的音译,意思指"明哲的人"。②景教元时称也里可温教,蒙古语的原意指"有福禄的人",又转称为长老,他包括凡信奉十字架的天主教和基督教各派。

回教系七世纪初为穆罕默德于阿拉伯半岛上所创立的一神教,崇信《古兰经》,奉为经典,尊"安拉"为唯一天神。穆罕默德自称是天神的使者,劝人对神礼拜、斋戒,相信人死后能复活和末日审判。人们的命运系由安拉前定,此外别无神灵,故排斥一切异端。回教约在唐代传入,后渐式微。在辽金时期流行于西北边陲,在元代中西交通打开,大量回族人辗转进入中原各地,或任官、或经商、或屯戍、或居留传道,且买田建舍,成家置业,娶妻生子,由此人口滋殖。

元代由于回族人口繁多崇信此教,敕命设立回教掌教所,以管理回民事务及相关词讼,③并使其教徒为国家祈福,保佑国泰民安。据称在元代回教教堂遍布全国各地,尤以西北及大都人口繁多,信仰亦夥。

回教的流行,尤其在云南及陕甘地区,信奉者极多。阿难答崇信回教,使其属下约十五万蒙古军人亦改奉回教。其所居地则"近而京城,远而诸路,其寺万余所",其所建教堂极高峻,常有信奉者登楼举手向天呼号、发誓,以祈求天神福佑。又回教徒作礼拜时,有向西行拜天之礼的习俗。④

---

① 参阅刘祁《归潜志》卷 12。
② 回教即伊斯兰教,金代已有称"异习览",即伊斯兰的异译,见《金史·粘割韩奴传》。
③ 元仁宗皇庆元年(公元 1312 年)元廷下令取消回教掌教所管理词讼的权利。把审判权收归大理寺及有司。见《元史·仁宗纪》。
④ 见孙贯文《重修礼拜寺碑跋》,载《文物》1961 年 8 期。关于元代中国伊斯兰教派情况,可参考杨志玖先生《元代中国伊斯兰教派试探》一文,载于《西北民族研究》1988 年第 1 期。

与回教传入的同时，由西方人所信奉的也里可温教（基督教）也流传入中原。早在蒙古成吉思汗时期，蒙古诸部中的汪古部、克烈部、乃蛮部均有部人信奉。据称成吉思汗的儿媳妇，即其幼子拖雷之妻就是一个著名的基督教徒，而定宗贵由也是深受基督教影响的蒙古大汗。及元朝建立，基督教也取得了元统治者的认可，允许在全国各大都市中兴建教堂，布教传道。元朝廷为之特地设置崇福司的机构，专门管理全国也里可温十字教祭祀之事。据《元史》卷89《百官志》记载，也里可温所属诸掌教司分布全国各地有72所，可见其规模及信奉人数之多。据意大利人马可波罗记载，元初在今北京、杭州、西安、甘肃、宁夏、江苏镇江、福建泉州等地，都有大量也里可温教徒及其所建立的教堂。如在杭州、镇江有七所教堂，泉州有三所教堂。其中泉州一所教堂据称是由一位亚美尼亚的妇女出资建造，该教堂建筑奇瑰，风格独特，具有西方浓重色彩。后来，另一位意大利传教士安德鲁也在泉州建筑了一座与之相比美的教堂。①

　　也里可温教徒人数不少，据称其中有西方天主教方济各会与聂思脱里派的传教士来中国布道，宣传天主、耶稣种种灵验。他们携带来的十字为教徒们所信奉，十字者取象人身，揭于屋宇，绘于殿堂，佩于胸口，处处都有所见。故民间习俗亦称其为"十字教"，寺宇称"十字寺"，但在官府文书中则称为"也里可温"。元朝规定，西方人崇信也里可温者与中国的僧道一样，可获得政府减免赋税的优待，其中少数信仰者也有在元朝政府中担当各项官职。意大利人马可·波罗本人及其父亲、叔父都是元朝任命的官员。至于任主教者，则有意大利人孟德高维奴出任大都大主教，他先后曾给大约六千人施行了洗礼。其中且有40个年龄从七岁到十一岁之间的小孩，他们还受到基督教礼节和拉丁文的教育。又在元代的禁卫军中有勇悍善战的"阿速"（亦称阿兰）军人约三万人信仰十字基督教。可见信奉基督的也里可温教在元代有着传播布道的土壤，并

---

① 参阅道生编《蒙古出使记》、陈垣《元也里可温考》及《马可·波罗游记》。

取得不少的成效。①

可是在元亡之后，中西交通阻塞，也里可温教失去了存在的基础和传播渠道，也就逐步衰落，而气息奄奄了。

总之，辽金元时期是诸种宗教荟萃杂陈的时代。出于各种不同民族、不同信仰的信徒们出入于玄妙庄严的佛寺道观、教堂，焚香顶礼、登高呼天、祈求神灵庇佑，给中原大地上的宗教活动添上了种种诡奇色彩。但归根结底，外来的宗教当它碰上了传统的儒学和土生土长的道教以及佛教之后，彼此间亦会发生排斥和冲突。但在统治者照拂下，采取"因俗而治"，又由于统治者出身于非汉族，自有本身的信仰习尚，加之接受汉文化的程度较浅，同时，又有大量西方的宗教徒源源不断来中原，故使各种宗教杂陈，并得以乘机发挥其牵动心灵的迷人力量。

诸种宗教在辽金元时期，如何发挥其政治作用，因不在本书撰作范围，不再絮述。

二、祭祀与鬼神崇拜

无论契丹、女真、蒙古，均为崇信鬼神、重祭祀、尚巫觋的民族。他们认为万物为天地鬼神所主宰，它能降临祸灾，亦能福佑人间。巫觋能代人传言于天和鬼神，能亲自见到所祭祀的鬼神，并知道鬼神的喜怒哀乐及其要求，巫觋就是沟通天人神鬼之间的术士。

《元史》卷72《祭祀志》说："北陲之俗，敬天而畏鬼。"《黑鞑事略》也说到蒙古人极尊重天："其常谈必曰：'托长生天气力，皇帝底福荫，'彼所为之事则曰：'天教凭地。'人所已为之事则曰'天识着'，无一事不归之于天。自鞑主至于民无不然。"

不仅蒙古人如此敬天。契丹、女真人亦然。他们祭祀天神、祖宗、山川河流的迷信活动十分盛行，其类目大体说来有祭天地、祭祖宗、祭日月

---

① 参阅陈垣《元也里可温考》，又周良霄《元和元以后的基督教》，载《元史论丛》第1辑，中华书局1982年版。

山河神祇,祈晴祈雨,厌禳诅咒等方面。

1. 拜天

拜天盛行于辽金元各代。辽代每逢国家有重大事件时,无不举行拜天之礼。诸如部族酋长、皇帝即大位,或者向四方邻国出兵打仗,均有隆重的拜天典仪。即大位称为"柴册仪",所谓柴册即是筑神坛,杀祭牲,以册立部族酋长或皇帝时向天行祭礼。《辽史》卷10《圣宗纪》载"以青牛白马祭天地。"同书卷6《穆宗纪》载:"以先平察割日,以白黑羊,玄酒祭天,岁以为常。"均是皇帝拜天之仪。又《辽史》卷34《兵志》亦较详记载出兵时所行的祭天礼。其文云:"凡举兵,帝率蕃、汉、文、武臣僚,以青牛白马祭告天、地、日神,惟不拜月。分命近臣告太祖以下诸陵及木叶山神,乃诏诸道征兵。"不过,辽代祭奠的物品,视礼数的重轻杀而有所不同,其重大者祭以青牛白马,次之祭以白黑羊、玄酒。此见于上举。

金循辽风俗,亦重视拜天之礼。皇帝即位或遇重大节日活动,如五月五日端午节,七月十五中元节,九月九日重阳节,每届此节日均行此礼,但视节日不同,拜天的地点亦各异处。如端午拜天于"鞠场",中元拜天于"内殿",重九拜天于都城外的高阜处。其仪式大体是把祭品置于形状似船样的木盘上,聚集宗族合家大小拜祭,若地位尊贵为至尊,制度就得隆重,须于殿内筑高台祭拜。如重午拜天仪式是在此日天刚蒙蒙亮时,先由有关机构把祭器、祭品陈设完毕,百官在鞠场上整齐立班等待。届时,皇帝自南门进入拜天台的褥位。继之,皇太子以下百官亦依次序进入各位的褥位。然后,由皇帝率领太子、百官以下行礼。礼毕,便"排食"、"抛盏"、"饮福酒"以尽欢。饮毕,又循前方法再拜一次。皇帝回辇,仪式结束。

在祭天这一日,为表示隆重的庆祝,全国上下,不吊丧问疾,官府不判署刑杀文字,不决罚罪囚犯,不参与一切秽恶之事,用以表示对天的诚敬。[①]

元代亦行拜天之礼。初期衣冠朴质,祭器亦简单,由帝后亲祭、宗戚助祭而已,后来仪制渐趋繁缛。宪宗时拜天于日月山、察罕脑儿等地,世

[①] 见《金史》卷28《礼志》。

祖时,曾祀天于桓州西北,其俗与辽、金稍有不同,拜天时,以"洒马湩"为重礼。①《元史·祭祀志上》记载其仪制说:

> 每岁驾幸上都,以六月二十四日祭祀,谓之"洒马奶子"。用马一、羯羊八、采缎练绢各九匹,以白羊毛缠若穗者九、貂鼠皮三,命蒙古巫觋及蒙古、汉人秀才、达官四员领其事。再拜告天。又呼成吉思汗御名而祝之曰:"托天皇帝福荫,年年祭赛者"。

其拜天仪式大抵类此。其与金人有异者,是在拜天时,皇族均须参加而其他众人则不参与。

拜天仪制在世祖忽必烈至元十二年(公元1275年)命礼官检讨唐、宋、金拜天旧仪,加以厘定。自此,巫觋的作用大有降低。②

辽金元统治者拜天仪式隆重,但民间百姓则颇简单,通常只是供设祭品,会聚家族之人行跪拜之礼而已。

2. 祭祖

祭祖是对祖宗神灵表示崇敬,希望祖先们能降福护祐于自己及家族子孙,它在民间普遍流行着,但在统治者中祭祖仪式就要隆重有礼了。

辽代祭祖有祭木叶山神的特殊礼俗。早在辽太祖时在木叶山建庙,尊为山神,太祖死后,即葬身于此。从此之后,辽历代皇帝或亲祭,或东向木叶山遥祭,其祭祀仪式是:设天地神祇位于木叶山,东向,其中设立代表君主家神的"君树"一棵,在"君树"前植立代表群臣的"群树",又于左右植立二棵树,称为"神门树"。祭时,先把赭白马、玄牛、赤白羊三牲宰割作祭品挂在君树上,由太巫用酒酹牲,然后,帝后行礼致奠于君树及群树之前,再由皇帝亲率宗亲们绕神门树环行三转,其余宗族人员绕行七转。皇帝

---

① 洒马湩是一种仪式,犹如汉族的酹酒于地,金人的"抛盏"把酒杯中的酒泼出之俗具有相同意义,均是表示对天地祖宗的诚敬。

② 《元史》卷72《祭祀志上》。马晓林撰《元代蒙古人的祭天仪式》一文(载《民族研究》2018年第3期),此文对元代祭天仪式及其特点论文甚详,可参看。

再拜上香,升坛东向,群臣及诸命妇依班次排列。巫服白衣,致辞。帝后行祭奠酒肉礼,再由太巫奠酹。至此,所有参与祭奠的人们共饮福酒,受胙肉。祭仪至此完成。

金元初期祭祖亦各有其本族的习俗,但事甚简朴,仅割牲、祭奠、洒马湩、巫祝以国语祈祷致辞而已。后渐染华风,仿唐宋以来宗庙之制,设太庙、影堂,四时致祭,礼节趋于繁琐,但旧有习俗仍多有保留。《元史》卷72《祭祀志》说:"元之五礼,皆以国俗行之。唯祭祀稍稽古……而旧礼初未尝废。"如元帝祭祖先时,先由蒙古巫祝致辞,呼累朝皇帝御名而祭。祭则割肉,用烧炙过的祭肉、炙肉,奠则用葡萄酒、马湩。特祭太庙时,除了用马牛羊外,还有用时鲜的鹿、野猪、天鹅等,这些都是蒙古国俗之遗存。①又元朝廷习俗,每岁九月内及十二月十六日以后亦有庭燎祭祖的习惯。届时在烧饭院中用马一头,羊三头,马湩酒醴以及红织锦、金币、裹绢各三匹,命蒙古官员与巫觋掘地为坑,仍以燎肉、酒醴、马湩杂烧,巫觋用蒙古国语呼叫累朝皇帝御名而祭,这些都是蒙古贵族的祭祖习俗。不过蒙古普通牧民、祭祖仪式仍很简单,仅行"烧饭""抛盏",对祖先表示诚敬而已。

3. 民间迷信

除拜天祭祖外,辽金元时期还有种种迷信祭祀活动。如祭日月山神、江河海神、祈晴祈雨、祭福神君基太乙,又有占梦、禳灾、诅咒、射鬼箭等等习俗。这些无非都是利用巫术,祈求天地鬼神以解脱灾祸祈求福佑。兹简择主要事例,列举于后。

祭山神

辽代以祭黑山神为重大祭祀,常与拜天祭祖结合起来举行。其仪制是:在冬至日用白马、白羊、白雁祭告。《辽史·礼志》云"太祖建庙木叶山,尊为家神",其祭山仪注甚详细。

---

① 《元史》卷72《祭祀志》记祭祖宗神灵的情况说:"每岁太庙四祭……以蒙古巫祝……呼累朝帝后名讳而告之,由蒙古博儿赤割牲,太仆卿以朱漆盂奉马乳酹奠。巫祝以国语告神。"

金代则以长白山为兴王之地,尊为山神,且赐给封号,岁时春秋两季仲月择日奉祀致祭。

祭江海之神

金初,太祖阿骨打征辽时,曾策马渡江,获得重大胜利。据称是得到江神的护佑,于是建祠宇、赐封号,致祭如祭长白山之仪。①

元代亦祭海神。《元史》卷50《五行志》中便有"盐官州海堤崩坏,遣使祷祀"的记载。祀祭前,且造塔用喇嘛教的佛法仪式以作厌胜,期免灾难。

祈晴祈雨

辽代每逢发生旱灾,则择吉日进行射柳祈雨活动,其仪式史称为"瑟瑟仪",俗称"射柳祈雨"。其法是:先期择地设置用一百根柱子搭建"天棚",至期,皇帝到影堂先帝御容前致奠,然后举行射柳活动。射柳由皇帝先射,其次由亲王、宰相们射,以是否射中柳支为胜负。若射中柳支,由未射中者质以冠服,不胜者则进饮料于胜者,然后仍各归还其冠服。次日,于天棚东南方向植柳。由巫祝以酒醴黍稷荐所植之柳进行祝祷,皇帝皇后面向东方致祭。贵族子弟继续进行射柳活动。凡参与此日射柳祷祝的皇族、国舅族、群臣,均各有赏赐物品。若祭后三日有雨,则赏赐主持礼仪官名"敌烈麻都"者马四匹、衣四袭,若未降雨则以水浇之。②

辽人此种射柳活动,不限祈雨,如遇节日,或举行再生礼时均届时举行。③看来是辽人不忘弓矢、骑马射箭的习武传统吧!

金元亦举行祈雨祭祀活动。金世宗大定四年,不雨,命礼部尚书祈雨北岳,仍不雨,乃下令"徙市、禁屠杀、断缴扇,造土龙以祈雨。"若逢久雨不

---

① 《金史》卷35。
② 见《辽史》卷49《礼志》。
③ 据《辽史》帝纪记载如道宗清宁元年,射柳迄,诣风师坛再拜。七年六月丁卯,致祭射柳,赐宴赏赉有差。戊辰行再生礼,复命群臣分朋射柳(卷21《道宗纪》)。据此辽人射柳活动比较频繁,它不限于祈雨时举行,其他节日及行再生礼时皆有射柳活动。其带有娱乐性则详见下章。王承礼有《契丹的瑟瑟仪和射柳》一文,载《民族研究》1988年第3期,可参考。

晴,则又有祈晴的祭祷活动。《金史》卷《五行志》便载有"霖雨,命有司祈晴"、"祈雨于岳渎"的记载。

祭君基太乙神

君基太乙是福神之名。辽帝常举行祭祀。《辽史》卷116《国语解》说:"其神所临之国君,能建极乎于上下,则治化升平,民享岁福。"祭此神的目的是为国家百姓求平安,具有脱灾求福的意味。

袚祭与诅咒

袚为祭名,意为驱除邪恶之祭。这是对仇敌进行诅咒的一种祭祀方法。《辽史·礼志》记载军仪时说道:"皇帝服介胄,祭诸先帝宫庙,乃阅兵,将行,牡牝麃各一为袚祭。"《国语解》说:"凡出征以牡牝麃各一祭之曰袚。袚祭……诅敌也。"

辽代还有一种称为"射鬼箭"的袚禳活动,与袚祭同时进行,用以驱除邪恶,诅咒敌人。其法是:"凡帝亲征,服介胄,祭诸先帝,出则取死囚一人,置所向之方乱矢射之。……以被不祥。"若得胜班师而归,亦射鬼箭于所俘之敌。具体例子如《辽史》卷1《太祖纪》记载:"其行军途经祖宗发祥地弥里时,即面向木叶山射鬼箭厌禳,乃执叛人解里向彼,亦以其法厌之。"①

与辽人射鬼箭相类似的诅敌方法,西夏人谓之"射草人",或称"杀鬼招魂"。射草人不把生人活活射死,而是用秆草缚成敌人形状,聚众而射。若出兵生俘敌人,祭而聚射则称为"杀鬼招魂",两者稍有区别,又西夏人俗喜报仇,重誓言。若双方和解,则用鸡、猪、狗血和酒,置于髑髅中,彼此同饮,并发誓说:"若复报仇,谷麦不收,男女秃癞,六畜死,蛇入帐。"此种诅誓亦是迷信鬼神报应的一种。

金代女真人亦有对仇敌进行诅咒的习俗。据《金史》卷65《谢里忽传》的记载:国俗有被杀者必使巫觋向杀人者诅咒。其法是:把匕刀缚扎

---

① 唐统天《辽代"射鬼箭"浅探》一文,对此论文甚详,可参看。刊于北京师范大学《史学评林》1982年第3—4合期。

于杖端聚会众人至其仇家之处,作歌诅咒。其词曰:"取尔一角指天,一角指地之牛,无名之马,向之则华面,背之则白尾,横视之则有左右翼者。"其词意很难解释。但当其诅咒时,声音哀切凄婉,犹如丧葬人家所唱的丧歌。然后,以刀画地,劫取仇家物产家财而还。据称,行此法后其家一经诅咒就会倒霉,"家道辄败坏"。但是否灵验值得怀疑!

4. 杂迷信

辽金元时期还有许多通过巫祝,祭祀鬼神以求脱灾免祸的迷信活动,主要有射草狗、烧羊毛线、咒羊、祭麇鹿神、占卜以及疾病时行祓禳等活动。

射草狗 这是元代在每年十二月下旬进行的活动。先期由巫者选择日期时辰,于京城西镇国寺内墙下,洒扫平地,以彩币、细毡、针线、弓箭、环刀、束秆草为人形,剪杂色彩缎,象征肠胃,又从达官世家中选择贵要人物以箭射草人、草狗,直到草人、草狗糜烂时为止,再以羊酒祭奠。祭毕,帝后及太子妃嫔等皇室人员以及前举之执箭射草人、草狗的贵要人物,均各自脱去身上所穿的旧衣服,由蒙古巫觋读祝赞。读毕后,以衣服交给巫觋,名之曰"脱灾"。蒙古国俗则称为射草狗。

烧羊毛线 这也是元代脱灾求福的一种活动,在每年十二月十六日以后举行。先期由巫者选择吉日时辰,用白黑羊毛编捻成线,帝后太子及皇室人员等自头顶至手足都全用羊毛线缠系,坐于寝殿上,然后由蒙古巫觋念咒语,又在银制的槽中贮火,撒上米糠,再浇以酥油,使火旺出烟。巫者用烟熏帝后太子等人身体,并把所系羊毛线烧断,放在银槽内,皇帝再把长数寸的红帛用手撕裂成碎片,用口水唾三次,投于火中,又脱下身上所穿戴的衣帽等物件交给巫觋。此法亦称为"脱旧灾、迎新福",其意义大略与射草狗近似。

咒羊 这是西夏人的一种祓禳方式。其法是在晚间牵出牲羊向天焚香祷祝,或者在郊野焚烧谷火,次日清晨视所宰杀的牲羊肠胃以决吉凶祸福。若肠胃通则为吉、胜之兆,若羊心有血,则是凶、败之兆。此种用牲羊以占卜吉凶胜败的法术称为咒羊。

祭麃鹿神　麃鹿即是大鹿。此为辽人习俗。契丹人喜射麃鹿,每到出猎之时必祭其神,以祈祷出猎时能多获得时鲜野兽。①

占卜　占卜通常是由巫觋进行以卜问吉凶。契丹、女真、蒙古、西夏人均有此俗。蒙古人的占卜,俗称"烧琵琶",其法是烧灼羊的枚子骨使呈裂出纹路,由巫者验看其纹理逆顺而辨其吉凶。蒙古人事无大小巨细必行占卜,占卜且有至三次、四次,不厌其多。《黑鞑事略》载:"元人信奉占卜,……天弃人予一决于此,信之甚笃。"

西夏人亦十分迷信占卜,事不分大小必先卜问鬼神。如出兵前即用艾灼羊脾骨以卜吉凶,称为"炙勃焦",或者用剖开的竹片作工具,称为"擗算"。求问鬼神时抛掷于地,视其所形成的单数或偶数,这与中原传统的以蓍草卜数之术有相似之处。西夏人还有"矢击弦法"以卜用兵的胜负。其法是由巫者用矢叩击弓弦,听其发出的声音以卜胜负和敌方用兵到达日期。

此外元代居住在湖广云贵地区的西南少数民族亦有由巫祝卜问鬼神吉凶之事,如僳族人事无大小都要用鸡骨卜吉凶,若有病则由巫师于路旁祭鬼以求禳解。

在金代亦有以占梦卜吉凶的习俗。如金世祖与敌人乌春部发生战斗,即曾以梦寐中所见之事告诉巫者,由巫者占卜其胜负。他对臣僚们说:"予夙昔有异梦,不可亲战。"又伐高丽之役,太祖夜间得梦,急忙起来对部众说:"今日捷音必至。"②皆是梦占以卜吉凶之战例。

迎白伞盖、游皇城　这是元代重大佛事活动。其用意是"与众生袯除不祥,导迎福祉",亦是脱灾免祸的一种方式。始于忽必烈至元七年帝师八思巴的建议,此后在每年二月十五日举行。其法是在大明殿御座上设置白伞盖一顶,用素缎泥金书写梵字于其上,称"镇伏邪魔护安国刹"。每到此日,大殿启建白伞盖,用诸色仪仗、社直、僧道等迎引出殿,环游皇城

---

① 《辽史》卷116《国语解》。
② 《金史》卷23《五行志》。

内外。其日并大做佛事以祈禳,其详情于下章岁时节令内再行叙述。

祓禳祈祷 这是多用于祈祷消除疾病,此种习俗在辽金元时期普遍盛行。如太宗耶律德光患寒热病症,"命胡人赍酒脯,祷于得疾之地"①。女真人的习俗是"其疾则无医药,尚巫祝"。因此,"每逢家人有病,眷属则邀巫者杀猪祈禳,或用车载病人至深山大谷以避之。"这是惧怕疾病传染的一种方法。西夏人亦认为人有疾病是由于有鬼魂附身,故亦不用医药,而由巫师作法送鬼,或把病人移徙到特地为病人设置的庐帐或居室中避开亲人,称为"闪病"。

元代西南少数民族地区如苗、瑶、傣族亦"信巫屏医",由专事鬼神的巫师作法念咒,或于路旁祭鬼以禳解灾祸与疾病。

此种讳疾忌医、求神问卜的方法,在中原亦多流行。元代江南地区如江苏无锡一带,民间仍认为疾病是由厉鬼作祟,遇到家中人患病皆纷纷躲避,与之断绝往来。即使是亲如父子亦不相救。每逢疾疫流行,便从神庙中迎请出疫疠之鬼神,用旗旄、鼓歌、仪仗在城郊四周游行以示驱鬼。若某人生病,则念念有词说:"某神祸之,某鬼祟之,祷则生,不则死。"②此种习俗对于医药的推广与应用实起着消极的阻碍作用。

辽金元时期,在衣食住行方面世俗还有种种禁忌,兹择要述举如下。

饮食禁忌 金人若遇有日蚀、月蚀皆禁饮酒作乐,禁屠宰杀生。每月逢初一、初八、十四、十六、二十三、二十九这六个日期称为六斋日,禁杀生、食蔬断荤。又每月的第一个七日,称为上七,每月的月中即十五日亦不许杀生。③这就是说每月至少有八天是禁屠、蔬食,其他如国忌日、日蚀、月蚀之日,还不计算在内。

蒙古人在招待客人饮食吃肉时,若客人以左手相接,认为这种举动是相逆,犯忌。如在饮酌乳酪奶浆时,把所饮器具打翻认为是不吉利,谓

---

① 《旧五代史》卷137。
② 元谢应芳《辨惑编》卷1《疫疠》。
③ 见《黑鞑事略》。

之"断后"。饮食时打嗝则认为"心有所亏",也是不吉利的反映,要"责其心"。

居住禁忌 金代规定全国范围内除寺观、五岳、四渎神庙、孔庙允许以红色涂料漆门之外,其余民间宅舍一律禁止红门。①

蒙古人的习俗则禁止在草地上遗留火种,在路上捡他人财物,无故进入别人家庐帐。因为牧场是牧民视为生命和财富的源泉,若牧场失火焚烧,延及他处将会遭受到极大损失、难以弥补。而在道路上捡人财物及无故进入别人庐帐,则视为存心不良、伤害他人,有偷盗之嫌,故其刑罚极严厉。若犯有遗火行为则要"诛其家";犯有捡人财物及进入庐帐,亦要"诛其身"。

出行禁忌 蒙古人出行常观察日月盈亏以作为行止的决定,凡在新月初见前,下弦之后的月黑之夜皆忌出行。这是指农历每月初三之前,二十二或二十三日之后的十天内是忌讳出门远行的。《黑鞑事略》记载说:"其择日行,则视月盈亏,以为进止。月出之前、下弦之后皆其所忌,见新月则拜。"又说"若出行,骑而相向者,其由左经过则谓之相顺"。又出行时,忌闻雷声。他们认为天是人世间的主宰,雷声乃是上天的警告,俗称为"天叫",此日不可行兵出师。若在经行途中闻到雷声,则以手掩耳,屈身伏地作躲避之状。若遭雷火霹雳则尽抛其家资牲畜而逃,必须经过一年之后才能返回原地。又西夏人出师行军有用单日、避晦日的禁忌。②

总之,以上种种忌讳,就其本质来说乃是各族社会生产形态所决定,它是物质基础在文化习俗上的表现。在生产形态相似的契丹、女真、蒙古人中,他们由于游牧经济大略相同,因而其种种迷信、禁忌等文化形态亦相互影响而被渗透接受。当然由于各自传统的相异、各族亦有其自身的特点存在着。

---

① 《大金国志》卷35《杂色仪制》。
② 《宋史》卷486《夏国传》。

第八章　岁时节令与娱乐活动

自唐宋以来,民间长期传承着各种岁时节令的活动。如元旦、寒食、七夕、中秋、冬至、立春、立秋等节日,各地均有丰富多彩而又带有民族特色的时俗活动。届时,从皇室贵族、百官下至一般平民百姓,上下欢庆,国家且规定放假日期以表示与民同乐。辽金元时期的统治者出自契丹、女真、蒙古诸族,故在岁时节令上也表现出各民族文化的不同特色。今按照时序分别将一些节日的重要活动叙述于后。

一、岁时节令

1. 元旦

元旦亦称作元日。辽代称正月元旦为"乃捏咿呢",每逢此日,其国俗有拍田鼠的活动。是日先以糯米拌白羊髓,做成形状似拳头大小的饼丸,分赐给每个宫帐各四十九枚。至五更天将放明之时,各帐于所居帐内的窗口把饼丸掷出帐外,然后检点丸饼数目。若逢双数以为吉利,举帐奏乐饮酒以相欢庆;若逢单数则以为不吉利,这时便由巫觋十二人,手执法器,撞铃执箭,绕着宫帐起舞唱歌,同时,在帐内置火炉,于其中爆盐,又引火烧地,拍鼠以消灾禳祸,俗称"惊鬼",先后凡经七日才告结束。

女真人初起时,元日无盛大活动,每届此日,仅拜日相庆贺而已。自进入中原后,始仿照唐宋以来元日朝见礼仪。此日,百官朝见皇帝庆贺。朝见毕,由皇帝赐宴。每逢此日,放假先后三日。元代亦承袭推行。元人萨都剌有《都门元日》诗记咏此日盛事云:

元日都门瑞气新,层层冠盖羽林军。
云边鹄立千官晓,天上龙飞万国春。
宫殿日高腾紫霭,箫韶风细入青旻。

太平天子恩如海，亦遣椒觞到小臣。

又傅若金《次韵元日朝贺》诗云：

宫漏催朝烛影斜，千官鸣玉动晨鸦。交龙拥日明丹扆，飞凤随云绕画车。

宴罢戴花经苑路，诗成传草到山家。小儒未得随冠冕，遥听钧天隔绛霞。

这已经是唐宋以来朝贺诗的翻版了。此日五更朝见在灯光烛影中，满殿冠盖鹄立在丹陛之下，各式仪服、佩饰鲜美华丽，箫韶肃穆的音乐声响彻天际，天子赐百官饮柏椒酒，头插鲜花。宴席间百官献诗，庆祝天子万寿无疆。汉俗旧仪统被吸收，连饮柏椒酒、头簪鲜花的唐代旧俗也被继承下来。

2. 元夕

元夕即正月十五夜，俗称"元宵"。金代大约在世宗大定年间，元宵已成为盛大节日，举行欢娱活动，其热闹的场面与观赏情景，亦已与宋代无异了。大定十一年元夕，燕京城中到处张灯结彩，悬挂着制作精巧的珠璎、翠羽、飞仙之类，光彩夺目，中心地带且有用金珠缚扎装饰灯具。此时，城中仕女个个穿着艳丽服装，三五成群齐出观灯，到处人头簇拥，珠翠满街，热闹非凡。如此盘游赏灯观乐一直连续三天，直到元月十八日才尽兴而止。元夕赏灯是燕京旧俗，这时已完全被金人吸取。早在金初，女真人还不知道元夕放灯为何事。据《大金国志》记载：太宗己酉岁，有僧人从南方被俘，送到金国，元宵之际该僧人用竹竿挑灯球挂在门外以观赏，不料为金太宗所疑，猜想僧人是南人奸细，用挑灯结彩作为信号，意图谋反作乱，遂杀死了僧人。这个故事说明金初女真人还不晓得元宵张灯是欢庆一年一度的节日张灯，直至金人定都燕京后，才仿照汉俗举行挂灯结彩、欢度元宵的活动。①

---

① 《大金国志》卷 18。

元代亦有元宵节的庆娱活动。据《元史·张养浩传》记载：在世祖忽必烈统治的三十余年间，每当元宵到来之际"闾阎之间，灯火亦禁"，但此后渐染华风，乃有元宵赏灯的开放。英宗时，且欲在"内庭张灯为鳌山"以作欢娱观赏之乐。

3. 立春

立春为二十四节气中春天的开始，时间约在公历 2 月 4 日前后。此日辽代民间仍沿唐以来旧俗，有鞭春牛的活动。妇女则进春书，又在青缯上描制出飞龙或蟾蜍等吉祥物图形，张挂在厅堂屋壁，春书上面书写着"宜春"两字，以庆祝春天的到来。金代沿承，每逢此日，放假达一旬之久。

4. 人日

旧俗以农历正月初七日为人日。民间习俗流传的说法，正月一日为鸡日，二日为狗日，三日为猪日，四日为羊日，五日为马日，六日为牛日，七日为人日。

辽代人日民间有占气候的习惯。若此日天色放晴，认为是上天表示吉祥，天阴则有灾祸。民俗家家煎饼，在庭阶上露天进食，称为"熏天"。

5. 二月八日佛生日

相传此日在佛教的典籍中是佛悉达太子生日。

辽代佛生日官府及各州县寺庙中均把木雕神佛像扛抬街市坊巷间游行。游行时，香火缭绕，旗幡拓展，音乐鼓吹弹奏，声彻街衢。佛徒们借此机会做佛事。

元代佛生日改在农历四月八日。是日，元在大都城西高梁河迎请佛像。京府富豪人家尽出所藏珠玉奇玩狗马、器服等物，以及俳优乐队、百戏杂耍为乐。其时，禁卫人员、中宫贵人、富豪人家，家家张设帏帐观看佛像游街，城郊之间"庐帐蔽野"。诸王、近侍贵臣穿着丝织锦服，鲜艳夺目，他们跨着骏骑，互相夸耀豪华富盛的气派。此日，僧寺居民所花费的钱财以巨万计。①

---

① 《道园学古录》卷 42《赵思恭神道碑》。

6. 二月十五日游皇城

这是元代独有的节日娱乐活动,为经常性举行的盛大佛事。起源于至元七年,由帝师八思巴的建议而举行。届时,在大明殿御座上设置的伞盖一顶,用素缎泥金梵字书写"镇伏邪魔护安国刹"字样于其上。此后,每逢此日均于大殿启建的伞盖,用各色仪仗、社直迎引出宫,周游皇城内外,其用意是"与众生祓除不祥,导迎福祉"。此种迎白伞盖、游皇城的活动,规模盛大,靡费巨资。其具体的游行规模及过程大略如下:

每届二月十五日,由宣政院会同中书省奏请,奉旨后移文枢密院,拨伞鼓手120人,殿后军甲马500人,抬舁监坛汉关羽神轿军及杂用人员500人。宣政院所辖各宫寺360所,各掌供应佛像、坛面、幢幡、宝盖、车鼓、头旗。佛像坛面有360坛,每坛有擎执抬舁26人,钹鼓僧12人大都路掌供应各色金门大社120队。教坊司云和署掌大乐鼓板、笙箫、龙笛、琵琶、筝、篥等七色乐器400人。兴和署掌伎乐女子杂扮队戏150人。祥和署掌杂把戏男女150人。所有执役人员皆由官府调配供给铠甲、袍服、器杖等仪物,俱以鲜丽齐整为时尚,珠玉金绣、装束奇巧、夺人眼目。其队伍出行,自首至尾排列长达30余里,都城士女,家家出动聚观。及至出动之时,由礼部官员点视各色仪仗,刑部官员巡察纠查喧闹,枢密院官员分头把守城门,中书省官员则派员督视。朝廷各机构官府人员几乎都被动员起来。

但是在十五日游皇城、做佛事前二日,即已开始了做准备的工作:先在西镇国寺举行"迎太子,游四门",从寺庙中抬出高大雕塑佛像及仪仗入城。前一日,由帝师率喇嘛僧500人,先在大明殿击钟磬做佛事。

至十五日正式出游时,恭请白伞盖于御座,奉置在装饰艳丽的宝舆上,诸仪仗队列仗于殿前,诸色社直及诸坛面均排列在崇天门外,迎引出宫后至庆寿寺素食斋饭。食罢,起行。其经游路线从西京门外垣、海子南岸入厚载门,由东华门过延春门而西行,皇帝、后妃、公主等人于五德殿外搭建金脊五殿彩楼观看。

游行结束,诸仪仗队、社直送伞盖还宫,重新安置在御榻上。帝师与众僧侣又做佛事,至十六才罢散。

这种靡费巨大的游皇城做佛事的游行活动,先后举行凡四日,每年举行是常态。此外,在夏季六月,中京和上京两地亦举行类似的迎游活动。不过规模场面却要比大都的热闹情景小得多了。①

7. 三月三日上巳节

这是汉族传统的上巳日,辽人称为"陶里桦"节。此日契丹国俗举行走马射箭的活动,与汉族传统的"曲水流觞"有异。其活动方式是:刻木兔作为标识,安置在固定地方,参加活动的人们分为两队,各依次走马,引弓射木兔,先射中为胜,后射中为负。胜负较量定局后,输队下马排列成行向胜队下跪,进酒,胜队时列坐马上,捧酒而饮。此种活动辽人亦称为"兔射"或"射兔",射罢,尽兴而散。此种寓武事于节日的游乐活动,与唐宋上巳日春游,踏青赏花、曲水流觞等习俗颇有不同,这也是与游牧民族质朴尚武的风气有关。

金代三月三日游乐活动则承宋旧俗。上巳与寒食两节相连,放假五日,让官民们祭扫祖先坟墓,进行春游观花等活动。

8. 端午

即五月五日,亦称"重五""重午"。辽代此日有举行重午朝仪的活动。届时皇帝升殿朝见百官,身上佩带长寿彩缕升座,并向契丹、汉臣赐寿缕,以表示庆赏。据《辽史·礼志》记载:此日午时,宫中把采艾叶和绵着衣等七事奉献给皇帝,皇帝亦赐北、南臣僚各三事,然后君臣宴会、张乐。由膳夫进艾糕,以五彩丝绳缠臂,称为"合欢结",又以彩丝制成人形,簪在头上称为"长命缕"。显然这是把汉族端午的传统习俗与契丹旧俗相结合起来的一种仪制吧!

金人除吸取汉族风俗外,在端午节日还有特殊的祭天之礼、射柳之

---

① 关于"游皇城"的活动仪式及其特点,可参考吴志坚《"游皇城"事考》,载《元史及民族与边疆研究集刊》第二十五辑,上海古籍出版社2013年版,以及王福利《元朝的两都巡幸、游皇城及其用乐》,载《上海音乐学院学报》2004年第2期,两文的研究成果。

俗、击球争胜等活动。拜天即是筑坛台向天神跪拜祈祷。在此仪式完成后，众人即齐集于球场，场上插柳枝，柳枝削去树皮，露出白色，离地数寸挂起。参加射柳活动的人，以尊卑为次序，驰马弯弓举行射柳。若射中并折断柳枝者为胜射，不中、不断者则为负射。射柳进行之时，四旁击鼓助威，射毕还要举行"打马球"的活动，这就与体育娱乐活动结合起来了。宋人《三朝北盟会编》卷3记载金人的节序说：

其节序，元日则拜日相庆，重午则斫柳祭天。

《金史·世宗纪》则载此日的活动是：

重午日，幸广乐园射柳，胜者赐物有差，复御常武殿赐宴击鞠，自是岁以为常。

击鞠，即击球，亦称打马球，系唐以来旧俗。至于祭天、射柳、击鞠三者依次举行，则是金代女真贵族一项盛大的活动，①有君臣共乐之意。每逢此日，朝廷放假先后一旬，可见其重视程度。

射柳活动除端午节外，金人在七月十五中元节、九月九日重阳节的节日中也重复举行，后不再赘。

各民族的风俗是相互渗透的。元明时代北方端午节就有吸取金人射柳之俗。明永乐年间，宫中有"剪柳"之戏。剪柳即是由射柳演变过来。又明代北方民间还有将鹁鸽藏在葫芦里，悬挂在柳枝稍上，人们弯弓射葫芦，如射中葫芦、鹁鸽飞出来为胜，否则为负。②这种民间比赛通常在端午节时举行，恐怕亦是金代女真人射柳旧俗的遗存吧！

---

① 陈高华指出，在元代打马球的风尚不仅流行于宫廷和贵族阶层，且为汉军将领与权贵子弟所爱，从唐宋直到明代初期，打马球都是非常热门的体育活动，参见《元史研究论稿》（中华书局1991年版）第408—415页。

② 参见《中国古代节日风俗》。

9. 夏至

民间俗称"朝节",是二十四节气中夏季到来之始,此后天气转暖。辽代此日妇女有进彩扇、制粉脂囊互相赠送的习俗。

10. 七月十五日

此为传统的"中元"节。辽丹旧俗有迎节、送节之俗。先期二日,皇帝在宫廷西三十里地面处择地设立帐幕以备住宿,并准备好酒馔等食物。次日,随从诸省卫军、诸部落从四面八方会聚而来,届时,有司奏契丹乐,君臣终日宴饮不息,至夜始罢,皇帝驾回行宫,称为"迎节"。至中元日,再重新聚会,百官,大宴,奏汉乐。彻夜宴饮至十六日清晨为止,皇帝再往帐幕中住宿一宵。随从诸军、诸部落跳跃欢舞,高呼大噪,称为"送节"。金代女真人于此日举行祭天、射柳、击球活动,放假达一旬之久。①

11. 中秋

唐宋以来中秋传统有赏月、吃月饼的风俗,金元时期,仍沿承此传统习惯。

元末有民间谣传,蒙古统治者为挽救其垂亡统治,不准百姓私藏武器,规定居民十家只能合用一把菜刀,由此百姓怨声载道。高邮人张士诚号召群众起兵抗元,暗中约定中秋前夕,每个月饼中夹着写有起义日期的小纸片。及中秋之夕,家家掰开月饼,看见传单,便一齐动手,拿起菜刀,揭竿而起。元末,浙江台州人方国珍起兵抗元,民间亦有此类传说。有人据此论证说"明清吃月饼之风大兴"是为了"纪念这一群众反元起义的节日",但此说牵强附会,因为吃月饼的风俗自唐宋以来即已盛行,明清只是沿承传统的习俗而已。民间传说吃月饼、抗元兵只是借此以表示驱逐鞑子的一种心理状态而已。

12. 九月九日重阳节

重九登高,持螯赏菊、插茱萸、饮菊花酒这是唐宋以来的习俗。

---

① 金人节日放假的日期规定:元日放三日,寒食五日,立春、重午、立秋、重九、冬至各放十日。除元日、寒食外,其余节日均比唐宋以来传统假日为多。此亦见在金统治下政事简易之一斑。

辽代,重九日杂有契丹民族的特色。此日,辽帝率领蕃汉群臣及部落进行围猎射虎的活动。围猎时,以获得猎物多少为胜负,多者为胜,少者为负。射毕,选择高阜之地立帐幕,辽帝赐蕃汉臣僚饮菊花酒,以兔肝、鹿舌为美馔,又研茱萸做酒,洒在帐幕和门户之外以祛禳邪秽。《辽史》卷10《圣宗纪》有重九日骆驼山登高,赐群臣菊花酒的记载。

金代,是日则举行拜天、射柳、击球活动。每逢此日,前后放假一旬。

元代蒙古人于此日举行祭天活动,致祭时,洒马湩告天。不过其活动比较简朴,据张德辉《纪行》所载:"每岁唯重九日,四月九,凡致祭者再,其余节则否。"

13. 冬至

这是中国传统的重大节日。在辽代,契丹族有其独特的风俗习惯。是日有拜山神活动,屠白羊、白马、白雁,各取血和酒,辽帝率臣僚亲往或遥拜黑山神灵。黑山在辽北境,据称该地是契丹国人死后魂魄所聚之处,为黑山神所掌管。其致祭犹如汉人之崇拜泰山,故每年此日,要作隆重祭拜。其仪制是:先期由五京各进奉纸人、纸马、纸甲等冥物万余件,作为祭祀之用,祭祀时即行焚烧。民间对黑山神既崇拜,又敬畏,非祭祀之日不敢近山。金代亦有冬至祭祀活动。每逢此日,放假一旬。又金元时代俗文学中有各种节令散曲,亦可见一代风俗。①

14. 其他时令节日

二月一日中和节,此日国舅族萧氏设宴招待国族耶律氏。至六月十八日,耶律氏复设宴回请国舅族萧氏,相互庆贺以示亲睦友爱之情,每年习以为常。

八月八日,契丹风俗于此日宰杀白犬埋于寝帐前七步的地下,入埋时将白犬嘴巴外露在地面上,经过七日即为中秋节。乃移寝帐于埋葬白犬之处。此种习俗当是巫术中的避邪活动。

---

① 元代各种节令散曲,对于从文学视角解读,岁时文化风俗,具有重要的作用。隋树森辑《金元散曲》有不少关于各种节令的散曲文辞。宛新彬在《略论元代的节令散曲》一文(刊《古籍研究》2000年第1期)中对此有所评述,可供参考。

十月十五日,亦有遥祭木叶山的拜神祭天活动,此前先由五京各进奉纸制小衣、甲、枪、刀、器械一万副。届时,辽帝率群臣遥望木叶山,用契丹字书状祈祷并焚化,用以致祭祖先之灵,这是寓有纪念耶律阿保机开国尚武,以兵定天下的活动。

十二月八日,乃佛教俗称"腊辰"日,或"腊八"日。是佛教传统节日。是日辽帝率契丹、汉人、北南臣僚并着军服,于戌夜坐朝作乐欢饮,彻夜不息。酒罢,百官各按其品阶官位,由辽帝颁赐给甲仗羊马等物。

在辽金元时代,契丹、女真、蒙古各族统治者对汉文化传统习俗的吸取程度各有不同。他们之间的风俗也有彼此仿效之处。略言之,辽代所保留的契丹旧俗最多,在史籍上且有系统的记载,金元则较少,史料亦无系统记载,这反映了他们汉化程度的深和浅。按理来说,本民族旧俗保存逾多,则对汉俗的接受就愈少。这种状况当与契丹、女真、蒙古族的统治时间和地域的广狭有着密切的关系。辽代统治中心在北方临潢,所得汉地仅为北方燕云十六州之地。汉族民众在其统治诸民族中仅为一人数不很多的民族,故契丹能长期保留其旧俗;而金、元统治地区逐步由北方黄河流域到达江淮岭南的广大区域,汉地旧有习俗风尚的影响力大,经济又高度发展,故金元的旧俗在史籍上的反映,特别是在时令节日中显得比辽代减少了。

二、 娱乐与竞技

在辽金元时期凡属文娱体育活动中的乐器、乐曲、乐舞、曲艺、戏剧、百戏杂伎等等竞技项目。在古代都包括在娱乐的范围内,统称为"散乐"、"百戏",内容十分广泛、复杂。为方便叙述起见,把它分为音乐与舞蹈、说唱与戏剧、百戏与博弈三个方面予以叙述。①

1. 音乐与舞蹈

这一时期的音乐与前代一样可分为雅乐与俗乐两大部类。

---

① 《旧唐书·音乐志》云:"散乐者,历代有之,非部伍之声,俳优歌舞杂奏……总名百戏。"散乐即俗乐,因其内容广泛而复杂故称。

雅乐是为帝王祭祀天地祖宗及朝会大典时所演奏的音乐与舞蹈,音乐则有乐曲、乐词,由乐伎演奏。俗乐既包括宫廷宴会,如元日、皇帝诞日、接待国外异域使节、宴飨时所演奏的燕乐,也包括以鼓吹为特征,在军事活动和欢宴庆功时所演奏的军中乐,也包括各种民间所表演的乐舞、曲艺、百戏、杂耍等散乐在内,总称为俗乐。故俗乐内容相当广泛,其流行范围广袤而深远,也最受到广大群众所欣赏和喜爱。雅乐与俗乐也是礼与俗的区别。就乐曲、乐调而言,雅乐保存着较多古乐成分,音调中正和平,歌词典雅纯正,多赞美歌颂君上功绩;俗乐则包括各民族的乐曲、乐舞,夹杂着各种胡乐和民间喜闻乐见的通俗乐曲、乐舞等成分在内,其音调高低抑扬,歌词活泼自由。叶子奇《草木子》称:"元俗多胡乐,声皆宏大雄厉。古乐皆和平。"概括说出了俗乐与雅乐的基本区别及其特点所在。

辽金元时期的乐器大抵承袭前代而来,乐工称为"乐人",或"音声人"。乐人们各有专门户籍与百姓不同,待遇亦异,其婚姻也是在同类中婚配,并世代承替不变。其管理及调拨雅乐属太常寺,俗乐属教坊,各有统辖和分工,其专门从事的乐人雅乐人数较少,教坊人数极多。此仅就政府所统辖而言,至于民间乐人散在四方,其人数也就更繁多了。

契丹、女真、蒙古诸族各有本族的乐曲与乐舞,大多都比较简朴而切合于实际生活。如女真人"其乐则唯鼓笛,其歌则有鹧鸪之曲,仅高下长短鹧鸪二声而已"①。其舞蹈无非是打猎、捕鱼、刺虎、搏熊之类有关生产活动的模拟动作,并加以形象化而已。《大金国志》卷39《初兴风土》条记载,辽末天祚帝到混同江钓鱼,女真部酋长们纷纷前来朝贺。席间,天祚帝命他们跳女真舞蹈,其表演动作简单质朴。女真黑水部酋长阿骨打即后来之金太祖以不善舞蹈推辞,由此引起天祚帝的不满,认为他有不臣之心。②可是当他们长期与汉族接触并接受汉文化后,便进行"制礼作乐"的改造工作,汉族的音乐舞蹈也很快地被接受了。如金统治者在灭亡北宋

---

① 《三朝北盟会编》卷3。
② 见《辽史·天祚帝纪》,及《大金国志》卷39《初兴风土》。

后,便接受了从汴京俘获得的大批乐器和乐工,开始有了汉乐。

至于元代宫廷中所奏的雅乐也是渊源于宋徽宗时所制作的大晟乐。西陲由党项族所建的西夏,其国民能歌善舞,他们的乐器也较简单,"唯有琵琶、笛、箜篌"等简单乐器而已,唐末始接受了僖宗赐给的鼓吹乐。此后约当北宋之初,西夏立国后正式设置番、汉乐人院,分别演奏番、汉乐。规模才有所扩大。据司马光《涑水纪闻》记载:西夏后期,其宗室多通晓番汉学,善歌咏。其统治者李谅祚还曾遣使请求宋廷派遣伶官、伶人并要求购买戏剧服装道具及化妆品。在黑水城西夏遗址的发掘中,曾发现金代平阳刊刻的《刘知远诸宫调》的戏剧底本,可见金人和西夏接受汉族音乐戏剧的程度已使人刮目相看了。

蒙古人初期音乐亦很简单,直至灭亡西夏后,才征用西夏乐,后来灭金,亡南宋,大量接受了金与南宋的音乐,并根据礼俗时宜加以改定。这些情况均表明各民族都有本族的音乐舞蹈。它们彼此交流传递,并不受国别的限制,而是互相吸取交融。但是由于文化发展进程的层次不同,它们在吸收程度的快慢上、内涵上的急缓、简繁、粗精、质文仍各有其文化习俗上的差异而已。

唐宋乐对契丹、女真、蒙古的影响很大,可说是风靡一时。它一直传播到各民族居住区。在河北张家口宣化的辽墓内发现有辽代天祚帝天庆六年(公元1116年)的壁画,内容丰富多彩。其主要部分描写墓主张世卿生前场面。其东壁有一幅《散乐图》描绘有一组完整的表演乐队。其中既有在正中作各种杂耍的表演者,也有一群艺人在侧旁各执乐器吹奏弹拨,形象生动而逼真。①

金代的音乐舞蹈场面,我们也可在黑龙江伊春市金代古墓的发掘中看到踪迹。在古墓中发现有一件用汉白玉雕制成的石幢,它由顶盖、柱幢和底座三部分构成。柱幢呈八面体,各面均有乐舞浮雕。人物或坐、或跪、或立、或卧。有坐抱箜篌,身体微侧,双手放在琴弦上拨动。有双膝跪

---

① 见王伯敏:《中国绘画史》,上海人民美术出版社1982年版。

倒,怀中抱着阮琴作弹奏形状。有双腿叉开直立,双手抚笙作吹奏形状。有亦坐亦卧怀抱琵琶作弹拨形状。有双腿弯曲作舞蹈形状。有双腿叉开直立两手作击鼓形状。有双腿盘坐双手作吹奏箫、笛形状。人物形象姿态各异、手舞足蹈、栩栩如生。其中许多乐器如箫、笙、琵琶等都是传统乐器。这是一个完整的乐队,显然是从宋代的中原地区传入的。

此外,在元代西南的少数族傣族人能歌善舞。每逢节日饮酒作乐,歌舞达旦。其乐器有三部,其中一部叫"百夷乐",有筝、胡琴、笛、响琖之类,唱汉族歌曲,这当是从元代汉地传入的。又有一部叫"缅乐",系用排笙和琵琶演奏,奏乐时众人一齐拍手起舞,这当是从缅甸国传入的。再有一部叫"车里乐",以羊皮制成长鼓,用手拍打,乐器配有铜铙、鼓和拍板。村寨宴会时则击大鼓,吹芦笙舞牌为乐。这当是车里一带地方流行的乐舞。由此可见各民族间的音乐舞蹈既有本族的特色,又有从外域传入,彼此交互影响着。

不过,当统治者为保存其本民族的传统习俗不致消失,以防止文化浸染使本民族趋于柔弱、侈靡,亦有意识地鼓吹和提倡本族的音乐舞蹈之事。如金世宗既是一个极慕汉文化,同时又强调保持女真旧俗的人物,他一方面"定新声"、制礼作乐,另一方面又特意在宫殿上命乐人唱女真歌曲。他意味深长地对身旁的太子说:"朕思先朝所行之事,未尝暂忘,故时听此词,亦欲令汝辈知女真醇质之风,至于文字语言或不通晓,是忘本也。"晚年他巡幸上京,欢宴宗室及父老乡亲,席闻奏乐,他颇有感触地对他们说"今日甚欲成醉,此乐不易得也……今天下一统,朕巡幸至此,何不乐饮?"此时,女真宗室妇女起舞进酒,群臣故老亦起舞。但他们所唱的都是汉乐。世宗对他们说:"吾来故乡数月矣!今回朝已近,未尝有一人歌本曲者,汝曹前来,吾为汝歌。"于是命宗室子弟都上殿来听自己唱女真歌。世宗又语重心长地对他们说"祖宗创业艰难,及所以继述之意",于是,诸老人感动,"更歌本曲"。可见新一代女真贵族子弟早已忘记了本俗而汉化得很彻底,连本族的歌都不会唱,而只有那些前代遗老们才依稀能歌本曲跳本族舞蹈,可见汉族文化艺术的影响力又是多么地深刻。①

应该指出,金元统治者对于音乐歌舞是十分喜爱并具有嗜癖。元宇文懋昭在《大金国志》中说:金熙宗有三件事不允许臣僚谏争:作乐、饭僧、打围场。除饭僧做佛事是一种宗教信仰活动外,作乐、打围场都是娱乐体育活动。金熙宗不许臣下批评,足见他对作乐的嗜好如命了。

女真歌曲也颇有一些被元代杂剧所吸收采用。《中原音韵》卷下说:"女真《风流体》等乐章,皆以女真人音声歌之。"所谓《风流体》是双曲调,其中如《阿纳忽》、《也不罗》、《古都白》、《唐兀歹》等都是以蕃语称名的女真歌曲。可见女真歌曲在大量汉人乐曲弥漫传播下,仍能被人们喜爱而保留在元曲之中。

蒙古贵族亦嗜好乐舞。南宋孟珙《蒙鞑备录》记金末蒙古的风俗说:"国王出师,亦以女乐随行。率十七八美女,极慧黠,多以十四弦等弹《大官乐》等,四拍子为节,甚低,其舞甚异。"这里所说的国王,系指成吉思汗爱将统兵在漠南地区的木华黎。宋人不明蒙古军政状况,指认为国王。木华黎即使在军中也不忘女乐歌舞,这恐怕是他在漠南接触金人华风,喜爱女乐歌舞的一种表现吧!

蒙古贵族喜爱歌舞声乐,助长了中国北部地区通俗音乐以及金元院本杂剧趋于发达隆盛的一个因素。明代徐渭《南词叙录》以及王世贞《艺苑卮言》都说到:随着女真、蒙古人进入中原地区,胡乐亦随之而输入,这是促成北方新歌曲发生的原因。这是说胡乐也影响了北曲。从此说看来,乐曲由雅入俗是与女真、蒙古人的统治及其对汉文化的接受程度有着密切的关联。

2. 说唱与戏剧

两宋时期北宋都城汴梁和南宋都城临安有着名目繁多的娱乐活动,丰富着人们的生活。举凡三街六陌、茶楼酒肆、瓦舍勾栏、富贵人家的厅

---

① 《金史》卷 39《乐志》。姚从吾有《金世宗对于中原汉化与女真旧俗的态度》一文(载《东北史论丛》下册,台湾正中书局 1976 年版)可参考。

堂亭台，每逢市集聚会，并有伎艺人员打场作乐，献技表演。据《东京梦华录》卷5《京瓦伎艺》所载，汴京城中瓦舍的伎艺便有：小唱、嘌唱、般杂剧、杖头傀儡、悬丝傀儡、药发傀儡、筋骨上索、杂手技、球杖踢弄、讲史、小说、散乐、舞旋、小儿相扑、杂剧、影戏、弄乔、弄虫蚁、耍秀才、诸宫调、商谜、合生、杂班、说诨话、神鬼、说三分、五代史等。名目繁多，不胜枚举。又据《武林旧事》卷6《诸色伎艺》及《都城纪胜》等书记载：在临安（今杭州市）各色伎艺且有超过汴梁（开封）的趋势，其名目除沿承北宋汴京的传统项目外，也有新翻的花样，其名目有：演史、说经诨经、小说、影戏、唱赚、小唱、嘌唱赚色、鼓板、杂剧、杂扮、弹唱、姻缘、唱京词、诸宫调、唱耍令、唱《技不断》、说诨话、商谜、覆射、学乡谈、舞绾百戏、神鬼、撮弄杂艺、泥丸、头钱、踢弄、傀儡、顶撞、踏索、清乐、角觗、乔相扑、女飑、使棒、打硬、举重、（击石球、掇石墩）打弹、蹴球、射弩儿、散耍、装秀才、吟斗、合笙、沙书、教走兽、教飞禽、虫蚁、弄水、放风筝、烟火、说药、捕蛇、七圣法、消息等等。其中除颇有一部分属于百戏杂耍外，主要的便是说唱与戏剧两大类。

金灭北宋，元统一江南，南北各色伎艺也被金元所吸取承袭并流传下来，有些且具有创新。可以说金元时期，上自帝王贵族、公卿百官，下及士农工商、城乡士庶，在日常生活中的娱乐活动丰富多彩而不能须臾离开。

除百戏杂耍在下节说明外，此处先撮举说唱、戏剧两大类予以叙说。

(1) 说唱

说唱可分两类。一类是以说话为主，即今日所称的"讲故事"。包括小说、谈经（即讲演佛道报应的通俗故事）、讲史书、说诨话（又称"打砌"、"打诨"，即今日的滑稽、相声）、合生（在筵席上出口成章、随机应变、指物题咏，又称"唱题目"）、商谜（猜谜语，包括猜诗词谜、猜字谜及猜社谜等）等形式。

另一类是以唱为主，

有小令（通常以一支曲子为独立单位，但可以重复，各首用韵可以互有不同）；

散套（通常用同一宫调的若干曲子组合而成，不论长短，一韵到底）；

散曲(缀合小令和套数于一起,是元杂剧唱词的基调,但与戏曲、剧曲不同,没有宾白科介,便于清唱);

鼓子词(歌唱时伴有打鼓的小型乐曲,除以鼓、拍打外,也有用管弦乐伴奏,声律比一般唱词宽广自由,不过它系反复用同一个词牌,有些单调之感);

覆赚;

唱赚(统称赚词,它兼慢曲、曲破、大曲、嘌唱、耍令、番曲、叫声等诸家腔调,把各种乐曲的唱法合并一起,词句通俗好听。歌唱时以鼓、笛、拍板为主,配合弦乐,唱曲人自击鼓板。唱的部分称唱赚,叙事部分称覆赚。它比鼓子词只用一个词牌在结构上要复杂得多。因为唱得美妙动听,赚得人们听之不倦,叫好不绝而得名)。

诸宫调(它包括词和曲,联合许多不同宫调和套数成为一部完整乐曲)。它是在各种乐曲的基础上发展起来的,内容丰富而又复杂。由于地区曲艺的不同差异,在金代北方称为"诸宫调",在元统一后的江南地区称为"南诸宫调"。宋代诸宫调歌唱时用鼓板一套乐器,也有笛子,若不用鼓板,就采取敲杯盏打拍。到了金元时期,说唱有了改进,由说唱人自己击锣、拍板打拍,旁边还有以琵琶或筝等弦乐伴奏,它的场面形象是一人拨弦,数十人合座,分诸色目(角色)而轮流歌唱。

词话(基本上同于"陶真",增加十字句)。唱词以诗赞体裁为主体,也有乐曲词。元评话亦作平话,以讲史散说为主,俗称"说大书",而词话则以讲唱为主,称为"说小书"。其以词话为职的妇女称为"琵琶娘",唱得好听时,被听众叫绝,文士们描写为"如丸走坂,如水建瓴"。它在南北各地皆十分流行。

陶真〔这是一种开始流行于南方,用七字或十字句韵文、诗赞体的乐曲。有唱,有打和。后来采用南北曲长短句子,系由男女瞽者弹琵琶演唱古今小说、平话之类。到了元朝时期,它由宋代诗赞体裁改进为长短句,由打击乐鼓改进为弦乐,由盲翁改进为年轻貌美的盲女歌唱,声调抑扬顿挫、高低婉转,色相与伎艺并重,以博取城乡广大听众的喜爱。其中有一支称"闻书"(亦作"文书"),宋元间流行在江南地区,通常仍沿用七言诗赞体讲唱,后来遂发展成为明清时期的弹词。]

唱道情,即是唱颂道教神异、鼓吹因果报应、积善乐生和宗教信仰宣传的一种乐曲。通常在城市里流行,唱者既有道教徒,也有沿街卖唱的乞食者。其叙事道情流传到明代才兴盛起来。

唱莲花落,元代盛行于城乡各地。在元杂剧《杜蕊娘》、《李亚仙》中都有记载。尤其是唱四季莲花落系流行于下层社会,深得平民的喜爱。此种乐曲,据称乃是"村妇恶声、俗夫亵语"无一不备的俗曲。

说唱货郎儿,它是由往来城乡挑担贩卖日用杂物、妇女用品及小儿玩具等的货郎,沿途敲小锣、或打小鼓,叫唱着各种物品的名称而得名。后来因所唱调子采用宫调演变成为吟唱的曲词,调子逐步定型化,配合舞伎表演成为"社火"中的货郎儿,若与杂耍结合一起则称为"调百戏货郎儿"。但更多的是用民间乐曲和散说配合起来,作为"说唱货郎儿"来叙述故事的来龙去脉。它的特点是不完全按宫商曲调,也没有管弦乐的品竹弹丝,而是摇几下蛇皮鼓儿,唱几句有韵的信口腔儿,一诗一词都是社会中新奇故事,编排起来无次序,但会动人心弦、声声入耳,听众"喜笑孜孜,它是赶热闹场儿"的民间流行的小型讲唱。它不入勾栏瓦舍做场,也不入官家私宅演唱,只是挨街逐村,在城乡中往来赶场。它和士大夫及市民们所喜爱的诸宫调、词话之类异趣,主要是为农村市郊的乡民们服务。在元曲中有无名氏《风雨像生货郎担》。其所称"像生"(也称"说像声儿"),即今日流行于北方的相声。在剧中那说唱货郎儿的老女子以当时人李某一家悲欢离合之事讲说报应的故事。又元人王振鹏有《货郎图》形象地描绘货郎叫卖,逼真又有趣。[①]可见时俗和流风所在。

前举的这些说唱,不论其内容结构繁简不同,南北地区有异,作场地点在花街柳巷还是在城乡街市,也不论其听众士庶有别,总之,它都是在社会生产发展的基础上,表现出它的通俗的、大众的文艺。因此,它不同

---

① 见王伯敏:《中国绘画史》,上海人民美术出版社 1982 年版。

于唐和北宋,说唱在金元两代中得到了蓬勃的发展生机。

(2) 戏剧

戏剧比说唱形式更复杂。它在金元统治时期最具有特色而又广泛流行于社会之中。它是现代戏剧的源头所在。在四民广杂、人口众多的大都市中尤为人们所喜爱,蔚然成为风气。

戏剧种类有杂剧、傀儡戏、皮影戏等,其中以杂剧为主流形式。金代称为"院本",元代则称为"杂剧",它在中国文学史和戏剧史中均占有重要地位。

院本即是由行院勾栏所演唱的杂剧,因戏剧均须有文字脚本,然后才能照本演出。所以行院之本子称为"院本"。据《南村辍耕录》记载:金元时期院本名目有690种之多。①其表现形式可以从部分出土文物中得到反映。在今东北海伦和阿城地区,各有出土内容相同的舞台人物的镜子。镜的背面分为四个部分,每一个部位都有一个小戏台。亭内有一妇人抚琴,亭外有一个做舞蹈动作的人物。形状虽比较简单,但却是早期舞台戏剧的重要实物资料。又1973年,在绥滨金墓出土中发现有一个玉制小人,头著幞头,身穿袍衫,头颈戴银项圈,身体做跳跃姿态,形象颇似戏曲中的"跳加官"。又在山西侯马和河南焦作等地都发现过完整的金代舞台人物雕砖。这些情况都说明金代戏剧不仅流行在中原地区,而且还深刻地影响到东北女真族居住的腹地。玉制小人颈戴项圈装饰的形象当是女真人项饰的风俗写真。

金院本体裁与宋元杂剧基本相同。②不过院本人物简单些,一般演出为五人,故又称"五花爨弄"。它是由宋杂剧向元杂剧演变过程中的产物。③

金元杂剧所用的曲子统称为北曲,它渊源于唐宋大曲、宋词和北方民

---

① 金元院本品类虽繁多,但经历史冲刷,流传下来至今极少,仅在杂剧中保留一些残痕遗迹而已。
② 《辍耕录》说:"院本、杂剧,其实一也。"
③ 元杂剧剧本体裁一般每本分为四折。每折用同一宫调的若干个曲牌组成套曲,必要时另加"楔子"。角色有正末、正旦、净等人物。一个剧目基本上是由正末或正旦一直唱到底。

间曲调,又吸取了女真、蒙古人的"胡乐"成分而组成。其声调遒劲朴实,以弦乐器伴奏,故又有"弦索调"的得名,但也有用笛伴奏的。至于其所用曲牌则名目繁多,约有500余个。元杂剧在金院本和诸宫调的基础上,广泛地吸收了多种词曲和技艺发展而成,其创作和演出中心初期集中在京城大都、勾栏中,有许多著名的伎艺演员。元统一南宋之后,杂剧也由北而南,传播到大江南北,尤以南宋旧都临安最为兴盛,并由此地向四方流传。据研究,元杂剧作家众多,约有120人,作品约有150种,可见其流行的广泛和深入人心。

元代在江南地区同时也有用地方语言乡音演出的戏曲形式。它是由宋杂剧、唱赚、宋词以及南方俚巷歌谣等综合发展而成。如温州杂剧(一称永嘉杂剧)其剧本可考的约有170种之多,用韵为江浙语音,有四声,与北曲以中原音韵,无入声相区别。演唱的声调特点柔慢宛转,以箫笛伴奏,曲牌约有151个。所谓宋元南戏以及由此发展为明清传奇都是以南曲为主调。不过在元统一之后,南戏也吸收了北曲,曲调也掺杂北曲的韵味。

无论是金院本还是元杂剧,都是一种综合了多元的,包括文学、音乐、舞蹈、说唱、美术、武术、杂技以及人物扮演于一体的戏剧创新艺术。它是唐宋以来传统音乐、舞蹈、说唱诸体、俳优打诨、百戏等与北方胡乐成分互相参照交融的产物。它比之一两个人单纯的清唱、说词话来得生动活泼,故事情节有趣、复杂曲折。这是交融和发展过程中的一种创新。

金元杂剧的盛行一方面是由于民间说唱盛行和都市经济发展的结果,另一方面也是金元时代士大夫知识分子出路较狭,乃寄情于文字娱乐以表达心意的特殊环境下的产物。在金元时代,知识分子由于进入仕途的艰难,或者不屑于在金元贵族统治下讨生活,眼见社会政治上的腐败,他们通过情场、官场、剧场,"嘲风弄月,留连光景",在词曲上下功夫,以抒发心境中的抑郁与愤慨。有些文人且和勾栏妓院、城市平民多有联系,熟悉街陌里巷中的风俗人情和种种故事,他们以曲艺和戏剧的形式,手写口吟编创脚本,并通过俳优名伶而流传于社会。他们中间也有一些人彼此间切磋曲艺,结成书会、书社进行研讨,有时也亲自下海,与优伶们一起粉墨登场,把历史、现实和人生穷达通过艺术表现出来。元杂剧大量作品的呈现及其繁荣是与知识分子的努力参与分不开的。①

元杂剧的具体形象已无法复原,但在今山西洪洞县广胜寺明应王殿内所绘的元泰定二年(公元1325年)的壁画上可以看出其表演场面的一些模样。②壁画中绘有戏剧演出的舞台及所扮演的剧中人物。画的上端横额上标有"大行散乐忠都秀在此作场"、"大元泰定元年四月"等字。下面绘有各色人物十人,各自穿着应档戏装在舞台上演出。它真实地记录了当时演出场景,颇似今日的剧照,此壁画对研究戏剧艺术的历史具有很高的资料价值。③

金元时期社会上亦流行傀儡戏。傀儡戏即木偶戏。唐代已有,宋代已普遍流行,有做有唱。其内容多种多样,或敷演烟粉、灵怪,或夸张铁骑、公案,或表演历代君臣将相故事,其话本略如杂剧,大抵虚多实少,只要想得出无不可以编排演出。④它不及杂剧高雅,多在城乡村镇、人烟稠集处临时搭棚演出,流动性强,适合于低层老少人群观看。

3. 百戏与博弈

辽金元时期传统的百戏杂技颇为盛行,无论在京府省城还是在乡野里陌坊巷都有他们玩耍演出的足迹。

传统节目如吞刀吐火、顶竿、踏索、踢弄、藏柜等等节目无所不有。表

---

① 参见元郝经《青楼集序》。
② 参考《中国绘画史》。
③ 有关元杂剧的著述可参见刘荫柏著《元代杂剧史》(花山文艺出版社1990年版)、郭英德著《元杂剧与元代社会》(北京师范大学出版社1996年版)、罗斯宁著《元杂剧和元代民俗文化》(广东高等教育出版社2011年版。)
④ 傀儡戏唐宋时即有,是传统剧种之一。傀儡戏若加细分,约有四五种之多:一为悬丝傀儡,用线牵提。艺人表演时,悬丝走线,牵动傀儡,其形象逼真,活动自如,惹人喜爱。一为杖头傀儡,这是在木偶上装有操纵木棍,艺人通过木棍调动木偶做出各种动作。一为水傀儡,当是在水上表演。今已不详。一为肉傀儡,其表演形式当是由大人托举小孩模仿木偶动作。一为药发傀儡,系借助火药之力发动木偶进行表演,在闽西村落中以"烧架花"的表演形式遗存。

演者的身份已不同于唐代。那时表演者系由官家供养的乐人,有专门的乐籍,属于贱民阶层。他们的表演主要是供贵族、官僚们赏玩,若遇有重大节日活动则由有关机构征集乐人,盛妆扮演各种角色,热闹一番即罢。但到了此期,百戏由宫殿堂宇走向社会,在民间普遍流行。表演者的身份解放,走出了专门户籍乐户的限制与束缚,较为自由地活动于州县城镇街坊衢巷、乡里村陌、寺庙道观、集市广场中,凡有众人聚会的场所到处可见。民间百姓也有喜好而相互传习。他们敲锣打鼓,聚集市民百姓,就地作场,表演各色技艺,借以博取生活薄资以糊口。有些杂技为招揽观众且用年轻貌美的女子出演。这种以卖艺为生的杂技表演吸引着广大民众,无论城乡妇孺老幼以及无事好闲的人们纷纷聚观,尤其每逢佳节良辰,到处结彩搭棚,作倡乐寻橦、角觚、斗鸡、击鞠、飞竿、走索、吐刀吞火、柜中藏人等等,这种百戏纷呈的景象乃是唐宋以来传统的继承。但是此期中亦有用胡乐、胡舞来表演技艺的。如金代常在众乐表演之后,由舞女数人出场,穿着奇装异服,粉墨登场,她们两手持镜,上下照耀,颇像神祠中的电母。在元代宫廷中,还经常用舞女十六人跳舞作"十六天魔舞"。这当是掺合了女真、蒙古奉巫崇佛的一种表现形式。①尤其那些在巫觋主持的宗教仪式中所跳的舞蹈更带有各地区、各民族的不同特色。

在蒙古时期,元太宗窝阔台在和林曾举行过一次盛大的宴会。届时,从四方邻国搜集而来的青年男女杂技人员纷纷进行着各种惊心动魄、精彩绝伦的节目,其场面盛大、人数众多,是令人叹为观止的。可以说这是一次中西百戏的大会演!

在金元时期,相扑也是一种为各种人群所喜爱的竞技活动。它在传统百戏中称为"角觚",亦称"争交"、"踔交"。每逢节日活动,朝廷上举行大朝会、圣诞、御宴,照例有从禁卫军人中挑选出有膂力、身躯健壮者进行相扑比赛以角胜负,用以增加热闹气氛。在皇帝出行时,御驾前导中也有头戴顶帽,披着蓬松的鬈发,两手握拳,分左右两行作为仪仗。

---

① 见《大金国志》卷3,《草木子》卷下,及《元史·顺帝纪》。

至于在民间街市中,亦有相扑手在人群中卖艺。他们在作场时,先以小孩或"女颩手"出场,打套路子招揽人们观看,然后相扑手出场相搏,争交,以角胜负。场面盛大的相扑比赛,还筑台摆擂,争交夺标,胜者赏以银锭及其他杂彩以作鼓励。此等相扑比赛可使各地膂力高强、身手矫健的相扑手齐集而来,届时观赏者如潮,热闹非凡。小说《水浒传》第74回有《燕青智扑擎天柱》的一段,就是记述燕青在泰安州岱岳庙和绰号擎天柱的任原相扑时的情形,他脱去衣衫,"吐个架子"……任原看了他这"花绣急健身材,心里倒有五分怯他"。以下接着叙述两人相扑的种种情景。这是元人相扑争胜夺标的实况记录。

此期中传统的博弈之戏如双陆、叶子、围棋、象棋等游戏活动也颇为盛行,其共通的特点便是通过博弈争胜负,这在辽金元社会各阶层中都普遍地流行着。

双陆在南北朝隋唐时期即已盛行。其棋局设有棋盘,画为六路,两人对弈,各执黑白子十五枚称"马",彼此相博,掷骰子行马(打马)取敌制胜。其法宋人多有记载,今已失传。①

辽代契丹君臣都有嗜好双陆游戏。据《契丹国志》卷 32《渔猎时候》记载:每当夏月,即设布帐于草地行双陆之戏。辽兴宗皇帝曾与其弟耶律重元玩双陆,输赢很大,竟以居民城邑作赌注,兴宗连输数城乃止。又金太祖阿骨打亦喜好双陆。他在辽道宗末年与契丹贵族弈双陆,两人行马时竟争执起来,险些动武打人,后多亏随从们从旁劝解,才悻悻而去。②除贵族外,双陆之战在民间亦颇流行。金初,宋使洪皓曾出使到辽燕京,他

---

① 宋洪遵《谱双》。近年来在辽宁陆续出土辽代双陆棋实物,使我们能了解其真实面貌,弥足珍贵。双陆棋在宋辽金元时期颇为盛行,及至清代逐渐失传。丛振《古代双陆游戏小考》(载《吐鲁番学研究》2015 年第 2 期)一文,利用敦煌吐鲁番出土文献与图像资料,探讨了双陆棋的游戏规则,可供参考。

② 参见《契丹国志》卷 9《道宗天福皇帝》、《辽史》卷 109《伶官传》、《大金国志》卷14。又辽末金初,辽宗室耶律大石降金后,与金大臣粘罕一起弈双陆,两人亦因争道发生争吵。粘罕记恨在心,耶律大石几乎由此丧命,导致后来耶律大石西走中亚,建立西辽国的重大历史事件。

看见在茶楼酒肆中"设双陆局，或五或六，多至十，博者蹴局，如南（方）茶肆中置棋局也"。可见辽金贵族及民间嗜好双陆的一般概况。

叶子戏，也称叶子格，简称叶子，是一种纸牌游戏，盛行于晚唐。①宋欧阳修《归田录》称"唐世士人宴聚，盛行叶子格，五代国初犹然"。到辽代亦在贵族群中流行着。《辽史》卷7《穆宗纪下》载穆宗喜好叶子格，并与群臣斗玩。

围棋与象棋也是辽金贵族所喜爱的博弈游戏，《契丹国志》卷23《渔猎时候》记载契丹贵族在毡帐中"藉草围棋"。近年，在辽宁锦西辽人萧孝忠墓里发现有黑、白两色的围棋子。②又在敖汉白塔子发现大康七年壁画墓中，出土全套围棋棋具，棋盘置于矮方木桌上，盘面以白漆涂层，纵横各十三行，这与今日围棋纵横各十九道不同，显得简单些。出土围棋棋子贵重的用玛瑙制成，粗陋的用陶烧制。③象棋在辽金时亦流行，《大金国志》卷14载金海陵炀王极喜博弈，在退朝余暇常"学弈象棋"，即为其例。可见无论围棋、象棋都是上下雅俗共赏的游戏之一。

应该指出，以上种种娱乐活动，在金元时代有些得到了发展，蔚成主流，有些则受到统治者的禁止而被压制。凡是娱乐活动，无论是说唱、百戏、杂耍总要聚集群众观赏，元代统治者从其统治利益出发，很害怕汉族人民集结成群，由此引发聚众闹事、斗殴等"不法"之事，故在元代，时常由政府颁行法令，禁止民间聚会，以致影响到娱乐活动。如至元十一年十一月大司农上呈的文书中就说道："河南河北劝农官，顺天路束鹿县镇头店聚约百人，搬唱词话。社长田秀等约量断罪外，本司看详除系籍正式乐人外，其余农民、市户、良家子弟若有不务正业，习学散乐，搬唱

---

① 叶子格始创于唐贺州刺史李郃，他与乐伎叶茂莲在江中航行，为解旅途寂寞，"因撰骰子选，谓之叶子戏"。见《太平广记》引《咸定录》。叶子戏，亦称"彩选"，以掷骰子定叶子（纸牌）的胜负。格，是游戏规则。欧阳修《归田录》云："骰子格本备检用，故亦以叶子写之，故以为名尔！"

② 见雁羽：《锦西西孤山辽萧孝忠墓清理简报》，载《考古》1960年第2期。

③ 参阅冯永谦：《建国以来辽代考古的重要发现》，见《辽金史论集》，上海古籍出版社1987年版。

词话,并行禁约。"①次年元政府继又发出禁令说:"小民因弄虫蛇禽兽,聚集人众,街市货药,又在都唱琵琶调、货郎儿等,聚集人众,充塞街市,男女相混……议行禁断。"②至元二十一年(公元 1284 年)御史台呈文中也指出:"奸民不事本业,游手逐末,甚至习学相扑,或弄枪棒,有精于某事者,各出钱帛,拜以为师……长此不已,风俗恣悍,狂妄之端,或由此生。"③此类禁令断断续续一直到元中期仁宗延祐六年(公元 1319 年)仍续有记载。此年江浙行省的呈文中就说道:"去年为聚众唱词的、祈神赛社的、又立着集场做买卖的,教住罢了者。……如今又夜间聚集着众人祈神赛社……夜聚晓散……妄说乱言。似这般聚众着妄说大言语,做歹勾当的……其余唱词、赛社、立集场的每人,加等罪过。"④对于这些申文禁令,《元史·刑法志》相应地作出了概括,文中说道:"诸民间子弟不务生业,辄于城市坊镇演唱词话,教习杂戏,聚众淫谑,并禁治之。"⑤

从元初到中期,禁止说唱、杂耍、立集场、聚众赛社、弄刀使棒、习学相扑,乃至弄虫蛇禽兽等禁令、条格先后屡屡颁行。它一方面说明这些民间喜闻乐见的娱乐活动确是在一定程度上受到阻遏,但是即使是政府三令五申,民间仍是在屡禁不止的情况下盛行着。另一方面,也说明元统治者惧怕人民群众在阶级和民族的双重压迫下,借此聚众闹事,引起社会政治秩序的不稳定。事实表明,元政府虽屡次发文禁止聚众,民间百姓杂艺在一定程度上受到消极影响,但受苦受难的贫苦百姓到了元末,在忍无可忍的情境下,在白莲教的组织和号召下,终于结集起来,以武装反抗武装,轰轰烈烈的元末农民大起义终于爆发了。

白莲教只是一种社会组织形式,群众聚集只是从公开的游艺活动转

---

① 《通制条格》。
② 《元典章》卷 57《禁弄蛇虫唱货郎》。
③ 《元典章》卷 57《禁治习学枪棒》。
④ 《元典章》卷 57《禁聚众赛社》、《禁集场》。
⑤ 关于元代禁毁戏曲杂艺等文娱活动的具体情况,可参考赵维国:《教化与惩诫:中国古代戏曲小说禁毁问题研究》,上海古籍出版社 2014 年版,第 159—169 页。

变为秘密的宗教信仰形式而表达出来而已,因为哪里有压迫,哪里就有斗争,这是铁的事实。

4. 田猎、打围与射柳、射兔

设围场进行打猎活动,这是辽金元贵族们所喜爱的一项体育娱乐活动。契丹族人本是"以射猎为生,居无常处"的民族,在建朝后长期保持着狩猎生产的习俗。不论男子、妇女,多长于骑射和田猎,他们按照不同季节进行狩猎,通常在春季捕鹅、鸭、射雁。四五月捕麋鹿,八九月捕虎豹、熊、野猪、野马、狐、兔等野生动物,或骑射,或网罟。他们又善于捕鹿,在鹿群出没的地方洒上盐卤,夜静时鹿饮盐水,猎人吹角仿鹿鸣叫声引鹿出来,聚而射之,叫做"舐碱鹿",又称"呼鹿"。这是他们的拿手本领。①

又契丹风俗父母死后三年,要收敛尸骨焚烧,届时向鬼神祝告。其词说:"若我射猎时,使我多得猪、鹿。"辽陵墓壁画中也画有狩鹿图像,可见射猎获鹿是契丹人狩猎中的一个重要活动。女真人亦喜射鹿,他们仿效鹿鸣"呼麋鹿射而啖之,但存其皮骨"②。

契丹、女真人捕捉鹅鸭、鸳雁等禽类,常利用驯养的鹰鹘。其产于东北女真等部的"海东青"鹰以极为鸷猛而出名,辽帝每年都要派遣专使到那里捕捉或索取。辽帝春捺钵捕鹅,先由猎人设围场,举旗为号,在四周敲响扁鼓惊动群鹅飞起,然后放海东青捕捉,鹅坠下后用锥刺死。捉到第一只鹅,还要举行"头鹅宴",君臣上下共同欢宴,表示欢庆同乐。它与"头鱼宴"获第一条鱼时举行的头鱼宴一样,都是辽人具有特色的狩猎娱乐中的重大活动。

契丹人也有以驯养过的豹子作为捕兽的助手。猎人出猎时,携带驯豹在马背上随行,狩猎时便用它来捕捉各种动物。北宋使臣宋绶在出使契丹的行程中便看到猎人携带着三只豹子,驯服地依偎着猎人坐在马背上。③携带猎豹出猎在唐代即有,当为贵族用之。陕西乾县唐章怀太子墓

---

① 《辽史》卷68《游幸表》。
② 《三朝北盟合编》卷3。
③ 《续资治通鉴长编》天禧五年。又见《宋会要辑稿》。

壁画中的《出猎图》中便画有一骑射猎人的马背上蹲坐着一只驯豹出猎，又一猎人背后的豹倔强不驯，猎人在马上回顾，怒目而视且作挥拳的模样。此图所描绘的猎豹及猎人形象，当是唐代契丹人的出猎风俗景象吧！

契丹族的狩猎民打猎是一项获取生活资料的活动，但契丹贵族打围则主要是一场盛大的娱乐活动，他们是把骑射、习武与打猎结合起来，打猎时所获禽兽则不过是副产品而已。

女真贵族同样保持着田猎打围的风俗习惯。他们极嗜出猎，稍有余暇便广设围场，进行大规模的打牲活动。金熙宗便是一个嗜猎如命的君主，他甚至定下规矩，不允许臣僚对他打猎进行谏争。

元代蒙古贵族亦极嗜打围，每个皇帝位下以及诸王公主、驸马各投下均设有专门打猎的机构和猎户，以提供他们进行田猎时的各种服役。《黑鞑事略》记载："凡其主打围，必大会众，挑土以为坑，插木以为表，维以毳索，系以毡羽，犹汉兔罝之智，绵亘一二百里，间风飚羽飞，则兽皆惊骇，而不敢奔逸，然后蹙围攫击焉。"可见其场面的盛大。

元代各斡尔朵的打围时间通常自九月起至次年二月，到出猎时，先期广设围场，并放出鹰隼以搏击飞禽走兽，俗称"放飞"。其专门饲养驯鹰的人蒙古语称"昔宝赤"，又设有"打捕鹰房"，置"打捕户"、"鹰房户"，使他们管理调鹰捕兽，打围时所获各种飞禽走兽、新鲜的肉类以供庖厨食用，剩余下来的风干腌制后贮藏起来以备日后食用，其余齿、角、皮革、羽毛之类则作为各种工艺品的装饰。他们在打围期内通常就地取食，很少会宰杀牛、羊。为了保障围场内牲畜滋殖，元代还订立打捕制度，规定围场内不许闲杂人员进入，不许私人捕捉，春天不能杀胎取卵，捕捉有一定时间限制，违犯的人要受到处罚，为此还撰有《鹰坊捕猎》一书用以指导打捕工作。①

元代蒙古贵族经常成群结队地出动打捕，他们每次打围时，沿途骚扰百姓，向他们强索酒食、住房和服役，这成为元代弊政之一。

---

① 《元文类》卷41《鹰坊捕猎》。

统而言之,辽金元贵族嗜猎成性,这与他们的生产、生活的习俗分不开。它既是锻炼强健体魄、娴熟弯弓射箭、走马入阵的好机会,又是以驰射攫取猎物供给口腹、带有强烈刺激性的娱乐活动,实寓有生产、军事训练、娱乐活动于一体的功效。故在这一时期的文学作品以及绘画艺术中,都有打猎畋游的记载和绘图。以图画来说,辽代东丹国王耶律倍就绘有《射骑图》、《猎雪骑》、《千鹿图》等作品,①其中《射骑图》且一直保留至今。又辽将耶律题子也有《夜猎》、《飞骑》、《较射》、《调马》等作品问世。②这些题材作品都是辽人骑射打围生活的具体反映。

除田猎打围外,与骑射相关的体育竞技还有射柳、射兔与击球(打马球)等,也是北方民族经常举行的项目。

射柳通常是选择在佳辰节日,如端午、中元、重九等例假日举行。其活动方式是:先在球场插上柳枝,削去树皮使露出白色,各以巾帕为标帜,离地数十尺挂起,先以一人驰马作前导,继之参加射柳的人,以尊卑为次序,驰马弯弓而射。其判定胜负的办法是:既断柳又以手接而驰去者为上等;断柳而手未能接着而驰去者为次等;断其青处及中而未能断柳者为下等。前者为胜,后者为负。射柳时,四旁击鼓助威,射柳既毕,通常随即进行打马球的活动。③

打马球简称击球。参加击球比赛的人,各自乘其平时训练有素知其性能的马匹,手持鞠杖,鞠杖长数尺,顶端形状如偃月,用以击球。彼此分为两队,同争一球。正式比赛前,在球场之南端设立两根柱子、置木板,板下开出一孔作为球门,加网如囊袋。比赛时驰马能夺得球并击入球门洞

---

① 《辽史》卷72《宗室·义宗耶律倍传》。
② 《辽史》卷85《耶律题子传》。参考《中国绘画史》第354—356页。
③ 辽人打马球的球门,或设一个,或两头各设一个,"互相排击,各以出门为胜。"例如内蒙古敖汉旗皮匠沟1号辽墓中的壁画马球图,即是画两个红色球门。唐章怀太子墓的马球壁画,其中仅有一个球门。而《宋史·礼志》记载以"东西为球门"、"以承旨二人守门",《金史·礼志》则载在球场南立一门。有学者推测球门数量变化或与参加人数增加有关。详可参见邵国田《辽代马球考》一文,载《中国考古集成·东北卷·辽(一)》,北京出版社1997年版。

中为胜,犹如今日踢足球,其不同处是人们骑在马上奔驰击球,而非用足脚。球的形状略如拳头大小,以轻韧木制作,挖空中心,在表皮上涂上红色颜料便于辨认。击球决定胜负后,由皇帝赐宴,君臣共庆欢乐。①

上举射柳及打马球的娱乐活动都与骑射有关,是辽人盛行且被视为典礼活动的一部分,金代女真人亦继承下来。《金史·世宗纪》记载大定四年(公元1164年)重午日,"幸广乐园射柳,命皇太子、亲王、百官皆射,胜者赐物有差。""上复御常武殿,赐宴击鞠,自是岁以为常。"击球需要有精娴的马术配合,左旋右转,急慢自如,身手矫健敏捷,否则必输无疑。比赛之后,又有会宴,这对于角胜者来说确是一种激发兴趣而又具有刺激性的竞技活动。《辽史》记载在穆宗时,据山西的后汉政权因辽人喜爱击球,特地遣使"进球及马庚子"。②圣宗时亦常与诸王"分朋击鞠"为戏。③又兴宗嗜击球超过穆宗,他召集擅长击球数十人于东京,下令与近臣角胜,并亲临观看。④又辽道宗亦是个嗜击球的皇帝,他的近臣耶律塔不也即因善击鞠而得幸。⑤

辽代人们竞技活动还有"射兔"。这也是一项集体娱乐,通常是在三月三日春光明媚的上巳节举行。其方式大体与射柳相似,但以木兔代替柳枝,先是把木兔安置在指定地点,参加者分为两队各依次走马射兔,先射中为胜,后射中为负。定局后,输队下马排列成行,向胜队下跪敬酒以表示服输。胜队之人则高踞马上,捧酒笑饮,射罢各自尽兴散归。⑥

金人与辽贵族一样亦极嗜打球。《归潜志》卷6记载:金国将帅多为世家子弟,极爱打球为乐。如完颜白撒,并无统御之才,"止以能打球称。"完颜讹可则以擅长打球而获得"杖子元帅"的绰号。金初大臣斡离不一生

---

① 《辽史·礼志》,又《金史》卷35《礼志》。
② 《辽史》卷6《穆宗纪》。
③ 《辽史》卷10《圣宗纪》。
④ 《辽史》卷18《兴宗纪》。
⑤ 参阅《宋史》卷262《李瀚传》,及《辽史·道宗纪》。
⑥ 《辽史·礼志》。

"唯嗜打球",后来便是在球场中打球中暑而送命的。①

　　无论打围、射柳、射兔、击球,其共通的一点就是操纵马匹驰射的竞技活动。这种运动能较量马术技巧是否熟练,亦能达到强身健体、锻炼眼明手快、思虑敏捷且能决断的效果。契丹、女真人喜好此类运动,这与他们是游牧射猎民族,终日在马背上生活是分不开的。因此当他们居留在内地的农业区之后,在较长时期内仍保留着这种习骑射、尚武的传统习惯,这是不足为奇的。《金史》卷6《世宗纪》记大定八年司天官上谏:"围猎、击球危事也,悉宜罢之"的话后,世宗不以为然地回答说:"朕以示习武耳。"这就是一个很典型的说明。

---

① 《金史》卷199《斡离不传》。

后　记

本书稿系我在上世纪80年代继《唐朝文化史》(2003年由复旦大学出版社发行,2017年由安徽文艺出版社再版改名《隋唐文化史》,列入《中国文化史丛书》系列)之后续写而成。那时,由于我已专注于隋唐史及中国政治制度史的研究,无暇顾及付刊,遂置之书箧。岁月飞驰,转眼已易数十寒暑。近来,整理旧藏书稿,重新批阅,自思此书稿虽积存有年,但其中论述系撷取三史之异同,探讨草原游牧民族与华夏农耕民族之社会文化形态,及其所发生的矛盾、冲突与交会融合,从而阐释多元文化在大一统的局面下,向先进文明演进的历史发展轨迹,其一得之见尚可资治史者之参考,遂有付梓之意,乃重行抄录,稍作文字润色。其80年代后出之有关学术论著,则交由陈凯同志择要补录在注文之后,籍明学术之流变,亦为读者提供稽考参证之用。

陈凯同志系复旦大学历史学博士,他酷爱《史记》,自唐代史以下及于明清,涉猎颇广,且擅长于明清舆地之学,现就职于上海大学图书情报档案系,除授课外,兼带研究生,工作繁重,在繁忙中抽出宝贵时间为书稿作补注,有加工添色之效。

书稿既成,交付上海社会科学院出版社出版,承蒙社长佘凌同志,编辑蓝天同志鼎助,概允出版,得以及时与读者交流,于此一并致以谢忱。

学无止境,历史永远处在进行时。本书不足之处,尚祈专家学者纠之、正之。

徐连达记于上海市杨浦区同济绿园,时年八十七岁。岁次戊戌仲冬改革开放40周年纪念之日。

(2018年12月18日)

图书在版编目(CIP)数据

辽金元社会与民俗文化 / 徐连达著 .— 上海：上海社会科学院出版社，2020
 ISBN 978-7-5520-2961-1

Ⅰ.①辽… Ⅱ.①徐… Ⅲ.①风俗习惯史—中国—辽宋金元时代 Ⅳ.①K892

中国版本图书馆 CIP 数据核字(2019)第 248578 号

辽金元社会与民俗文化

著　　者：徐连达
责任编辑：蓝　天
封面设计：周清华
出版发行：上海社会科学院出版社
　　　　　上海顺昌路 622 号　邮编 200025
　　　　　电话总机 021-63315947　销售热线 021-53063735
　　　　　http://www.sassp.cn　E-mail: sassp@sassp.cn
照　　排：南京理工出版信息技术有限公司
印　　刷：上海信老印刷厂
开　　本：720 毫米×1020 毫米　1/16
印　　张：12.5
插　　页：2
字　　数：171 千字
版　　次：2020 年 1 月第 1 版　2020 年 1 月第 1 次印刷

ISBN 978-7-5520-2961-1/K·535　　　　　定价：52.00 元

版权所有　翻印必究